REVOLUCIONÁRIOS

ERIC J. HOBSBAWN
REVOLUCIONÁRIOS
ENSAIOS CONTEMPORÂNEOS

tradução de
João Carlos Vitor Garcia e Adelângela Saggioro Garcia

5ª edição

Paz & Terra

SÃO PAULO | RIO DE JANEIRO
2015

copyright© E. J. Hobsbawm, 1973
Título original: Revolutionaries: Contemporary Essays

Direitos de edição da obra em língua portuguesa no Brasil adquiridos pela EDITORA PAZ
E TERRA. Todos os direitos reservados. Nenhuma parte desta obra pode ser apropriada e
estocada em sistema de bancos de dados ou processo similar, em qualquer forma ou meio,
seja eletrônico, de fotocópia, gravação etc., sem a permissão do detentor do copyright.

Editora Paz e Terra Ltda.
Rua do Paraíso, 139, 10º andar, conjunto 101 — Paraíso
São Paulo, SP — 04103000
http://www.record.com.br

Seja um leitor preferencial Record.
Cadastre-se e receba informações sobre nossos lançamentos e nossas promoções.
Atendimento e venda direta ao leitor:
mdireto@record.com.br ou (21)2585-2002

Texto revisado segundo o novo Acordo Ortográfico da Língua Portuguesa.

CIP-BRASIL. CATALOGAÇÃO-NA-FONTE
SINDICATO NACIONAL DOS EDITORES DE LIVROS, RJ

H599r
5. ed.

    Hobsbawm , E. J. (Eric J.), 1917-2012
       Revolucionários : ensaios contemporâneos / E. J. Hobsbawm ;
tradução João Carlos Vitor Garcia , Adelângela Saggioro Garcia. – 5. ed.
– São Paulo : Paz e Terra, 2015.
      364 p. ; 23 cm.

    Tradução de: Revolutionaries: Contemporary Essays
    Inclui índice
    ISBN 978-85-7753-288-9

    1. Comunismo – Discursos, ensaios, conferências. 2.
Anarquismo e anarquistas – Discursos, ensaios, conferências.
3. Violência – Discursos, ensaios, conferências. I. Título.

15-19661
                         CDD: 322.42
                         CDU: 321.74

Sumário

APRESENTAÇÃO	7
PREFÁCIO	9

I COMUNISTAS

1. Problemas da história do comunismo	15
2. Radicalismo e revolução na Inglaterra	25
3. O comunismo francês	31
4. Intelectuais e comunismo	43
5. Os anos difíceis do comunismo italiano	51
6. Confrontando a derrota: o Partido Comunista Alemão	65

II ANARQUISTAS

7. O bolchevismo e os anarquistas	83
8. O contexto espanhol	99
9. Reflexões sobre o anarquismo	113

III MARXISMO

10. Karl Marx e o movimento operário inglês	127
11. O diálogo sobre o marxismo	145
12. Lenin e a "aristocracia operária"	159

13. O revisionismo		171
14. O princípio da esperança		179
15. A estrutura d'*O Capital*		187
16. Karl Korsch		201

IV SOLDADOS E GUERRILHAS

17. O Vietnã e a dinâmica da guerra de guerrilhas		213
18. Civis x militares na política do século XX		231
19. Golpe de Estado		249

V REBELDES E REVOLUÇÕES

20. Hannah Arendt e a revolução		259
21. As regras da violência		269
22. Revolução e sexo		277
23. Cidades e insurreições		283
24. Maio de 1968		301
25. Os intelectuais e a luta de classes		315

ÍNDICE REMISSIVO   343

APRESENTAÇÃO

E. J. Hobsbawm, nasceu em Alexandria em 1917, educou-se em Viena, Berlim, Londres e Cambridge. Além de seus vários livros e numerosos artigos especializados, ele divulgou, escreveu e resenhou em muitas outras publicações não especializadas e seu trabalho foi traduzido para diversas línguas. Foi professor de Economia e História Social no Birkbeck College, Universidade de Londres.

Neste livro, o professor Hobsbawm reuniu erudição e experiência de primeira mão. Esteve presente na Espanha no início da Guerra Civil; em Cuba, logo após a revolução; testemunhou golpes militares na América Latina; esteve em Paris em maio de 1968 e em Berlim quando da ascensão de Hitler ao poder. *Revolucionários* é leitura essencial para todos que buscam compreender a história violenta da era em que vivemos e confirma as qualidades pelas quais seu autor foi tão elogiado em livros anteriores:

"Uma inteligência investigadora, analítica, sem medo da teoria; um desejo de situar e ordenar cada fenômeno histórico... e um estilo claro e conciso, deixando perceber um imenso cabedal de conhecimentos por trás da sintaxe mais elegante" — Asa Briggs, resenhando *Os Trabalhadores* no *Listener*.

"...sua habitual capacidade para apresentar uma imensa variedade de informações tanto estatísticas como exemplificativas em apoio a seus claros e frequentemente persuasivos argumentos" — Max Beloff, resenhando *Industry and Empire* no *Daily Telegraph*.

Prefácio

ESTE LIVRO COMPÕE-SE DE ENSAIOS sobre diversos temas relacionados entre si. A primeira parte trata da história do comunismo e de alguns partidos comunistas, principalmente no período da Internacional Comunista. A segunda trata do anarquismo — movimento que ultimamente tem suscitado renovado interesse — e a terceira de vários aspectos do debate internacional em torno de Marx e do marxismo, que adquiriu certa vivacidade desde meados dos anos 1950. Contém algumas notas marginais a Marx e Lenin, mas consiste principalmente em comentários a respeito de alguns velhos autores marxistas hoje redescobertos e sobre outros novos, assim como sobre as polêmicas a que deram lugar. Finalmente, reúne algumas reflexões sobre temas que, com certa flexibilidade, poderiam ser agrupados sob o título de "formas violentas de ação política": revolução, insurreição, guerrilhas, golpes de Estado etc.

Há momentos em que é o autor quem elege seu tema, e outros em que este é escolhido para ele. A grande maioria dos que são tratados neste volume foram escolhidos para mim, alguns pelos que me convidaram a dar conferências e a maior parte deles pelos editores que me solicitaram resenhas sobre algumas obras. Sem dúvida pensaram que um marxista da "velha esquerda" saberia algo sobre esses temas e talvez lhe interessasse expressar seus pontos de vista a respeito. A segunda suposição é, evidentemente, correta, mas a primeira não pode ser considerada válida sem algumas matizações substanciais. Ao longo dos anos adquiri alguns conhecimentos tanto das ideias marxistas como da história das revoluções e dos movimentos revolucionários recentes, mas, falando como historiador, estes não são campos em que possa pretender uma qualificação profissional específica. Muito do que sei provém dos próprios autores aqui resenhados. Pouco se funda em investigações de primeira mão. O máximo que posso dizer é que nestas últimas décadas mantive meus olhos abertos como um modesto participante, ou o que os antropólogos chamam um "observador participante"; que ouvi amigos de vários países que sabem muito mais que eu e que tive pelo menos uma visão de turista de algumas das atividades de que tratam estes ensaios.

Não obstante, a observação de primeira mão deve servir para alguma coisa. Se os resultados da reflexão sobre ela podem ser transmitidos, talvez ajudem a compreensão de uma parte importante da história do século XX por aqueles que não viveram a época durante a qual minha geração se formou, a época em que as esperanças e os temores dos revolucionários eram inseparáveis dos destinos da Revolução Russa. Por isso, tentei ser o mais lúcido possível sobre os movimentos daquela época. No que concerne aos episódios mais recentes discutidos aqui, procurei escrever sobre eles de maneira realista, ainda que não desapaixonadamente. É improvável que as lições que podem ser extraídas de tal análise sejam aprendidas, mas o mínimo que pode fazer um historiador é fornecer material para o ensino.

Estes ensaios não têm o propósito de somar-se à literatura já muito vasta de polêmicas e contra polêmicas, de acusações e justificações. Não é sequer seguro que as questões que perseguem os homens e mulheres de idade madura que se entregaram e — a outros — a sua causa, impressionem hoje, com o mesmo grau de importância, a seus contemporâneos menos comprometidos ou a seus sucessores mais jovens. O que pretendem é ajudar o esclarecimento e a compreensão. Deverá estar claro o que o autor pensa a respeito dos pontos polêmicos aqui discutidos. Entretanto, seria lamentável que o interesse despertado por estes trabalhos se limitasse apenas aos que estejam de acordo com eles.

As datas em que os ensaios foram escritos estão indicadas ao final de cada um. Três não haviam sido publicados anteriormente (nos 5, 18 e 25). Uma pequena parte do primeiro apareceu como resenha no *Times Literary Supplement;* os outros dois foram conferências pronunciadas, respectivamente, em Montreal e Londres. Os capítulos restantes apareceram pela primeira vez em inglês nos seguintes periódicos: *Times Literary Supplement, New York Review of Books, Nation* de Nova York, *New*

Society, New Statesman, New Left Review, Marxism Today, The Spokesman, Monthly Review, History and Theory e *Architectural Design*. O capítulo 7 apareceu no *Anarchici e Anarchia nel Mondo Contemporaneo* (Fondazione Luigi Einaudi, Turim, 1971). Foram introduzidas pequenas mudanças em quase todos, mas alguns foram reescritos em maior ou menor extensão. Agradeço aos editores sua autorização para reeditar estes textos.

E. J. Hobsbawm

I
COMUNISTAS

1

PROBLEMAS DA HISTÓRIA DO COMUNISMO

ESTAMOS HOJE NO FINAL DO PERÍODO HISTÓRICO do desenvolvimento do socialismo que se iniciou com o colapso da Segunda Internacional, em 1914, e a vitória dos bolchevistas, em outubro de 1917. Este é, portanto, o momento adequado para fazer um levantamento da história dos partidos comunistas, que foram a forma característica e predominante do movimento revolucionário da época. A tarefa é difícil não apenas porque a historiografia dos partidos comunistas apresenta complicações especiais, mas também por razões mais gerais.

Todo partido comunista foi filho do casamento — realizado tanto por amor quanto por conveniência — de dois parceiros mal-ajustados: uma esquerda nacional e a Revolução de Outubro. Para aqueles cujas memórias políticas não vão além da denúncia de Stalin por Khruschev ou do rompimento sino-soviético, é praticamente impossível imaginar o que a Revolução de Outubro significou para os que são agora, homens maduros. Foi a primeira revolução proletária, o primeiro regime na história a empreender a construção da ordem socialista, prova não só da profundidade das contradições do capitalismo, que provocaram guerras e crises, mas também da possibilidade — da *certeza* — de que a revolução socialista triunfaria. Foi o começo da revolução mundial, o começo de um mundo novo. Somente os ingênuos acreditavam que a Rússia era o paraíso dos trabalhadores, mas mesmo entre os mais avisados, ela gozava de uma tolerância geral, que a esquerda de 1960 só concede agora a regimes revolucionários de alguns pequenos países, como Cuba e Vietnã. Por outro lado, a determinação dos revolucionários de outros países em adotar o modelo de organização bolchevista, em se subordinarem à internacional bolchevista (isto é, eventualmente ao PCUS e a

REVOLUCIONÁRIOS | 15

Stalin), deu-se não apenas pelo entusiasmo natural, mas também pelo fracasso evidente de todas as outras formas alternativas de organização, estratégia e tática. A social-democracia e o anarcossindicalismo haviam fracassado, enquanto Lenin tivera êxito. Parecia sensato adotar a fórmula do sucesso.

O elemento de avaliação racional se impôs de modo crescente depois do refluxo do que parecia ser, nos anos posteriores a 1917, a maré da revolução mundial. Naturalmente, é quase impossível, na prática, separar este elemento da total e apaixonada lealdade que os comunistas, como indivíduos, tinham à sua causa, que se identificava com o seu partido e que significava, por sua vez, lealdade à Internacional Comunista e à URSS (isto é, a Stalin). Entretanto, quaisquer que fossem os seus sentimentos pessoais, tornou-se logo claro que deixar o partido comunista, seja por expulsão ou iniciativa própria, equivalia a pôr fim à atividade revolucionária efetiva. O bolchevismo no período do Comintern não produziu cismas e heresias de importância prática, exceto em alguns poucos e longínquos países de pequena importância mundial, como o Ceilão. Aqueles que abandonavam o partido ficavam esquecidos ou privados de toda ação efetiva, a menos que aderissem aos "reformistas" ou se filiassem a algum grupo abertamente "burguês", caso em que deixavam de interessar aos revolucionários, ou a menos que escrevessem livros que pudessem ou não tornar-se importantes trinta anos mais tarde. A verdadeira história do trotskismo como tendência política no movimento comunista internacional é póstuma. Os mais fortes entre esses trânsfugas marxistas trabalharam pacientemente e em isolamento até que os tempos mudassem; os mais fracos sucumbiram à pressão e tornaram-se ardorosos anticomunistas, oferecendo ponderável militância à ação ideológica da CIA na década de 1950; os demais se refugiaram no sectarismo rígido. O movimento comunista nunca esteve efetivamente dividido. Entretanto, ele pagou um preço por esta coesão: uma substancial, às vezes gigantesca, renovação de membros. A anedota de que o maior partido existente é o dos ex- comunistas tem base nos fatos.

A descoberta de que os comunistas tinham pouca escolha com respeito à sua lealdade a Stalin e à Rússia deu-se, primeiramente, em meados dos anos 1920 — embora talvez apenas nas cúpulas dos partidos. Líderes comunistas perspicazes e de notável capacidade intelectual, como Palmiro Togliatti, logo compreenderam que, *no interesse de seus movimentos nacionais,* não poderiam permitir atitudes de oposição frente a quem quer que assumisse a liderança do PCUS e trataram de explicar esta realidade aos que estavam mais distantes do cenário de Moscou, como Gramsci. (Naturalmente, na década de 1930, mesmo uma total disposição de seguir Stalin não era garantia de sobrevivência política ou, para os residentes na URSS, de sobrevivência física.) Sob tais condições, a lealdade a Moscou deixou de depender da aceitação de sua linha, tornando-se, porém, uma necessidade operativa. O fato de a maioria dos comunistas ter também tentado racionalizar isto, provando para si mesmos que Moscou sempre estava com a razão, é outra questão, embora seja relevante para o tema porque confirmava a convicção da minoria esclarecida de que jamais seriam capazes de liderar seus partidos contra Moscou. Um comunista inglês que assistiu à reunião da direção do partido em setembro de 1939 e a quem foi dito que a guerra, no final das contas, não deveria ser considerada uma guerra popular antifascista, mas apenas uma guerra imperialista, recorda-se de ter dito para si mesmo: "Assim é. Não há nada a ser feito. É uma guerra imperialista." Ele estava certo naquele momento. Ninguém opôs resistência a Moscou com êxito até que Tito liderasse seu partido contra Stalin em 1948 — para surpresa de Stalin e de vários líderes de outros partidos. Contudo, Tito não era à época apenas o líder de um partido, mas também de uma nação e de um Estado.

Naturalmente, havia também um outro fator envolvido: o internacionalismo. Hoje, quando o movimento comunista internacional deixou de existir em grande parte como tal, é difícil imaginar a força imensa que seus membros obtinham da consciência de serem soldados de um único exército internacional que, por mais variado e flexível que fosse em sua tática, executava uma única e ampla estratégia de revolução mundial. Daí a impossibilidade de qualquer conflito fundamental ou duradouro entre o interesse de um movimento nacional e a Internacional, que era o *verdadeiro* partido e da qual as unidades nacionais não eram mais que seções disciplinadas. Esta força baseava-se tanto em argumentos realistas quanto na convicção moral. O que convencia em Lenin não era tanto suas análises socioeconômicas — afinal de contas, em último caso, algo semelhante à sua teoria do imperialismo podia ser derivado de escritos marxistas anteriores —, mas a sua indubitável genialidade para organizar um partido revolucionário e dominar a tática e a estratégia da revolução. Ao mesmo tempo, o Comintern se propôs dar imunidade ao movimento contra o terrível colapso de seus ideais e, em grande parte, assim o fez.

Os comunistas, admitia-se, jamais se comportariam como os social-democratas da Segunda Internacional em 1914, abandonando sua bandeira para seguir a do nacionalismo e sucumbir em massacre mútuo. Deve-se reconhecer que eles não o fizeram. Há, por exemplo, algo heroico na atitude dos partidos comunistas inglês e francês em setembro de 1939: não obstante o nacionalismo, o cálculo político e mesmo o senso comum apontarem para uma direção, ainda assim escolheram sem vacilações colocar em primeiro plano os interesses do movimento internacional. Ocorre que eles estavam trágica e absurdamente equivocados. Porém o seu erro, ou melhor, a orientação soviética do movimento e a suposição politicamente absurda de Moscou de que uma dada situação internacional implicava reações idênticas em partidos situados em contextos muito distintos, não nos deveria levar a ridicularizar o espírito da sua atitude. Esta é a forma como os socialistas europeus deveriam ter agido em 1914 e não o fizeram: cumprir as decisões de sua Internacional. Foi assim que os comunistas agiram quando uma outra guerra mundial eclodiu. Não foram culpados pelo fato de a Internacional não os orientar a atuar de maneira diversa.

O problema daqueles que escrevem a história dos partidos comunistas é, portanto, extraordinariamente difícil. Eles devem recuperar a excepcional *têmpera* do bolchevismo — sem precedentes nos movimentos não religiosos e tão distante do liberalismo da maioria dos historiadores como do ativismo permissivo e autoindulgente dos extremistas contemporâneos. Não se pode compreender, sem a percepção deste sentimento de devoção total, que o partido em Auschwitz fizesse seus membros pagarem suas contribuições em cigarros (sumamente preciosos e quase impossível de serem obtidos num campo de extermínio), ou que os quadros do partido aceitassem a ordem não apenas de matar alemães em Paris ocupada, mas também de adquirir, prévia e individualmente, as armas para fazê-lo, ou que ele tornasse virtualmente inconcebível para seus membros a ideia de se recusarem a regressar a Moscou, mesmo com a certeza de serem presos ou mortos. Sem isto não se pode, tampouco, compreender as realizações ou as perversões do bolchevismo — e ambas foram monumentais — e, certamente, também não se pode compreender o extraordinário êxito do comunismo como um sistema de educação para o trabalho político.

Os historiadores, todavia, devem também distinguir entre os elementos nacionais dos partidos comunistas e os internacionais, inclusive aquelas correntes dos movimentos nacionais que puseram em prática a linha internacional, não porque tivessem que fazê-lo, mas porque estavam realmente de acordo com ela. Devem distinguir entre os elementos genuinamente internacionais da política do Comintern e aqueles que refletiam apenas os interesses de Estado da URSS e as preocupações táticas ou de outra natureza da política interna soviética. Tanto no âmbito nacional quanto no internacional, devem distinguir entre as decisões políticas fundadas em conhecimento, ignorância ou intuição, na análise marxista (correta ou não), tradição local, imitação de exemplos estrangeiros adequados ou não, ou pura tentativa e erro, percepção tática ou fórmulas ideológicas. Devem, acima de tudo, distinguir as políticas que alcançaram êxito e foram sensatas das que não o foram, resistindo à tentação de condenar o Comintern *en bloc** como um fracasso ou um fantoche da Rússia.

Estes problemas são particularmente difíceis para o historiador do Partido Comunista Inglês, pois, exceto em alguns breves períodos, eles parecem muito pouco importantes na Inglaterra. O partido era inteiramente leal a Moscou, inteiramente decidido a não se envolver

---

* As expressões em língua estrangeira, constantes do original inglês, foram conservadas neste e nos demais capítulos. Somente as menos óbvias foram traduzidas em notas de rodapé. [*N. T.*]

em controvérsias russas ou internacionais e, ao mesmo tempo, era um legítimo produto da classe operária inglesa. Sua trajetória não estava marcada pela perda ou expulsão de líderes, heresias ou desvios. Reconhecidamente, gozava da vantagem de ser pequeno, o que significava que a Internacional não esperava dele os resultados espetaculares geradores de relações tensas, como ocorria, por exemplo, com o partido alemão. Gozava também da vantagem de atuar em um país que, mesmo ao exame mais superficial, era diferente da maioria dos países europeus e de outros continentes. Por ser o resultado não de uma ruptura política da social-democracia, mas da unificação de vários grupos de extrema-esquerda, que haviam sempre atuado, até certo ponto, fora do Partido Trabalhista, não poderia ser considerado exatamente como um partido de massa alternativo ao Trabalhista, pelo menos não como uma alternativa imediata. Por isso, ele foi liberado — na verdade, até mesmo estimulado — para se dedicar às tarefas a que, de qualquer forma, os militantes ingleses de esquerda teriam se dedicado, e para que as executasse com excepcional abnegação e eficiência pelo simples fato de ser comunista. A verdade é que Lenin estava, em princípio, interessado em desencorajar o sectarismo e a hostilidade ao trabalhismo, que eram as tendências espontâneas dos ultraesquerdistas nativos. Os períodos em que a linha internacional foi contra o cerne da estratégia e tática da esquerda nacional (como em 1928-34 e em 1939-41) aparecem como anomalias na história do comunismo inglês, precisamente porque havia de maneira evidente esta estratégia nacional, o que não ocorria nos demais países. Enquanto não houvesse qualquer perspectiva realista de revolução, enquanto houvesse somente uma central sindical — a TUC — e o Partido Trabalhista fosse o único partido — ainda em crescimento — capaz de ganhar o apoio dos trabalhadores politicamente conscientes em escala nacional, na prática existia apenas um possível caminho real de avanço socialista. A atual confusão da esquerda (dentro e fora do Partido Trabalhista) é devida, em grande parte, ao fato de que estas condições não aparecem mais como indiscutíveis e de que não há estratégias alternativas amplamente aceitas.

Todavia, esta simplicidade aparente da situação dos comunistas ingleses oculta uma série de interrogações. Em primeiro lugar, o que a Internacional esperava exatamente dos ingleses, além de que se tornassem um partido comunista autêntico e que — a partir de uma data não inteiramente precisa — dessem assistência aos movimentos comunistas das colônias? Qual foi, precisamente, o papel da Grã-Bretanha na sua estratégia geral e como se modificou? Isto não está de forma alguma claro do ponto de vista da literatura histórica existente, que, salvo raras exceções, não é reconhecidamente de alta qualidade.

Em segundo lugar, ainda que avaliado por critérios pouco rígidos, por que o impacto do PC nos anos 1920 foi tão modesto? O número de seus membros era ínfimo e flutuante, seus êxitos eram reflexo, em parte, do espírito radical e militante do movimento operário e, em parte, do fato de que os comunistas ainda atuavam em grande medida dentro do Partido Trabalhista, ou pelo menos com seu apoio em nível local. Somente nos anos 1930 o partido comunista tornou-se a esquerda nacional efetiva, a despeito de seu reduzido mas crescente número de membros, da sua fraqueza eleitoral e da hostilidade sistemática da liderança trabalhista.

Em terceiro lugar, qual era a base de apoio comunista? Por que o partido foi incapaz, antes da década de 1930, de atrair qualquer apoio significativo entre os intelectuais, abandonando em seguida os relativamente poucos que atraíra (principalmente da esquerda ex-fabiana e do socialismo corporativista)? Qual foi o caráter de sua influência excepcionalmente forte — embora não necessariamente em relação ao número de membros — na Escócia e no País de Gales? O que ocorreu na década de 1930 para transformar o partido em algo que não havia sido anteriormente, isto é, um grupo de militantes de fábrica?

Há, ainda, todas as questões que inevitavelmente serão formuladas sobre os acertos e os erros na mudança da linha política do partido e, mais fundamentalmente, deste tipo particular de organização no contexto da Inglaterra do período entre as guerras e o posterior a 1945.

James Klugmann[1] não abordou seriamente quaisquer destas questões. Este homem extremamente hábil e lúcido é, sem dúvida, capaz de escrever uma história satisfatória do partido comunista e, nos casos em que não se sente tolhido, assim o faz — por exemplo, escreveu o melhor e o mais claro relato hoje existente sobre a origem do partido. Infelizmente, ele se encontra paralisado pela impossibilidade de ser ao mesmo tempo um bom historiador e um funcionário leal. A única maneira até agora descoberta de se escrever uma história "oficial" pública de qualquer organização consiste em entregar o material a um ou mais historiadores profissionais que sejam suficientemente simpatizantes para não realizarem um trabalho hostil e suficientemente descomprometidos para não se importarem de abrir armários com temor de surpresas desagradáveis e que, na pior das hipóteses, possam ser oficialmente desautorizados. Foi isto, essencialmente, o que o governo inglês fez em relação à história oficial da Segunda Guerra Mundial e o resultado foi que Webster e Frankland mostraram-se capazes de escrever uma história da guerra aérea que destrói muitos mitos familiares e contraria muitos interesses nos meios oficiais e políticos, mas que é, ao mesmo tempo, erudita e útil — até mesmo para quem queira avaliar ou elaborar uma estratégia. O Partido Comunista Italiano é o único que até o momento escolheu este procedimento sensato, ainda que quase inimaginável para a maioria dos políticos. Paolo Spriano, portanto, escreveu um trabalho discutível, porém sério e documentado,[2] o que James Klugmann não foi capaz de fazer. Ele simplesmente usou seus consideráveis talentos para evitar escrever algo desonroso.

Receio que, ao fazê-lo, tenha perdido muito de seu tempo. De que adianta, afinal, gastar dez anos em pesquisar fontes — inclusive as de Moscou —, quando as *únicas* referências precisas a fontes contemporâneas não publicadas do PC são mais ou menos em número de sete e as *únicas* referências, mesmo a fontes impressas da Internacional Comunista (inclusive a Inprecorr) são menos de doze e somam 370 páginas? O

---

1 James Klugmann, *History of the Communist Party of Great Britain: Formation and Early Years*, 1919-1924. Londres, 1966.

2 Paolo Spriano, *Storia del Partito Comunista Italiano*, vol. I, *Da Bordiga a Gramsci Turine*, 1967.

restante consiste, substancialmente, em referências a informes publicados, folhetos e especialmente periódicos do partido nesse período. Em 1921-22, o *Presidium* do Comintern debateu treze vezes sobre a Inglaterra — mais vezes do que qualquer outro país, com exceção da França, Itália, Hungria e Alemanha. Tal informação não está contida no livro de Klugmann, cujo índice não faz referência alguma a Zinoviev (exceto em conexão com a carta forjada trazendo o seu nome), Borodin, Petrovsky-Bennet ou a um campo de atividade partidária tão genuinamente inglês como o do *Labour Research Department.*

Uma história adequada do PC não pode ser escrita evitando ou dissimulando de forma sistemática, problemas de fato controvertidos e temas que possam ser considerados indiscretos ou pouco diplomáticos dentro da organização. Tampouco pode ser compensada pela descrição e documentação, da forma mais detalhada possível, das atividades de seus militantes. É interessante ter-se 160 ou mais páginas sobre o trabalho do partido de 1920 a 1923, porém o fato essencial sobre este período é o que se encontra registrado no relatório de Zinoviev para o Quarto Congresso Mundial em fins de 1922, onde se lê: "Talvez em nenhum outro país o movimento comunista faça progressos tão lentos." Entretanto, este fato não é realmente abordado e nem sequer a explicação comum à época, segundo a qual ele se devia ao desemprego em massa, é seriamente discutida. Em resumo, Klugmann fez alguma justiça aos militantes devotados e frequentemente esquecidos que serviram à classe operária inglesa da melhor forma que souberam. Escreveu um livro-texto para seus sucessores nas escolas do partido com a clareza e a habilidade que lhe deram grande reputação como professor nestes cursos. Reuniu um número apreciável de informações novas, algumas das quais serão reconhecidas apenas por especialistas em decifrar formulações feitas com grande cautela, e poucas delas — sobre assuntos importantes — estão documentadas. Mas ele não escreveu uma história satisfatória do PC, nem tampouco do papel que este desempenhou na vida política inglesa.

(1969)

2

RADICALISMO E REVOLUÇÃO NA INGLATERRA

O ESTUDO ERUDITO DO MOVIMENTO COMUNISTA, indústria acadêmica de produção ampla, embora decepcionante em seu conjunto, é geralmente realizado por membros de duas escolas: a dos sectários e a dos caçadores de bruxas. Elas têm coincidido em alguns pontos graças à propensão de muitos ex-comunistas de passarem da discordância para a total rejeição. Em termos gerais, os historiadores sectários foram revolucionários, ou pelo menos pessoas de esquerda, e em sua maioria dissidentes comunistas. (A contribuição dos partidos comunistas à sua própria história tem sido pobre e até recentemente insignificante.) O principal objetivo da sua investigação tem sido descobrir por que os partidos comunistas têm fracassado em fazer revoluções ou produzem resultados tão desconcertantes quando as fazem. Sua principal fraqueza profissional tem sido a incapacidade de se manterem a uma distância suficiente das polêmicas e cismas dentro do movimento.

Os caçadores de bruxas eruditos, cuja ortodoxia só foi plenamente formulada no período da guerra fria, consideravam os partidos comunistas organizações sinistras, coercitivas, potencialmente onipresentes, metade religião e metade conspiração, as quais não poderiam ser racionalmente explicadas já que não existia qualquer razão sensata para se desejar destruir a sociedade pluralista liberal. Consequentemente, estas organizações deviam ser analisadas sob a luz da psicologia social de indivíduos desajustados e de uma teoria conspiratória da história. A principal fraqueza profissional desta escola consiste em que ela contribuiu muito pouco para o seu tema. Seu estereótipo básico se assemelha bastante ao da era vitoriana em relação aos "sindicatos", esclarecendo mais sobre quem a defende do que sobre o comunismo em si.

A obra de Newton, ambiciosamente intitulada *The Sociology of British Communism*[1] demonstra, para a satisfação de quem esteja disposto a deixar-se convencer, que a escola de caçadores de bruxas não tem qualquer relação aparente com o Partido Comunista Inglês. Este PC não consiste e nunca consistiu, em qualquer medida considerável, de minorias desajustadas ou alienadas. Tanto quanto sua composição social pode ser conhecida — e Newton examinou toda a informação disponível —, ele consiste fundamentalmente em operários especializados e semiespecializados em sua maioria mecânicos, construtores e mineiros e professores que têm, em grande parte, as mesmas origens sociais. Como no caso do chamado "radicalismo tradicional", o PC "não se apoia em indivíduos desarraigados ou descomprometidos, mas, pelo contrário, em indivíduos intimamente ligados à comunidade e a seu radicalismo". Não conta com "personalidades autoritárias" semelhantes aos fascistas e, na verdade, o mito convencional de que os dois "extremos" se tocam tem pouca base na realidade.

Suas atividades não correspondiam nem tampouco correspondem ao modelo de "movimento de massa" dos sociólogos ("modos de resposta direta e ativista" em que "o centro de atenção está distante da experiência pessoal e da vida diária"). Quaisquer que fossem os objetivos finais do partido, seus militantes, nos sindicatos ou nos movimentos de desempregados entre as duas guerras, se preocuparam ardorosamente com assuntos práticos, como a melhoria das condições dos operários aqui e agora. Não há sequer evidência de que o PC seja mais oligárquico do que os outros partidos ingleses, que seus membros deem menos atenção à democracia interna do partido ou tenham atitudes sensivelmente diferentes em relação a seus líderes.

Em resumo, Newton estabelece com detalhe o que qualquer um que tenha conhecimento direto dos comunistas ingleses sabe. Eles são, em termos sociológicos, muito do que se espera de uma elite ativista da classe operária, compartilhando em particular o "esforço persistente de autoaperfeiçoamento através da autoeducação", fenômeno conhecido

---

1 Kenneth Newton, *The Sociology of British Communism*, Londres, 1969.

de qualquer estudioso dos quadros de liderança da classe operária em todos os períodos da história inglesa. São o tipo de pessoas que dotou os movimentos operários de liderança e sagacidade na maioria das vezes. Newton argumenta que nisto são muito semelhantes aos ativistas do Partido Trabalhista, e que a principal razão de ser o PC inglês um partido excepcionalmente pequeno é que (até recentemente) o Partido Trabalhista expressava de forma muito satisfatória os pontos de vista dos trabalhadores ingleses politicamente mais conscientes. Nisto o autor quase certamente tem razão, embora sempre tenha havido uma esquerda operária que o considerou inadequado. Esta ultraesquerda é o tema da obra de Kendall.

A questão de fundo é se ela constituiu ou constitui um movimento "revolucionário". No que diz respeito ao PC, o que se discute não é seu comprometimento subjetivo com uma mudança social radical, mas a natureza da sociedade em cujo seio perseguiu e persegue seus objetivos, assim como o contexto político de suas atividades. Para os jovens extremistas de 1969, cuja ideia de revolução consiste em, caso não sejam de fato levantadas barricadas, pelo menos que se faça tanto barulho como se tivessem sido, ele é claramente não revolucionário e já há muito deixou de sê-lo. A questão, porém, é ainda mais séria. Até que ponto um partido pode ser funcionalmente revolucionário em um país em que a revolução clássica simplesmente não está na ordem do dia e que nem sequer possui uma tradição viva de revolução no passado?

A investigação de Walter Kendall sobre a esquerda de 1900-21 levanta esta questão de uma forma perspicaz.[2] O próprio autor, às vezes, parece se perder nas complexidades da história sectária e se detém demasiadamente no argumento de que o PC nasceu não do passado da esquerda radical inglesa, mas das exigências internacionais dos bolchevistas russos. Este argumento pode ser sumariamente descartado. Se há algo bem claro a respeito do período entre 1917 e 1921 é: (a) que a ultraesquerda se identificou ardorosamente com os bolchevistas, (b) que ela consistiu em pequenos grupos que se enfrentavam mutuamente, (c) que a maioria

---

2 Walter Kendall, *The Revolutionary Movement in Britain 1900-21*, Londres, 1969.

deles desejava nada mais do que se tornar o Partido Comunista, qualquer que fosse a vontade dos russos, e (d) que para os russos o caminho natural e sensato era cuidar para que emergisse um só partido unificado. Na verdade, o que ocorreu foi muito do que se poderia esperar. A maior e mais duradoura das organizações marxistas independentes da esquerda inglesa, o Partido Socialista Inglês, tornou-se o núcleo principal do PC, absorvendo outros grupos de esquerda numericamente pequenos mas politicamente importantes. Os russos usaram o seu prestígio para afastar dele um pouco do sectarismo antipolítico extremado, embora o processo de torná-lo um partido "bolchevista" só tenha começado seriamente depois do período tratado na obra de Kendall.

Mas até que ponto esta esquerda radical foi revolucionária? Até que ponto ela podia ser revolucionária? Fica claro do estudo bastante completo e erudito de Kendall que somente uma diminuta fração da pequena esquerda radical anterior a 1914 era formada de revolucionários no sentido russo ou irlandês: a maior parte na Escócia, Zona Leste de Londres (com suas conexões russas) e, talvez, sul de Gales. Estas poucas dezenas ou, na melhor das hipóteses, poucas centenas de militantes tiveram participação desproporcionalmente grande nos anos entre 1911 e 1920, quando o movimento operário inglês, provavelmente pela primeira vez desde os cartistas, mostrou sinais de verdadeira rejeição "ao sistema", incluindo a "política", o Partido Trabalhista e a liderança sindical. Entretanto, afirmar que eram revolucionários seria enganoso.

A razão imediata de seu fracasso foi que a esquerda inglesa não teve o sentido do poder nem, tampouco, organizações capazes de pensar em termos de poder. Os rebeldes simplesmente se confrontaram com a alternativa mais modesta entre arrebatar das lideranças reformistas as tradicionais organizações operárias de massa ou recusar-se a ter quaisquer relações com elas. Mas a primeira opção, embora mais fecunda a longo prazo, diminuía os ânimos da militância na crise imediata; a outra a mantinha à custa da eficiência.

Os mineiros do sul de Gales — cujo sindicato era essencialmente o produto de uma revolta de suas bases — escolheram o primeiro caminho, com a consequência de que, depois da grande greve de 1915, não houve qualquer movimento extraoficial importante nas minas que pudesse se ligar ao da indústria. Mas os mineiros se mantiveram unidos, se radicalizaram *en bloc* (a Federação do sul de Gales pensou mesmo em se filiar ao Comintern numa certa época), elegeram A. J. Cook em 1924 e pressionaram todo o operariado para a Greve Geral — num momento em que isto já não tinha tanto significado político. Kendall observa corretamente que seu êxito "evitou ações radicais durante a guerra apenas para fazer com que eclodissem, uma vez terminado o conflito".

Por outro lado, delegados sindicais de fábrica,* devido às profundas raízes de seu sindicalismo, sua desconfiança em relação a qualquer tipo de política e burocracia, despenderam seus esforços e produziram — como Kendall também aponta — não mais do que um mero suplemento do sindicalismo oficial. Eles expressaram, ao invés de liderar, uma revolta genuína, embora incapazes de dar-lhe eficácia ou mesmo permanência. Daí seu movimento ter-se desmoronado, deixando atrás apenas algumas poucas dezenas de valorosos membros para o novo PC. "Em 1918", escreveu Gallacher, "nossa manifestação em Glasgow contava com cerca de cem mil pessoas. Em 1º de maio de 1924 eu liderei uma demonstração nas ruas. Cem pessoas era todo o nosso grupo."

O problema da esquerda revolucionária em sociedades industriais estáveis não é que suas oportunidades jamais surjam, mas que as condições normais em que deve atuar impedem-na de desenvolver os movimentos suscetíveis de aproveitar os raros momentos em que é chamada a comportar-se como revolucionária. A conclusão desalentadora da obra de Kendall é que não há uma solução fácil para este dilema; ele é inerente à situação. Um sectarismo fechado em si mesmo não é a solução. Tampouco o é a reação de simples rejeição rebelde a toda política e "burocracia". Ocorre que ser revolucionário em países como o nosso é difícil. E não há razão para acreditar que será menos difícil no futuro do que o foi no passado.

(1969)

---

* *Shop stewards*, no original. [*N. T.*]

3
O COMUNISMO FRANCÊS

A HISTÓRIA DO COMUNISMO NAS ECONOMIAS DESENVOLVIDAS do Ocidente tem sido a história de partidos revolucionários em países sem perspectivas insurrecionais. Tais países podem ver-se envolvidos por atividades revolucionárias que derivam das contradições internacionais do capitalismo, como de fato estiveram em várias ocasiões durante o século XX (por exemplo, durante a ocupação nazista), ou que refletem o entusiasmo de acontecimentos em outros lugares (por exemplo, na Europa Oriental), mas seus próprios caminhos políticos não os têm levado — ou jamais pareceram levar por mais que um rápido momento — às barricadas. Nem as duas guerras mundiais, nem a grande depressão interveniente abalaram seriamente a base social de qualquer regime entre os Pirineus, fronteira meridional dos Alpes e o Cabo norte: e não é fácil imaginar impactos mais vigorosos sobre uma região do que os que esta sofreu no curto período de meio século. Na Europa Oriental, para tomar o exemplo mais próximo, a situação foi muito distinta. Aqui temos, no mesmo período, pelo menos quatro e talvez cinco casos de revoluções sociais endógenas (Rússia, Iugoslávia, Albânia, Grécia[1] e talvez Bulgária), sem levar em conta as sublevações temporárias, mas sérias.

Espontânea ou deliberadamente, os movimentos operários do Ocidente tiveram que se adaptar a esta situação e, assim fazendo, tiveram sempre que correr o grave risco de adaptar-se a uma existência permanentemente subordinada no interior do capitalismo.

---

1 Na Grécia, a revolução teria triunfado caso não houvesse ocorrido a intervenção militar inglesa e a abstenção diplomática soviética.

No período anterior a 1914 esta condição estava ofuscada, até certo ponto, pela recusa dos regimes burgueses em admiti-los formal e completamente em seus sistemas de relações econômicas e políticas, pelas condições miseráveis de vida da maioria dos operários e seu universo social fechado de proletariado proscrito e também pela força das tradições revolucionárias — principalmente marxistas, mas também anarquistas — que haviam formado a maioria dos movimentos operários e ainda os inspiravam fortemente. Na geração posterior a 1917, esta condição permaneceu também parcialmente ofuscada pelo colapso do capitalismo em uma onda de matanças, crises e barbarismo, mais especificamente, pela revolução bolchevista, que foi considerada (corretamente) a precursora da revolução mundial. Em nossa geração, emergiu com muito maior nitidez devido à combinação de três fatores: a extraordinária e até agora desconhecida prosperidade econômica do "Ocidente" (que afetou também a grande massa de suas classes trabalhadoras), a desintegração da Terceira Internacional em suas versões oficial e oficiosa e o caráter remoto — tanto geográfico, político como social — da fase da revolução mundial posterior a 1945 com relação aos problemas dos países ocidentais desenvolvidos.[2]

O período anterior a 1914 passou para a história. A Segunda Internacional fracassou totalmente, a ponto de perder qualquer possibilidade de ressurgimento, e o mesmo ocorreu com o movimento, em parte rival e em parte complementar, do sindicalismo revolucionário anarquizante ("sindicalismo"). Se estudamos aquele período por qualquer outra razão que não a curiosidade acadêmica, é simplesmente para auxiliar a explicação do que aconteceu mais tarde e talvez para procurar alguns indícios que nos levem à compreensão do que era então comum, mas raro atualmente, isto é, a existência de movimentos socialistas nacionais singulares e unidos em termos de organização, mas ideologicamente pluralistas. O período da

---

2 Não afirmo que seu caráter remoto fosse inevitável; afirmo apenas que, em razão dos fatos observados, a revolução chinesa e as revoluções de libertação nacional de forma alguma penetraram os movimentos socialistas e comunistas ocidentais como a Revolução de Outubro o fez.

Terceira Internacional ainda subsiste, pelo menos na forma de cisão permanente entre os partidos comunistas e social-democratas, cujos padrões de comportamento ou tradições não podem ser compreendidos sem referência constante à Revolução de Outubro. Daí a importância de estudos como o volumoso trabalho de Annie Kriegel, *Origens do Comunismo Francês, 1914-20*.[3]

O Partido Comunista Francês é singular em muitos aspectos. É um dos poucos partidos comunistas de massas nas economias ocidentais "avançadas" e, com exceção do PC italiano (que atua em um país que se integrou ao setor "avançado" da economia mundial tardia e incompletamente), o único a se tornar partido majoritário no interior de seu movimento operário. À primeira vista, isto não apresenta maiores problemas. A França é o país clássico da revolução europeia-ocidental e, se as tradições de 1789-94, 1830, 1848 e 1871 não forem capazes de atrair uma nação para os partidos revolucionários, nada mais o fará. Entretanto, observando-se mais atentamente, percebe-se que o surgimento do PC é muito mais enigmático. As tradições clássicas do revolucionarismo francês — mesmo da classe operária — não eram marxistas e menos ainda leninistas, mas jacobinas, blanquistas e proudhonistas. O movimento socialista anterior a 1914 era já um enxerto alemão na ramificação francesa, que fixou raízes na política apenas incompletamente e menos ainda no sindicalismo. O guesdismo, que é o que mais se aproxima da ortodoxia social-democrata, embora ainda a certa distância dela, conservou-se um fenômeno regional ou minoritário. O PC francês representou uma "bolchevização" ou russificação muito mais radical do movimento nacional, bolchevização esta para a qual havia pouco fundamento no partido. Mas, desta vez, o enxerto vingou. O Partido Comunista Francês tornou-se, e ainda se conserva, não apenas o partido de massas da maioria operária francesa, a principal força da esquerda, mas também um clássico partido "bolchevista". Isto representa o principal problema de sua história. Annie Kriegel não se propõe a resolvê-lo diretamente — seus dois

---

3 Annie Kriegel, *Aux Origines du Communisme Français, 1914-20* (2 vols.), Paris e Haia, 1964.

volumes terminam com o Congresso de Tours, que cria o partido —, mas ela o faz indiretamente, por assim dizer, por um processo de eliminação de possibilidades alternativas. A história do período que tomou como tema não completou esta eliminação. Na verdade, um de seus principais argumentos é que o desenvolvimento subsequente do PC não era, de forma alguma, facilmente prognosticável em 1920. Entretanto, a guerra e o pós-guerra esclareceram uma grande parte destas tradições políticas historicamente arraigadas, porém obsoletas ou impraticáveis.

O impacto da guerra e a Revolução Russa devem ser examinados através de investigações paralelas da evolução da classe operária e da minoria pouco organizada, e por vezes não representativa, que constituiu o movimento operário francês. A distinção é importante porque a própria fragilidade, instabilidade ou estreiteza do movimento francês pode ter aumentado, segundo a argumentação de Kriegel, a atração pelos partidos revolucionários depois da guerra, mais do que em países onde o movimento operário foi mais representativo das massas. Sua obra nos diz relativamente pouco sobre tal evolução, muito embora ela tenha nitidamente atravessado quatro fases importantes: uma firme reversão ao nacionalismo em 1914; uma fadiga de guerra rapidamente crescente desde fins de 1916, culminando com as greves fracassadas e os motins militares da primavera de 1917; uma recaída na inatividade depois de seu fracasso (combinado, porém, com um crescente influxo de trabalhadores nas organizações operárias); e, depois do final da guerra, uma rápida e cumulativa radicalização, que quase certamente *adiantou-se* em relação às organizações operárias oficiais. Seus principais protagonistas eram soldados desmobilizados — o ritmo gradual da desmobilização manteve o impulso da radicalização — e as indústrias (de metais e ferroviárias), que combinavam importantes serviços por elas prestados à época da guerra com o retorno de ex-soldados às suas antigas ocupações. Contudo, até o final da guerra, o nacionalismo arraigado que constitui a tradição mais antiga e mais forte da esquerda francesa manteve as massas distantes de uma revolução (inclusive da revolução russa), já que parecia implicar uma vitória alemã. Comparado com o da Inglaterra, por exemplo, o movimento de simpatia pelos soviéticos em 1917 foi surpreendentemente fraco. Somente após o armistício ter eliminado a possibilidade de escolha entre patriotismo e revolução, a radicalização política dos trabalhadores franceses pôde prosseguir livremente. E quando assim o fez, foi dissipada pelo fracasso de seu movimento operário.

Para o movimento operário, os anos que vão de 1914 a 1920 representam uma sucessão de derrotas historicamente decisivas. O ano de 1914 representou o malogro total de todas as seções e de todas as fórmulas do movimento mais antigo — tanto socialista quanto sindicalista. A partir de princípios de 1915, emergiu uma moderada oposição pacifista e internacionalista (mas não revolucionária), muito embora — e este dado é muito significativo — não com base na esquerda radical do pré-guerra. Ela fracassou em 1917 e, lentamente, surgiu depois do armistício uma esquerda revolucionária pró-bolchevista, ainda que — um dado igualmente significativo — fosse apenas parcialmente assentada na corrente pacifista-internacionalista "Zimmerwald" de 1915-17, pois muitos de seus líderes se negaram a unir-se a ela. Não havia, nessa época, qualquer cisão no movimento operário francês ou, de qualquer forma, não havia nele maiores divergências do que sempre houvera, uma vez que a fórmula de unidade flexível havia sido delineada nos primeiros anos do século; nem tampouco havia sérios indícios de uma cisão permanente. Pelo contrário, em 1918-19, tanto o Partido Socialista quanto a Confederação Geral do Trabalho pareciam uma vez mais ter encontrado um ponto comum para a unidade numa guinada à esquerda — mas não à esquerda bolchevista — que criticava mas não condenava os excessos nacionalistas e colaboracionistas de classes de 1914. Diferentemente da Alemanha, a guerra não havia dividido o partido. Diferentemente da Inglaterra, os líderes do colaboracionismo de classes em 1914 (tal como Arthur Henderson) não levaram com eles um partido unido para a oposição à guerra e para um socialismo moderado. Porém, como na Áustria, uma antiga minoria pacifista tornou-se maioria sem dividir o partido.

Naturalmente, na atmosfera tempestuosa da revolução mundial, todas as seções do movimento, exceto a minoritária e desacreditada extrema-direita nacionalista, aguardavam a "revolução" e o "socialismo", embora seja ponto discutível se as batalhas de 1919-20 os tiveram verdadeiramente como seus objetivos. Fossem quais fossem seus objetivos, todas elas fracassaram. A pequena ultraesquerda que sonhava com uma revolução proletária no estilo ocidental, baseada em "conselhos" e hostil tanto ao parlamento como aos partidos e sindicatos, fracassou nas greves da primavera de 1919, uma vez que jamais conseguiu alcançar as massas.[4] A solução através de um comunismo libertário ou descentralizado foi descartada. Os socialistas políticos haviam sempre apostado em governos socialistas eleitos e redigiram um programa ambicioso do que tal governo faria. Fracassaram no outono de 1919 porque a adesão política do eleitorado aos socialistas foi desalentadoramente reduzida; apenas 14%, bem menos do que em outros países. Porém, não fora a indiferença da liderança reformista os resultados teriam sido consideravelmente superiores, como Kriegel provou de forma convincente, mas, mesmo assim, uma maioria eleitoral nunca esteve ao alcance dos socialistas e isto poupou os dirigentes do partido da provável demonstração de que não teriam sabido o que fazer com ela. Em todo caso, o caminho reformista estava temporariamente bloqueado.

Por fim, e em nível de maior importância, os sindicalistas revolucionários — talvez a tradição revolucionária puramente proletária mais forte da França — tentaram e falharam em 1920, com o fracasso da grande greve ferroviária. O mito tradicional do operariado francês, a greve geral revolucionária, estava morto. E assim também, mais significativamente, morria o sindicalismo revolucionário como tendência importante no movimento francês.

Foi nestas circunstâncias — e somente nelas — que a massa do partido socialista francês se dispôs a seguir Moscou e, mesmo então, só o fez

---

4 Kriegel assinala, corretamente, que havia uma genuína alternativa revolucionária ao bolchevismo, que buscava combinar socialismo e valores liberais ou libertários; mas também mostra que seu malogro, sob qualquer sigla que tenha-se organizado, foi total. Na verdade, jamais se apresentou como alternativa política efetiva.

com restrições tácitas — "sem reservas, mas também sem esclarecimentos inoportunos", segundo a interpretação de Kriegel. Foram necessários o refluxo da maioria dos socialistas para o velho partido logo depois e a eliminação da liderança original do PC alguns anos mais tarde para lançar os fundamentos de um verdadeiro partido bolchevista. Sem dúvida, isto é verdade, mas deve-se questionar se o surgimento de um PC de massas como fenômeno permanente e duradouro foi tão "acidental" quanto a autora sugere.

Em primeiro lugar, a falência das tendências e fórmulas primitivas do socialismo francês foi irreversível. Além disso, estava destruído o tradicional orgulho da França de ser o país "clássico" da revolução europeia e de tomar as revoluções francesas como modelos internacionais, orgulho que, por outro lado, mantivera o movimento francês em grande parte imune ao marxismo. Os franceses haviam fracassado — lamentavelmente e pela primeira vez em um período revolucionário europeu —, ao passo que os bolchevistas haviam triunfado. Em qualquer extrema-esquerda futura, Lenin teria que suprir o vigor debilitado de Robespierre, Blanqui ou Proudhon. A via para uma transformação dos revolucionários franceses estava pela primeira vez aberta. Mas, na época da Terceira Internacional, tal transformação excluía qualquer permanência das fórmulas de unidade socialista anteriores à guerra. Uma esquerda comunista haveria de ser bolchevista ou definitivamente não existiria.

Em segundo lugar, como Kriegel observa corretamente, desapareceu toda a base social do movimento operário francês anterior a 1914. A guerra levou a economia francesa, pela primeira vez, para o século XX, isto é, tornou impossível (ou marginal) não apenas o sindicalismo minoritário instável de artesãos pré-industriais, que havia sido a base do sindicalismo revolucionário, mas também a ilusão de uma classe operária proscrita, ligada ao sistema capitalista apenas pelo ódio e pela esperança de sua total destruição. De uma forma ou de outra, o reformismo e o revolucionarismo anteriores a 1914 deviam mudar, deviam redefinir-se ou definir-se com maior precisão. Neste sentido, o retrocesso a 1914 também estava bloqueado.

Mas esta própria mudança na economia francesa e nas relações entre empresários, operários e Estado levantou problemas que nem os socialistas nem os comunistas encararam ou mesmo souberam reconhecer totalmente, e nesta falha concentra-se muito da tragédia do socialismo ocidental. O Partido Socialista de Léon Blum não se tornou o partido fabiano ideal, capaz de aproximar-se do socialismo por meio de eleições e reformas parciais, nem mesmo se tornou um simples partido reformista no interior do capitalismo. Degenerou-se em algo semelhante ao Partido Radical da Terceira República e, de fato, assumiu este papel político durante a Quarta: o de garantidor do imobilismo social e econômico em troca de gabinetes ministeriais para seus líderes. O Partido Comunista manteve-se como o partido da revolução proletária internacional e, cada vez mais, o eficiente organizador dos trabalhadores. A bolchevização transformou-o, quase certamente, na organização revolucionária mais efetiva da história da França. Mas, inevitavelmente, posto que a revolução mundial reduziu-se simplesmente à revolução russa, a esperança de sua ampliação residia na URSS e lá permaneceria localizada enquanto ela "continuasse considerando a si mesma como a revolução em marcha."[5] E já que não havia na França situação ou perspectiva revolucionárias, o PCF necessariamente se tornou o ponto de todas as contradições e antinomias do socialismo revolucionário francês anterior a 1914: reformista em sua prática cotidiana, embora revolucionário, patriótico, embora internacionalista. E como a autora observa corretamente, ele descobriu uma pseudossolução para elas, "convertendo-se em uma espécie de sociedade global imaginária, segundo o padrão do universo russo soviético"; e, podemos acrescentar, afastando-se cada vez mais da participação efetiva na política. Uma só coisa o impediu de tornar-se uma

---

5 Sob as condições stalinistas, isto implicava total identificação com todas as ações do PCUS, já que qualquer relutância significava expulsão e a perda de contato com a realidade da revolução mundial; mas Kriegel pode estar defendendo seu próprio passado quando sustenta que "qualquer tentativa de estabelecer qualquer diferença entre o Estado soviético e... o PC francês teria sido radicalmente absurda em teoria assim como na prática".

reencarnação do socialismo: ao contrário dos socialistas, nas crises decisivas que tornaram obrigatória a escolha entre nacionalismo e internacionalismo, optou pelo internacionalismo (em sua única forma disponível: lealdade à Revolução de Outubro, materializada na URSS).

Não havia — nem há — solução para este dilema de um partido revolucionário em um contexto não revolucionário? Levantar esta questão não é negar a justeza da orientação internacionalista recomendada para o movimento por Lenin, cuja genialidade política fica patenteada na obra de Kriegel, assim como em quaisquer outros estudos sérios de suas atividades. Havia, afinal, uma atmosfera revolucionária em meio mundo entre 1917 e 1921, muito embora isto não signifique — e Lenin jamais supôs que significasse — que as repúblicas soviéticas estivessem na ordem do dia em Londres e em Paris. Um exame retrospectivo pode mostrar que os países de capitalismo desenvolvido — inclusive a Alemanha — permaneceram, no fundamental, incólumes; porém, foi correto, para não dizer natural, que os estrategistas políticos da época considerassem a Europa — ou, de qualquer forma, a Europa Central — um campo de batalha em que a vitória era possível, e não um território a ser prontamente evacuado. Além disso, não dividir o movimento operário, mesmo se isto tivesse sido possível, não teria resolvido coisa alguma. A história dos movimentos que se conservaram substancialmente unidos, como o britânico e o austríaco, mostra que os fracassos havidos entre as duas guerras não podem ser atribuídos simplesmente à cisão entre os socialistas e os comunistas. Finalmente, a criação de partidos revolucionários autênticos, que foi o grande empreendimento do Comintern, teve resultados positivos admiráveis, como ficou provado nas décadas de 1930 e 1940 e, especialmente, nos movimentos de resistência contra o fascismo, que devem aos partidos comunistas muito mais do que estes estavam dispostos a reivindicar na época ou do que seus inimigos estiveram dispostos a admitir subsequentemente.

Isto não significa aceitar o Comintern sem críticas. Erros grosseiros de avaliação política foram cometidos, que a rigidez militar de sua organização fez com que passassem aos partidos comunistas nacionais. Sua inevitável dominação pelo PCUS teve consequências extremamente prejudiciais e, eventualmente, arruinou-o. Mas aqueles que pensam que o movimento operário internacional, especialmente na Europa Ocidental, jamais deveria ter tomado o caminho que tomou em 1917-1921 expressam simplesmente um desejo de que a história tivesse sido diferente do que foi. E além disso, negligenciam as realizações positivas, ainda que limitadas, que fazem o período da Terceira Internacional bem menos desalentador para o socialismo do que o da Segunda. Elas são facilmente negligenciáveis, sobretudo no período atual de reação contra o stalinismo e decisão comunista internacional e em um momento em que o Comintern, claramente, já não provê um modelo válido de organização socialista internacional. Entretanto, a tarefa do historiador não consiste em elogiar e condenar, mas em analisar.

Curiosamente, tal análise revelaria que o problema fundamental do partido revolucionário em um contexto não revolucionário não foi descuidado pelo Comintern. Na verdade, ele esboçou uma solução possível para a questão e a extrema suscetibilidade de antirrevolucionários neste ponto sugere que se tratava de uma saída viável: a "frente popular" e as frentes nacionais antifascistas de resistência e libertação (até que estas últimas se tornaram mera cobertura para o PC depois de 1946, ou até o PC ser expulso delas no mesmo período). Naquela época, a natureza e as possibilidades de movimentos e governos deste tipo eram ofuscadas por diversas circunstâncias históricas irrelevantes: pela relutância dos partidos comunistas em admitir que tais frentes fossem passos em direção ao socialismo, ou pela sua insistência de que elas só poderiam sê-lo caso fossem assimiladas pelo PC; pela brevidade de sua existência e pelas circunstâncias excepcionais em que constantemente atuaram, e por vários outros fatores. Entretanto, até aqui, esta fase do pensamento comunista foi a única em que os problemas específicos para atingir o socialismo nos países ocidentais avançados foram, de certo modo, realisticamente considerados em escala internacional. É válido lembrar que foi o Partido

Comunista Francês que a iniciou. Fica aberta ao debate a questão de se as experiências das décadas de 1930 e 1940 permanecem relevantes ou até que ponto o são.

Seja como for, elas estão fora do alcance do livro de Annie Kriegel.

(1965)

4

INTELECTUAIS E COMUNISMO

O NAMORO ENTRE INTELECTUAIS E O MARXISMO, tão característico de nosso tempo, desenvolveu-se relativamente tarde na Europa Ocidental, muito embora na própria Rússia tenha se iniciado ainda à época de Marx. Antes de 1914, o intelectual marxista era ave rara a oeste de Viena, embora, por um momento, no começo da última década do século passado, parecesse tornar-se uma espécie abundante e permanente. Isto se devia em parte a que em alguns países (como, por exemplo, na Alemanha) não havia muitos intelectuais de esquerda, qualquer que fosse sua tendência, enquanto em outros (como na França) predominavam antigas ideologias de esquerda anteriores ao marxismo mas, sobretudo, a que a sociedade burguesa à qual pertenciam os intelectuais — aceitando-a ou rejeitando-a — era ainda uma empresa próspera. O intelectual de esquerda típico da Inglaterra de Eduardo era um liberal radical, enquanto na França de Dreyfus era um revolucionário de 1789, porém alguém quase certamente destinado a ocupar um honrado posto de professor no Estado. Somente com a Primeira Guerra Mundial e a crise de 1929 é que estas velhas tradições e certezas são quebradas e os intelectuais, em grande número, se voltam diretamente para Marx. E o fizeram via Lenin. A história do marxismo entre os intelectuais do Ocidente é, pois, em grande medida, a história de suas relações com os partidos comunistas que substituíram a social-democracia como principais representantes do marxismo.

Nos últimos anos, estas relações têm sido tema de inúmeros trabalhos, escritos principalmente por ex-comunistas, marxistas dissidentes e estudiosos americanos, consistindo predominantemente em autobiografias ou biografias comentadas de intelectuais proeminentes que ingressaram e na maioria das vezes deixaram os vários partidos comunistas. O livro de David Caute, *O Comunismo e os Intelectuais Franceses*[1] é um dos exemplos mais satisfatórios dos que se incluem no segundo tipo, porque aceita com sólidos argumentos que as razões que levaram os intelectuais aos partidos comunistas e os mantiveram em seu interior foram frequentemente racionais e convincentes e torna controvertido o ponto de vista característico dos anos 1950, segundo o qual tais partidos podiam tão somente atrair os desajustados, os psicologicamente desequilibrados ou aqueles à procura de uma religião secular, o "ópio dos intelectuais". A maior parte de seu livro, portanto, trata não tanto do comunismo e os intelectuais, mas dos intelectuais e o comunismo.

As relações entre intelectuais e partidos comunistas têm sido tempestuosas, embora talvez menos do que se escreveu em torno delas, já que os intelectuais destacados, sobre os quais mais se escreveu, não são necessariamente uma amostragem representativa da média. Em países como a França e a Itália, onde o partido tem sido, desde há muito — e ainda permanece —, a força mais importante da esquerda, é provável que o comportamento político (o voto, por exemplo) seja muito mais estável do que se pode deduzir da intensa renovação de seus membros. Sabemos ser assim entre os operários. Infelizmente, as dificuldades de se encontrar uma definição sociológica prática de "intelectual" têm impedido a obtenção de estatísticas confiáveis sobre os mesmos, muito embora as poucas que possuímos se apliquem também a eles. Assim, a filiação partidária na *École Normale Supérieure* caiu de 25% depois da guerra para 5% em 1956, mas os comunistas obtiveram 21% dos votos na *Cité Universitaire* em 1951 e 26% em 1956.

Entretanto, seja qual for a tendência geral da simpatia política entre os intelectuais, não pode haver dúvidas sobre o caminho atribulado daqueles que efetivamente aderiram aos partidos comunistas. Tal fato é normalmente atribuído à crescente conversão destes partidos, sob a liderança dos soviéticos, a posições dogmáticas rígidas que não permitiam qualquer desvio de uma ortodoxia que acabou por englobar todos

---

1 David Caute, *Communism and the French Intellectuals*, Londres, 1969.

os aspectos concebíveis do pensamento humano, deixando, portanto, muito pouco espaço para as atividades pelas quais os intelectuais se caracterizam. Mais ainda, diferentemente da Igreja Católica Romana, que preferia manter sua ortodoxia imutável, o comunismo a alterava com frequência, profunda e inesperadamente, no curso de sua atividade política diária. A sempre modificada *Grande Enciclopédia Soviética* foi simplesmente o exemplo extremo de um processo que, inevitavelmente, impunha fortes e frequentes tensões intoleráveis aos intelectuais comunistas. Por outro lado, argumenta-se também que os aspectos desagradáveis da vida na União Soviética alienaram muitos deles.

Isto é apenas parte da verdade. Muitas das dificuldades enfrentadas pelos intelectuais se originaram da natureza da moderna política de massas, sendo o partido comunista simplesmente a expressão mais lógica — e na França, a primeira — de uma tendência geral do século XX. O membro ativo de um moderno partido de massas, assim como o moderno membro do parlamento, abdica na prática do seu julgamento, sejam quais forem suas reservas teóricas ou as cláusulas nominais que estabelecem os limites da discordância permissível. Ou melhor, a opção política moderna não é um constante processo de escolha entre homens ou medidas, mas sim uma escolha única ou infrequente que se faz entre pacotes, nos quais levamos partes desagradáveis do conteúdo simplesmente porque não há outro modo de separá-las do restante, e, de qualquer modo, porque não há outra forma de efetiva atuação política. Isto se aplica a todos os partidos, muito embora os não comunistas tenham até agora, de um modo geral, tornado as coisas mais fáceis para os seus membros intelectuais ao se absterem de quaisquer compromissos oficiais em assuntos como genética ou composição de sinfonias.

Conforme Caute sensatamente observa, o intelectual francês, ao aceitar em termos gerais a Terceira e a Quarta Repúblicas, teve que fazê-lo a despeito de Versalhes, da política interna do Bloco Nacional, do Marrocos, da Síria, da Indochina, do regime de Chiappe, do desemprego, da corrupção parlamentar, do abandono da República Espanhola, de Munique, do macartismo, de Suez e da Argélia.

Da mesma forma, o intelectual comunista, ao optar pela União Soviética e seu partido, assim o fez porque, no balanço final, os aspectos positivos pareciam pesar mais que os negativos. Não é menos importante o mérito de Caute em demonstrar como, por exemplo, na década de 1930, não apenas os militantes mais inflexíveis do partido, mas também os seus simpatizantes, se abstinham concretamente de criticar os expurgos soviéticos ou as falhas da República Espanhola no interesse da causa maior, o antifascismo. Os comunistas não discutiam estas opções em público com frequência, as quais, ao contrário, podiam se tornar bastante explícitas no caso daqueles que não eram membros do partido e que, deliberadamente, adotavam a posição comunista ou simplesmente se posicionavam contra o adversário comum, como Sartre. Pode ser que não somente a proverbial lógica gaulesa, mas também as raízes do catolicismo romano (compartilhadas de diferentes modos tanto pelos crédulos como pelos incrédulos) tenham tornado a ideia de filiação a um partido amplo, com reservas intelectuais, mais facilmente aceitável na França do que na Inglaterra, com uma centena de religiões mas um só guia.

De qualquer modo, consideradas todas as atenuantes, o caminho do intelectual de partido era difícil e a maioria dos ativamente engajados chegou à ruptura, mesmo aqueles que se uniram ao partido durante o stalinismo e em grande parte por causa dele, isto é, porque desejavam a formação de um exército revolucionário totalmente devotado, disciplinado, realista e antirromântico. Até mesmo essa geração brechtiana, que deliberadamente se preparou para aceitar as decisões mais rigorosas em sua luta pela libertação do homem, chegou — como o próprio Brecht — a um ponto em que questionou não tanto os sacrifícios mas sua utilidade e justificativa. Os militantes menos dados à reflexão podiam refugiar-se na autoilusão do crente para quem toda diretiva ou linha era "correta" e devia ser defendida como tal porque provinha do partido, que por definição é "correto". Os inteligentes, embora igualmente capazes dessa autoilusão, tendiam mais a adotar a postura do advogado ou do funcionário cujas opiniões pessoais são irrelevantes para o seu trabalho, ou do policial que transgride a lei para melhor mantê-la. Esta foi a atitude que emergiu facilmente do obstinado estilo político do partido e que produziu uma raça de lutadores profissionais do debate intelectual.

Caute é compreensivelmente duro com esses intelectuais criados pelo aparelho partidário, dispostos em qualquer momento a encontrar no aliado potencial o tom de sinceridade que convém ou a insultá-lo como *intellectuel-flic** mas nunca prontos para buscar a verdade. A versão francesa deste tipo de intelectual é, de fato, particularmente desagradável e o livro está amplamente dominado pela aversão que o autor lhes devota, podendo-se dificilmente deixar de simpatizar com ele. O talento de Aragon como escritor é muito grande, mas é irrelevante para os sentimentos que inspira o seu jornalismo intelectual vulgar; porém há muitos outros escritores cujos talentos pessoais não inspiram qualquer respeito e que tampouco podem ser desculpados pelo fato de o jornalismo vulgar ser também um velho hábito entre os intelectuais franceses comprometidos com outras tendências políticas. Contudo, duas questões importantes não deveriam ser ofuscadas por esta aversão.

A primeira diz respeito ao objetivo desta prática. Se se tratava de ganhar apoio para o partido entre os intelectuais, como supõe Caute, então as atividades públicas na década de 1950 de Stil, Kanapa, Wurmser e outros eram, sem dúvida, o pior caminho, posto que só conseguiam isolar o partido dos intelectuais e os militantes inteligentes do partido sabiam disso. A verdade, porém, é que havia dois motivos conflitantes: por um lado, o que procurava ampliar a influência do partido e, por outro, o que pretendia erguer barricadas em torno de um amplo porém isolado movimento — um mundo particular no seio do mundo francês —, protegendo-o contra ataques e infiltrações do exterior. Em períodos de expansão política, como os da Frente Popular e da Resistência, os dois objetivos não eram mutuamente excludentes; contudo, foram-no em períodos de estagnação. O interessante é que em tais períodos o partido francês optou — diferentemente do partido italiano, que nunca o fez inteiramente — pelo segundo objetivo, o que significou essencialmente persuadir seus camaradas no sentido de que não precisavam ouvir os

---

* Intelectual-Polícia. [*N. T.*].

REVOLUCIONÁRIOS | 47

que não fossem do partido, pois eram todos inimigos de classe e menti-rosos. Esta orientação exigia uma constante reafirmação de confiança e um suprimento adequado de cultura ortodoxa para consumo interno e Caute talvez não tenha dado atenção suficiente a esta tentativa de autar-quia cultural sistemática, muito embora tenha observado alguns de seus sintomas. Isto significava tentar fazer com que os artistas e escritores do partido se tornassem economicamente independentes do mundo exte-rior. Significava também que, em períodos como esse, a reputação de Aragon fora da organização, como a de Belloc para os católicos ingleses anteriormente à guerra, era um valioso recurso no interior do próprio movimento, mais importante mesmo do que como meio para converter os de fora.

A segunda questão é crucial e diz respeito à maneira pela qual a orientação de uma determinada linha política comunista pode ser mu-dada. Aqui, outra vez, é relevante fazer um paralelo com a Igreja Cató-lica Romana (da qual os comunistas estavam mais conscientes do que Caute admite). Os homens que têm alterado a orientação do partido não têm sido aqueles com um passado de crítica e dissidência, mas sim de lealdade stalinista inquestionável, desde Khruschev e Mikoyan a Tito, Gomulka e Togliatti. A razão não é simplesmente porque, nas décadas de 1920 e 1930, tais homens acreditaram ser o stalinismo preferível às alternativas comunistas que se ofereciam a ele ou mesmo porque a par-tir dos anos 1930 a atitude crítica tendesse a encurtar a vida daqueles que residiam na URSS. Ela também se prende ao fato de que o comu-nista que se desvinculasse do partido — e esta foi, por muito tempo, a consequência quase automática da dissidência — perdia qualquer possibilidade de influenciá-lo. Em países como a França, onde o partido *era* cada vez mais o movimento socialista, deixá-lo significava impotên-cia política ou traição ao socialismo, e isto não era compensado pelas possibilidades que os intelectuais comunistas tinham para se estabelecer como destacadas personalidades acadêmicas ou culturais. O destino da-queles que se separaram ou foram expulsos foi o anticomunismo ou o esquecimento político, exceto nos círculos de leitores das pequenas re-vistas. Contrariamente, a lealdade deixava pelo menos a possibilidade de

48 | ERIC J. HOBSBAWM

ser influente. Desde os anos 1960, quando termina o período estudado por Caute em seu livro, tornou-se claro que mesmo os principais funcionários intelectuais, como Aragon e Garaudy, estavam mais ansiosos do que ele admite para iniciar mudanças de linha política. Tampouco os seus argumentos ou iniciativas vacilantes — com mais razão do que o comportamento dos prelados reformadores antes e durante o Concílio Vaticano — devem ser julgados pelos padrões da discussão liberal.

Entretanto, analisar o problema do comunismo e os intelectuais franceses como sendo principalmente uma questão de relações entre partido e intelectuais, seja do ponto de vista do partido ou de cada intelectual como indivíduo, é apenas tocá-lo superficialmente. Isto porque, no fundo, a questão se vincula ao caráter geral da vida política francesa, às cisões seculares no seio daquela sociedade, inclusive das existentes entre os intelectuais e o restante da sociedade. Pode-se argumentar que a orientação política do partido em geral, e para assuntos culturais em particular, poderia ter sido mais eficaz, sobretudo em períodos como as décadas de 1920 e 1950. Esta argumentação, porém, para ter algum valor, pode se apoiar apenas no reconhecimento dos limites impostos ao partido por uma situação sobre a qual ele tinha pouco controle.

Não podemos, por exemplo, compreender o "dilema" do intelectual comunista em um partido proletário, a menos que reconheçamos que, desde 1870, as causas que mobilizaram com mais intensidade os intelectuais franceses raramente foram populares. Uma das autênticas dificuldades do Partido Comunista durante a guerra argelina, assim como dos líderes socialistas favoráveis a Dreyfus na década de 1890, foi o fato de que suas bases não nutriam, em grande parte, simpatia por Dreyfus ou pela FLN. As razões disto exigiriam um estudo, assim como, em um contexto mais geral, o requer a incapacidade de toda a esquerda francesa desde 1870 — e, talvez, desde antes de 1848 — de alcançar hegemonia política na nação que ela criou durante a Grande Revolução. No período entre as duas guerras, os governos de esquerda (1924, 1936-38) foram tão raros na França Jacobina quanto na Inglaterra conservadora, muito embora em meados da década de 1930 parecesse, por um momento, que a esquerda reassumiria sua liderança há muito perdida. Uma das diferenças cruciais entre os partidos comunistas francês e italiano é que tanto a Resistência Italiana como a Iugoslava foram movimentos nacionais liderados pela esquerda, enquanto a Resistência Francesa foi simplesmente uma honrosa rebelião de uma parte da população francesa. O problema de transformar uma oposição minoritária em uma hegemonia nacional não foi um problema somente dos comunistas.

La Semaine Sainte de Aragon, menosprezada na Inglaterra e omitida por Caute, é essencialmente o romance dessas divisões seculares da sociedade francesa — mesmo entre aqueles que "deveriam" estar do mesmo lado. Esta é, talvez, uma razão pela qual os críticos franceses de todos os partidos, cuja sensibilidade política foi tocada pela obra, a superestimaram. O objetivo da esquerda francesa tem sido sempre o de tornar-se um movimento, ao mesmo tempo de operários e intelectuais, capaz de liderar a nação. O problema do Partido Comunista deveu-se, em grande medida, à extrema dificuldade em alcançar, em meados do século XX, este velho objetivo jacobino.

(1964)

5
Os anos difíceis do comunismo italiano

O Partido Comunista Italiano constitui o caso de maior êxito da história do comunismo no mundo ocidental ou nas partes do mundo em que tais partidos não estão no poder. O destino dos vários partidos comunistas tem variado, mas, no curso do quase meio século transcorrido desde a fundação da maioria dos partidos europeus, poucos melhoraram substancialmente sua posição na hierarquia internacional ou (o que é a mesma coisa) transformaram a natureza de sua influência política em seu próprio país. Ocorreram alguns casos raros de "promoção" de uma divisão inferior para uma superior da liga política, como foi, presumivelmente, o caso do PC espanhol, que até a Guerra Civil era relativamente insignificante,[1] assim como ocorreram alguns casos óbvios de rebaixamento, como o PC da Alemanha Ocidental, que nunca se recuperou dos golpes recebidos na época de Hitler. Porém, de modo geral, embora sua força e influência tenham variado, a maioria dos partidos comunistas, pelo menos da Europa capitalista, nunca esteve nas primeiras divisões do jogo político de seus países, nem mesmo quando emergiram, ao final da última guerra, com o prestígio de seus incomparáveis serviços nos movimentos de resistência. Por outro lado, alguns deles, como o francês e o finlandês, sempre constituíram importantes forças políticas mesmo nas piores fases de sua história. É mais difícil avaliar até que ponto estas afirmações são válidas para o conjunto dos partidos comunistas do mundo, mas esta não é a nossa preocupação aqui.

---

1 A ilegalidade na qual vários PCs atuaram durante a maior parte de sua história — situação em que muitos ainda se encontram — torna especulativa qualquer avaliação de sua força e influência políticas.

O Partido Comunista Italiano é um dos raros exemplos de "promoção" incontroversa. Antes do fascismo, nunca foi mais do que um partido minoritário no interior de um movimento socialista considerado em geral de esquerda — representava algo acima de um terço no Congresso de Livorno (1921). Uma vez ocorrida a cisão, tornou-se claro que o partido representava uma minoria comparativamente modesta, quaisquer que fossem as simpatias e as possibilidades revolucionárias do restante do movimento socialista. Em 1921, conquistou menos de um quinto do total dos votos socialistas; em 1924, apesar do declínio dos socialistas, a proporção era ainda quase três contra um em favor destes últimos. A porcentagem própria dos comunistas na votação popular nunca alcançou 5%. Entretanto, desde a guerra, emergiu cada vez mais como a principal força da esquerda, como a verdadeira "oposição" numa estrutura *de facto* politicamente bipartidarista e, o que é ainda mais significativo, desde então tem constantemente aumentado sua força quase sem interrupção.[2]

O tipo de mudanças que isto implicou no seu papel e perspectiva revolucionários pode ser objeto de ardorosas polêmicas. Entretanto, não pode haver dúvida de que a importância do partido na política nacional tem sido muito maior depois da guerra do que em qualquer momento anterior, e que não apenas manteve suas posições como também as fortaleceu no transcurso de uma geração.

Aqueles que escrevem a história por extrapolações podem se sentir tentados a projetar em sentido inverso esta curva ascendente da influência comunista, mas isto significa não entender a questão. O que é realmente interessante sobre a história do PC italiano é o contraste

---

2 Porcentagens do voto comunista nas eleições para a Câmara dos Deputados:

1946	18,9
1948	31,0 (em coligação com os socialistas)
1953	22,6
1958	22,7
1963	25,3
1968	26,9

As eleições de 1948 quase certamente assinalaram um retrocesso momentâneo.

surpreendente entre sua extrema debilidade durante a maior parte do período fascista e sua expansão admirável durante e depois da Resistência; ou, alternativamente, entre a notável continuidade de uma liderança partidária excepcionalmente hábil, cuja aptidão era internacionalmente reconhecida, e a enorme diferença entre um partido considerado pelo Comintern notoriamente débil e decepcionante e aquele que, em 1947, foi um dos dois únicos partidos não governamentais a serem convidados a integrar o Cominform.

A dimensão dessa diferença pode ser agora estabelecida a partir da *Storia del Partito Comunista Italiano*, de Paolo Spriano, escrito com total acesso aos arquivos do Estado e do PC, mas não aos da Internacional Comunista, os quais só lentamente têm sido postos à disposição dos pesquisadores estritamente oficiais.[3] Em maio de 1934, pouco antes da reorientação da linha política comunista internacional, o partido italiano tinha, de acordo com o Comintern, um total de 2.400 membros, menos do que o PC inglês em sua pior fase nesse período. A maioria de seus quadros de liderança estava na prisão, destino aparentemente inevitável dos grupos de bravos e dedicados militantes enviados à Itália durante os sete anos anteriores para substituí-los. Suas atividades no país eram mínimas. O regime fascista estava suficientemente autoconfiante para incluir várias centenas de prisioneiros comunistas na anistia com que Mussolini celebrou o décimo aniversário da Marcha sobre Roma.

Esta situação catastrófica podia, sem dúvida, ser atribuída em certa medida aos absurdos da política do Comintern durante o chamado "Terceiro Período" (1927-34), quando o movimento comunista europeu atravessava sua fase mais débil. Tais absurdos são suficientemente conhecidos: a obrigatoriedade de considerar a social-democracia como o *principal* inimigo ("social-fascismo") e sua ala esquerda como o segmento mais perigoso, a cegueira obstinada face não somente à ascensão

---

3 Três volumes da obra de Spriano foram até aqui publicados, cobrindo o período até 1941 (Torino: 1967, 1969, 1970). Se os arquivos do Comintern têm sido interditados por razões técnicas — até a morte de Stalin parece que não foram nem mesmo catalogados de modo impreciso, e descobertas inesperadas podem ser ainda realizadas neles, segundo fonte autorizada — ou por razões políticas, sua inacessibilidade deve ser lastimada.

como também ao triunfo de Hitler etc. A falta de realismo atingiu seu clímax nos dezoito meses após a subida do nazismo ao poder. A linha do partido (isto é, do Comintern) não mudou até julho de 1934. Não deve ter sido fácil para um historiador comunista encontrar elementos documentais sobre a tentativa desesperada dos líderes do partido italiano para reter um tênue elemento de realismo em suas análises ("Não podemos dizer que na Itália a social-democracia seja o principal ponto de apoio da burguesia") e serem obrigados no dia seguinte a fazer uma retratação pública — e isto dez anos depois da Marcha sobre Roma.

Entretanto, mesmo depois do Comintern ter adotado a linha de unidade antifascista (com o apoio entusiástico de Togliatti, que se juntou a Dimitrov na liderança da Internacional), o partido italiano não avançou. Isto era ainda mais surpreendente, uma vez que a nova linha era ao mesmo tempo eminentemente sensata e particularmente projetada para melhorar as perspectivas dos partidos comunistas, que, de fato, em sua quase totalidade fizeram avanços substanciais nesse período. Também o fizeram os italianos, porém de forma modesta. Além disso, permaneceram, sem dúvida, a maior, a mais ativa e a mais séria das organizações antifascistas ilegais ou no exílio. Em 1936, havia entre os emigrantes italianos na França cerca de quatro a cinco mil comunistas organizados, cerca de seiscentos membros do Partido Socialista e mais ou menos cem anarquistas. Entretanto, vale a pena lembrar que, de acordo com as próprias estimativas do PC, havia àquela época quase meio milhão de trabalhadores italianos na França, dos quais somente uns quinze mil foram atraídos para a maior e mais ampla organização de massas do partido.

O mais autêntico e propalado feito do partido também demonstra sua debilidade: sua intervenção na Guerra Civil Espanhola. Comunistas italianos, como Togliatti, Longo e Vidali ocuparam postos da mais alta responsabilidade neste evento, o último e talvez o maior empreendimento de um movimento comunista genuinamente internacional. As Brigadas Garibaldi tiveram um papel notavelmente heroico e eficaz, não apenas na defesa da Espanha, mas também na recuperação da autoconfiança da esquerda italiana, conforme observou — mais rapidamente do que o PC, deve-se admitir — o periódico não comunista *Giustizia e*

Libertà.[4] Entretanto, o que sabemos hoje é que o esforço para mobilizar a primeira força voluntária italiana esgotou as reservas da emigração antifascista. Dos 3.354 italianos das Brigadas Internacionais, sabe-se a data de chegada de mais ou menos dois mil. Aproximadamente mil destes chegaram na segunda metade de 1936, quatrocentos na primeira metade e pouco mais de trezentos na segunda metade de 1937, chegando menos de trezentos em 1938. (Incidentalmente, dos 2.600 cuja procedência imediata pode ser determinada, dois mil vieram da emigração francesa e apenas 223 vieram diretamente da Itália.) Dado que as baixas eram muitas, eles não podiam ser simplesmente substituídos por novos recrutas, apesar dos esforços do partido: em novembro de 1937, apenas 20% da Brigada Garibaldi eram compostos de italianos. Em uma palavra, a emigração antifascista mobilizou-se e, depois de havê-lo feito, não restou ninguém a ser mobilizado.

Estes são os antecedentes de outro fenômeno que não foi suficientemente conhecido até o trabalho de Paolo Spriano:[5] a campanha aparentemente persistente da Internacional contra o PC italiano durante os anos 1930. Como tantas outras coisas dos últimos anos do Comintern, este assunto é bastante obscuro; isto porque, uma vez que a Internacional foi submetida à supervisão direta do aparato da polícia secreta soviética — o próprio Yezhov, o cabeça dos expurgos, integrou a Executiva no VII Congresso e Trilisser-Moskvin, outro policial, o próprio secretariado[6] — suas atividades se tornaram cada vez mais nebulosas, quando não se atrofiaram inteiramente. (Depois de 1936 torna-se mesmo impossível identificar os membros e os principais comitês da Internacional através

---

4 Merece ser citado o seguinte trecho de Lussu (*Giustizia e Libertà*, 28 de agosto de 1936): "A necessidade que temos de ir à Espanha é maior que a necessidade que a República Espanhola tem de nós. O movimento antifascista italiano não tem reputação revolucionária... Devemos reconhecer que não temos sabido combater o fascismo. A pequena vanguarda política de emigrantes italianos deve se sacrificar generosamente neste empreendimento. Ela ganhará experiência nos campos de batalha e lá ganhará renome, tornando-se o núcleo que atrairá para junto de si a vanguarda mais ampla de amanhã."

5 Spriano, *Storia del Partito Comunista Italiano*, vol. 3, pp. 226-227.

6 G. Berti, "Problemi di storia del PCI e dell'Internazionale Comunista", *Riv. Stor. Italiana*, LXX-XII, março de 1970.

das fontes tornadas públicas.) A importância de Togliatti na Internacional e a de Longo nas Brigadas Internacionais tenderam a desviar a atenção do fato de que as críticas da Internacional Comunista se tornaram progressivamente mais severas, até o ponto em que o Comitê Central do partido foi dissolvido por Moscou, em 1938, e a ajuda financeira — da qual dependia quase integralmente — reduzida de forma drástica no início de 1939. A guerra já há muito se iniciara e ainda se falava de novas reorganizações da liderança.

Não há dúvidas de que animosidades pessoais e intrigas palacianas bizantinas desempenharam um papel em tudo isso, mas o motivo principal da insatisfação da Internacional era bastante lógico: o fracasso total do partido italiano em estabelecer qualquer contato eficaz com o interior do país, para não mencionar sua incapacidade de realizar qualquer progresso perceptível. Ele continuou sendo o que havia sido durante muito tempo, isto é, um grupo constituído por algumas poucas centenas de exilados políticos, totalmente dependentes do apoio material de Moscou, e um grande grupo de prisioneiros nos cárceres de Mussolini ou em prisão domiciliar. Em alguns aspectos, a situação no primeiro ano de participação da Itália na guerra foi mesmo mais desastrosa que no período de 1929-35, porque havia naquela época uma liderança coesa, enquanto a guerra espanhola, a queda da França e outros acontecimentos haviam agora dispersado até mesmo esse "centro exterior".

Este fracasso não pode ser atribuído às "ordens de Moscou" em qualquer sentido literal, não importa o quanto tal explicação possa parecer plausível para o período 1927-34. (Mesmo assim, ela subestima o autêntico apoio que o ultrassectarismo tinha dentro do partido italiano, especialmente entre os jovens, cujo porta-voz era Luigi Longo.) Nem tampouco pode ser inteiramente atribuído aos erros do partido italiano, fossem eles de responsabilidade do próprio partido ou parte de uma tendência generalizada entre os comunistas. Os próprios italianos não souberam ver no fascismo um fenômeno geral e tenderam ainda a analisá-lo (quando não forçados à fórmula oficial de Moscou) como um problema especial de um capitalismo particular bastante atrasado. E, certamente, apesar das tentativas de Gramsci em resolver o problema, partilhavam com todos os comunistas as dificuldades de se ajustar a uma situação tão diferente daquela da crise revolucionária mundial em que haviam sido formados. Não obstante, as razões principais do fracasso do PCI foram provavelmente objetivas e o Comintern as subestimou, porque, apesar da longa experiência de ilegalidade dos comunistas italianos, o fascismo não tivera de fato qualquer precedente.

São muito amplos os poderes do Estado moderno decidido a suprimir as oposições sem ter em conta a lei e a constituição, e os modernos movimentos operários de massa que não podem funcionar sem ter algum tipo de legalidade são particularmente vulneráveis a eles. O próprio PCI havia sido tomado de surpresa: de outro modo, como explicar que os ataques fascistas ao final de 1926 tenham atingido nada menos do que um terço de seus membros efetivos, inclusive seu dirigente Antonio Gramsci? Seja qual for sua cobertura ideológica e propagandística, a essência da política fascista, e mais tarde da nazista, em relação aos movimentos operários não foi a de convertê-los, mas pulverizá-los. Suas organizações deveriam ser dissolvidas, seus líderes e quadros, desde os níveis superiores até os locais e de empresa, deveriam ser eliminados e reduzidos a "um estado amorfo", segundo a expressão usada posteriormente por Trotsky. Já que "qualquer cristalização independente do proletariado" (ou de qualquer outra classe) deveria ser impedida, não importava muito o que pensassem os operários.

Mas o que um movimento ilegal poderia fazer, uma vez consumada sua decapitação e destruição? Poderia manter — ou melhor, restabelecer — contato com grupos simpatizantes existentes e talvez, com sorte, formar novos grupos. Isto se tornou progressivamente mais difícil. O Comintern estava bastante correto ao insistir para que os partidos ilegais estabelecessem um "centro no interior" como base essencial de uma atividade nacional efetiva, ainda que a simples tentativa de contatar membros sobreviventes, facilmente ameaçados e mantidos sob vigilância, quase automaticamente permitisse à polícia descobrir os emissários do "centro exterior". E o que, de qualquer modo, poderia fazer a organização ilegal? Praticamente todas as atividades de um movimento operário implicam algum tipo de aparecimento público, o que,

REVOLUCIONÁRIOS | 57

precisamente, eles não se podiam permitir. Onde melhor sobreviviam era nas periferias da sociedade moderna, ou onde o poder do Estado não mantém ou não pode manter intenso controle: no isolado universo secreto e oral das aldeias, em pequenas comunidades insuladas onde os forasteiros, incluindo os agentes do Estado, podem ser mais facilmente detectados. Provavelmente não é acidental que, com o colapso da organização no norte industrializado, o centro do partido ilegal em fins dos anos 1920 e início da década seguinte tenha passado para a Itália central, que tinha, àquela época, o dobro de membros do que o norte. Mas, a curto prazo, que diferença isto fez? Quando o fascismo caiu, soubemos de vários casos comoventes de indivíduos e grupos sem contato com o seu partido durante anos e que pagaram todas as antigas contribuições devidas, cujas cotas guardaram cuidadosamente durante o longo exílio interno do fascismo. Sabemos que os militantes do vilarejo siciliano de Piana degli Albanesi orgulhavam-se de sequer uma vez terem deixado de enviar pelo menos uma manifestação simbólica no 1º de maio ao pequeno vale remoto, perdido entre as montanhas, onde o fundador do socialismo naquela região, o nobre Nicola Barbato, lhes falara em 1893 e onde o bandido Giuliano haveria de exterminá-los em 1947. Mas tais exemplos, embora comoventes, provam a eficácia da política fascista. Ela separou o partido de seus membros mais perseverantes e impediu qualquer manifestação efetiva de sua lealdade.

O que poderia fazer um movimento ilegal diante destas circunstâncias? O terrorismo individual, recurso comum das fracas oposições ilegais, era inaceitável para os marxistas, tendo a experiência da Rússia czarista provado satisfatoriamente a eles sua ineficácia.[7] As formas mais moderadas e espetaculares de propaganda através de ação, como os panfletos jogados de avião sobre Milão e estimuladas pela liberal *Giustizia e Libertà*, tampouco pareciam muito eficazes. Nesse período, a insurreição guerrilheira do tipo maoísta ou guevarista ainda não estava em moda. De qualquer modo, a história desta forma de luta no século XIX, empreendida pelos seguidores de Mazzini e pelos anarquistas,

---

7 É preciso lembrar que os terroristas russos, no apogeu de sua atividade, provavelmente não eram mais do que quinhentos indivíduos.

dificilmente a recomendava aos comunistas. Esperar passivamente para que um processo de desintegração interna se iniciasse ou por alguma crise — econômica ou, como aconteceu, militar — que, uma vez mais, proporcionaria um meio de conduzir as massas à ação, era igualmente inaceitável. Os comunistas poderiam ter a esperança de que tal crise ocorresse e, erroneamente, pensar que tanto a depressão como a guerra na Abissínia pudessem desencadeá-la. Mas não poderiam fazer muito para precipitá-la. À Internacional restava a opção de instar que o PCI regressasse à Itália e que, a qualquer custo, se ligasse às massas; o próprio PCI, tampouco, podia imaginar muitas outras saídas. Mas esta tarefa parecia impossível.

Retrospectivamente, pode-se perceber, entretanto, que a base de seu sucesso subsequente existia ou estava em vias de formação. Em primeiro lugar, a massa dos antifascistas italianos mantinha-se irreconciliável em relação ao regime. A base popular do fascismo italiano conservava-se mais estreita que a do nazismo. Em segundo lugar, o colapso do anarquismo e a passividade do Partido Socialista transferiram ao comunismo — pelo menos potencialmente — o apoio de um número substancial de operários e camponeses. Neste sentido, a presença persistente do partido e a própria atitude fascista em relação ao comunismo tornaram-no o principal núcleo de oposição antifascista. Esta transferência de lealdades na Itália, diversamente da Alemanha, se deveu provavelmente à própria diferença de estrutura do movimento de esquerda nos dois países. Não havia na Itália a fatal polarização do movimento operário entre partidos mutuamente hostis, cujas estruturas sociais eram muito diversas. O movimento "vermelho" italiano, no início da década de 1920, era ainda um espectro de tendências e grupos superpostos. Entre os unitários reformistas, em um extremo, e os comunistas e anarquistas, no outro, havia os maximalistas, cujo frustrado desejo de filiar-se ao Comintern, assim como os sérios planos do PCI de se unir a eles, demonstram o ponto comum entre uns e outros. Exatamente como ficara provado ser mais fácil para socialistas e comunistas formar uma frente unida e eficaz em 1934, também era mais fácil para antigos socialistas emergir como comunistas depois do fascismo.

Em terceiro lugar, durante a década de 1930 — concretamente, entre 1935 e 1938 —, pode-se observar um certo ressurgimento da oposição no interior da Itália. Isto pode ser mais facilmente documentado com o exemplo dos jovens intelectuais que, subsequentemente, se projetaram simultaneamente como líderes do partido (Ingrao, Alicata) e figuras determinantes da hegemonia comunista na cultura italiana do pós-guerra. A Espanha, sem dúvida, desempenhou um papel importante nesta cristalização da velha geração de antifascistas e em seu refortalecimento através de uma nova — uma nova geração que provavelmente também incluía operários, embora isto seja difícil de documentar. De qualquer modo, os militantes das pequenas e inconstantes células partidárias pareciam ser predominantemente gente jovem.[8] O impacto imediato da Guerra Civil Espanhola é testemunhado tanto pelas fontes policiais como pelos informantes antifascistas e isto — o que é bastante significativo — em um momento em que a propaganda comunista exterior não havia ainda começado a dar maior atenção à Espanha.[9] (Enquanto *Giustizia e Libertà* se conscientizaria imediatamente da grande importância da Espanha, é curioso o fato de que *somente no final de setembro de 1936* o Comitê Central do PCI — talvez devido ao contato deficiente com a Internacional, mas certamente para seu descrédito — deu alguma atenção à Espanha.)[10] A vitória inicial da República sobre o levante militar inspirou não só os antigos antifascistas, mas (de acordo com um informante da polícia em Milão), "até mesmo alguns setores que pareciam estar firmemente identificados com o fascismo". Ficou demonstrado que o fascismo não era todo-poderoso, suscitando assim esperanças (como outro informante observou em Gênova) "de algum tipo de transformação política que originaria, mais cedo ou mais tarde, a capitulação do espírito autoritário do fascismo".

Mas a Espanha não foi o único fator. Até que ponto o novo antifascismo entre os jovens intelectuais, assim como entre os estudantes da

---

8 Spriano, vol. 3, p. 194.

9 Ibid., pp. 81-84.

10 Ibid., p. 99.

Sicília, Calábria ou Sardenha reunidos na capital, não se devia ao desejo de escapar do provincianismo opressivo da cultura fascista para um mundo intelectual mais amplo, cujos expoentes máximos no exterior apoiavam tão visivelmente o antifascismo? Até que ponto se devia ao fracasso do fascismo italiano em estabelecer uma hegemonia cultural, assim como uma verdadeira base popular? (O complexo de *inferioridade* internacional, tanto cultural quanto em outros aspectos, era muito maior na Itália do que na Alemanha, assim como era mais sufocante o sentimento de isolamento cultural.) Quaisquer que fossem suas razões, ao final da década de 1930 o antifascismo na Itália não se apoiava somente nas gerações que haviam atingido sua maturidade política antes de 1924. Já começara a gerar entre os jovens sua própria dissidência.

Curiosamente — e esta foi uma de suas maiores debilidades — o PCI parece ter interpretado mal a situação, talvez porque superestimasse, à época, a força popular do fascismo. Sua política a partir de 1935 foi a de uma ampla aliança; porém parece ter pensado persistentemente (de acordo com os lemas internacionais) na perspectiva de separar do regime um setor supostamente amplo de fascistas "sinceros", desapontados com a traição do ideal fascista primitivo e, acima de tudo, em não ferir as suscetibilidades do nacionalismo italiano, que a guerra da Abissínia havia demonstrado ser uma força poderosa.[11] Mas de fato, assim como o observaram tanto os exilados antifascistas que não eram comunistas como alguns dos novos antifascistas do interior, este não era o problema principal. O feito mais importante do fascismo na itália não foi converter os italianos ao fascismo, como notou o jovem Eugenio Curiel, que finalmente se uniu aos comunistas depois de manter contatos com os socialistas e com *Giustizia e Libertà*.

---

11 Um interessante exemplo: em 1939, o PCI destacou um de seus melhores quadros militares, Ilio Barontine, para estabelecer uma ação guerrilheira na Etiópia em conjunção com as forças leais ao imperador. Essa operação foi conduzida com a habitual eficiência e heroísmo dos bons comunistas e mantida até maio/junho de 1940. O mérito é todo do partido, mas até a publicação do livro de Spriano (pp.298-299), em 1970, praticamente não foi feita qualquer referência ao episódio nas publicações do partido.

Foi, sim, um ceticismo infinito... que mata todas as possibilidades de fé em qualquer ideal, que escarnece do sacrifício do indivíduo pelo bem-estar da comunidade. Esta é, no fundo, a conquista mais visível do fascismo e permanecerá como seu legado mais amargo.[12]

Como confirmaram os fatos, este mesmo ceticismo que isolou as pequenas minorias antifascistas ativas e manteve na passividade os setores mais amplos de antifascistas inativos virou-se contra o regime quando Mussolini levou o povo italiano relutante e sem entusiasmo à Segunda Guerra Mundial. A derrota viria a dar aos antifascistas a chance de restaurar a esperança e a dignidade humana através da ação. Mas as massas que eles viriam a mobilizar não se constituiriam, de forma significativa, de fascistas "sinceros" ou mesmo de trânsfugas inevitáveis e numerosas. Constituir-se-iam de antifascistas jovens e velhos e, acima de tudo, de operários e camponeses italianos simples, cuja conversão a uma resistência ativa e militante seria dramática.

Foi sem dúvida alguma a oposição à guerra que devolveu ao antifascismo sua base de massas. Não é significativo o fato de que, ainda em julho de 1941, tenha ocorrido outra tentativa de restabelecer um "centro interior", mas sim que esta tenha sido bem-sucedida. A partir do outono de 1941, o PCI funcionou na Itália como não pudera fazer desde a primavera de 1932, quando o último membro do "centro interior" então em funcionamento foi preso em Milão. Na primavera de 1943, as gigantescas greves por pão e paz puderam ser organizadas no norte. A invasão da Itália e o armistício refortaleceram o novo movimento de massas, com a maioria dos quadros da liderança comunista retornando dos cárceres, do exílio ou da resistência antifascista em outros países ou simplesmente emergindo da ilegalidade. Seus três componentes — a velha guarda da liderança partidária, os experientes quadros militares da Guerra Civil Espanhola e os jovens antifascistas da geração dos anos 1930 — formaram juntos um corpo de liderança sem equivalente em nenhum outro grupo antifascista. O partido não apenas tomou a iniciativa, mas forneceu a

---

12 Spriano, vol. 3, p. 273.

grande maioria das unidades armadas e guerrilheiros no centro e no norte da Itália. Provavelmente bem mais de 80% delas estavam mais ou menos sob a liderança comunista. O partido teve êxito em mobilizar não apenas um grande número de antifascistas inativos ou comunistas que haviam desistido da luta[13] mas também um número substancial de novos militantes proletários e camponeses, como os famosos sete irmãos Cervi, em Emilia, filhos de um agricultor próspero, esclarecido e bom católico. Os resultados foram espetaculares. É improvável que, em 1940, houvesse mesmo três mil membros no PCI, e a maioria deles estava espalhada por todo o mundo ou na prisão. No inverno de 1944-45, havia quatrocentos mil e o partido crescia rapidamente, colocando-se na posição, que nunca mais perdeu, de principal partido da esquerda.

Isto teria ocorrido sem a guerra? "O que teria acontecido se...?" — é uma pergunta que jamais poderá ser respondida com certeza ou mesmo com um alto grau de probabilidade. É certo que o fascismo foi uma estrutura política mais frágil do que o nacional-socialismo alemão, que a economia italiana era mais atrasada e vulnerável do que a alemã e que os italianos eram mais pobres e estavam mais descontentes. É bem possível que o fascismo tenha começado a se romper a partir de seu interior, lentamente, como o regime de Franco claramente o fez a partir de meados dos anos 1950, depois de quinze anos de controle razoavelmente estável. É certo que a fragilidade do antifascismo organizado no interior da Itália era desproporcional à força do antifascismo potencial, velho e novo. É também provável que o Partido Comunista Italiano jamais tenha perdido a vinculação orgânica com o movimento popular organizado — quer entre os operários industriais sindicalizados, quer entre os camponeses "vermelhos", tão ausentes do KPD. Naquelas circunstâncias, sua heroica e persistente atividade ilegal haveria de lhe conferir, em qualquer caso, depois do fascismo, uma força maior do que tivera anteriormente. É certo, também, que possuía um corpo coerente de líderes de notável qualidade, que logrou evitar o pior, isto é, as cisões

---

13 Entretanto, os líderes guerrilheiros eram homens de esquerda, com algumas exceções como Arrigo Boldrini, um oficial do exército que parece não ter tido qualquer contato com o partido antes de 1943.

e expurgos que tantos danos causaram à liderança do KPD. Mas, além disso, tudo é especulação inútil. A história é o que aconteceu e não o que poderia ter acontecido. Ocorreu que Mussolini criou as condições que permitiram ao Partido Comunista assumir a liderança de um amplo movimento de libertação nacional, pelo menos no norte e no centro da Itália, e emergir daí como o principal partido da esquerda.

(1972)

6
CONFRONTANDO A DERROTA: O PARTIDO COMUNISTA ALEMÃO

A JÁ EXTENSA BIBLIOGRAFIA da história do comunismo alemão foi acrescida da volumosa obra — cerca de 900 páginas — de Hermann Weber, *Die Wandlung des deutschen kommunismus*.[1] A primeira pergunta que um possível leitor pode fazer é: era necessário mais este livro? A resposta, em termos gerais, é afirmativa. Estes dois volumes são um monumento de erudição e de investigação paciente e exaustiva — foram consultados dezessete arquivos públicos só na Alemanha Ocidental, embora ainda haja mais a ser pesquisado. As principais fontes da história do KPD durante a República de Weimar estão em Moscou, pelo que serão inacessíveis durante longo tempo, e em Berlim Oriental e, portanto, também inacessíveis aos pesquisadores sem o respaldo do Comitê Central do SED, dentre os quais se inclui o Dr. Weber. Ele teve que se basear essencialmente em documentos públicos, especialmente arquivos policiais (quando os estudiosos da esquerda inglesa dos anos 1920 terão acesso semelhante a fontes tão relevantes em nossos Arquivos Públicos, como os historiadores de outros países?), em alguns arquivos particulares, inúmeras entrevistas e apontamentos dos sobreviventes do período, fontes impressas e literatura sobre o assunto. Provavelmente, ele não deixou muita coisa de lado, mas uma monografia de tal envergadura sobre seis anos de história do KPD deve, inevitavelmente, ressentir-se muito mais da impossibilidade de consultar a documentação básica do que uma obra menos detalhada.

---

1 Hermann Weber, *Die Wandlung des deutschen Kommunismus* (2 vols.), Frankfurt, 1970.

Entretanto, sejamos agradecidos pelo que temos, até que alguma coisa melhor se torne possível. O Dr. Weber escreveu, na pior das hipóteses, uma obra de consulta de inestimável valor. Os dados estatísticos, no volume I, sobre os distritos do KPD e suas 300 páginas de quem-é-quem entre os seus funcionários, no volume II, são o suficiente para tornar o trabalho indispensável. Mas há aqui mais do que uma mera reunião de dados e fatos ou, mesmo, mais do que uma das histórias comparativamente raras do comunismo alemão livres de ressentidos envolvimentos pessoais nas lutas internas passadas entre o partido e o Comintern, coisas que os autores mais velhos se veem impossibilitados de evitar. Weber escreveu uma obra inteligente, que esclarece problemas que extrapolam o interesse dos estudiosos do KPD.

A questão de que se ocupa essencialmente diz respeito ao que acontece a um partido revolucionário numa situação não revolucionária. O KPD foi fundado e desenvolveu-se como um partido revolucionário ou, pelo menos, como um partido de rejeição ativa e radical, ou melhor, para usar o jargão correto, de "confrontação" com o *status quo*. Foi criado quando o Império havia desmoronado e podia ser esperada, não sem motivos, a pronta constituição de uma República de Conselhos alemã, do mesmo modo como o Outubro russo se seguira aos acontecimentos de fevereiro, e que, desta maneira, inauguraria a revolução mundial. O ano de 1919 foi apocalíptico. Mesmo Lenin, o mais perspicaz dos revolucionários, pensou que 1919 pudesse trazer a grande ruptura. O jovem partido alemão reuniu, para realizar suas grandes tarefas, uma liderança marxista pequena, porém hábil — imediatamente dizimada com os assassínios de Rosa Luxemburg, Liebknecht e Jogiches — mas também uma militância de base composta em grande parte de radicais utópicos, quase anarquistas ou elementos socialmente marginais que, geralmente, inundam os pequenos núcleos de oposição radical de estrutura flexível em épocas de efervescência revolucionária. A maioria destes ultraesquerdistas abandonou o KPD no curso dos dois anos seguintes, embora deixando para trás uma tendência a "ilusões heroicas" sobre as possibilidades da situação, um certo *putschism* e um resíduo de ultrarradicalismo.

O "outubro" alemão não aconteceu. Ao contrário, o velho regime, sem o imperador mas com uma social-democracia apaixonada e visceralmente antirrevolucionária e governista, se restaurou. O que veio a ser o KPD depois da fusão com a ala esquerda dos Socialistas Independentes em 1920 expressava, essencialmente, a profunda decepção de amplos setores da classe operária alemã com o fracasso da revolução social e o seu amargo descontentamento econômico. Ele representou todas aquelas forças — proletárias e intelectuais — que rejeitavam e odiavam uma república que se constituía de poucos republicanos e de muitos generais, policiais, burocratas, magnatas e juízes cujas tendências reacionárias eram flagrantes e incendiárias, e que havia restaurado as injustiças econômicas, sociais, políticas e jurídicas.

Em termos sociais, o novo KPD atraía os jovens — em 1926, 80% de seus funcionários de cúpula tinham menos de quarenta anos, 30% menos de trinta e sua idade média era de trinta e quatro anos;[2] atraía também os trabalhadores, de onde provinha uma proporção excepcionalmente alta de 13,5% dos funcionários mais graduados da organização, e os desempregados: em 1927, no ápice da estabilidade econômica, 27% dos membros do partido em Berlim eram desempregados. Como todas as organizações da classe operária, entretanto, seus quadros se apoiavam amplamente nos operários especializados, particularmente — como é comum — nos metalúrgicos. Três quartos de seus funcionários de cúpula tinham apenas instrução primária, embora, no outro extremo, 10% tivessem grau universitário; da totalidade de seus membros, 95% haviam frequentado apenas a escola primária e 1% até a universidade. Historicamente, metade de seus líderes e 70% de seus membros haviam começado suas atividades políticas a partir de 1917. O número relativamente elevado de funcionários que haviam sido social-democratas anteriormente a 1917 ingressara no partido à época de sua fusão com os Socialistas Independentes. Apenas cerca de 20% dos funcionários na década de 1920 tinham pertencido à Liga Spartacus ou à esquerda radical durante a guerra, de modo que as tradições inspiradas

---

2 Nessa época, a idade média da liderança do SPD era de cinquenta e seis anos.

diretamente em Rosa Luxemburg eram muito débeis; por outro lado, de quase quatro mil empregados em tempo integral da burocracia do Partido Social-Democrata, em 1914, apenas trinta e seis se encontravam trabalhando em tempo integral no KPD na década de 1920.

O KPD era um partido novo, jovem, desprivilegiado, radicalmente hostil ao sistema e pronto para a revolução que parecia possível, senão provável, até a sua grande derrota no outono de 1923. Isto explica a força que tinha em seu seio a esquerda contrária a compromissos, agressiva, ativista e frequentemente sectária. Não há dúvida que, dentre as várias facções e correntes de opiniões que se digladiaram no partido, nos primeiros anos, com a liberdade e o vigor costumeiros do período pré-stalinista (naquela época não era necessário um comunicado oficial para afirmar que as discussões haviam sido "amplas e francas"), a esquerda gozava decididamente de maior apoio — talvez 75% em 1924. A direita, composta na sua maioria de ex-spartaquistas que constituíram seu núcleo básico de dirigentes até 1923, era fraca, exceto entre os operários especializados — embora não entre os intelectuais. O grupo de centro, ou "conciliador", que se separou da direita depois de 1923, quando a esquerda tomou o poder, representava principalmente os profissionais do partido, embora pudesse contar com aproximadamente uma quarta parte dos membros.

O problema do KPD até 1923 foi de como fazer a revolução, que parecia ao seu alcance e que era essencial não apenas para o triunfo do socialismo mundial como para a própria República Soviética Russa. A revolução soviética alemã era o complemento necessário à Revolução Russa e o próprio Lenin estava preparado teoricamente para considerar uma situação em que a pátria de Marx, Engels, do progresso tecnológico e da eficiência econômica assumiria o papel de centro do mundo socialista. Em 1919, o Comintern considerava Berlim o lugar mais lógico para seu quartel-general, e sua localização em Moscou algo passageiro. O PC alemão era tratado em igual nível — de acordo com Weber, mesmo em fins de 1922 —, embora possamos suspeitar que o astuto Radek, cuja prolongada experiência do movimento socialista alemão o tornava o principal responsável pelos assuntos alemães em Moscou, claramente tivesse expectativas mais modestas sobre as possibilidades do partido. O principal problema do KPD, naquele período, era o seu profundo envolvimento com Moscou, proveniente tanto da sua recente fundação, força e tradição como também da importância vital das perspectivas alemãs para a Rússia soviética e toda a revolução internacional. O KPD poderia não desejar ver-se envolvido nos assuntos russos, ainda que dificilmente pudesse evitá-lo, sobretudo porque Zinoviev estava encarregado do Comintern e Radek, partidário de Trotsky em um estágio crucial, era seu especialista em questões alemãs. Comparada a isto, a confusão interna do partido parecia um problema menor. Em primeiro lugar, os anos 1919-23 aclararam, de certa forma, esta confusão ao eliminar a maior parte da ultraesquerda sindicalista-utópica e uma direita de procedência social-democrata. Em segundo lugar, a perspectiva de revolução minimiza certas diferenças, as quais, em outras circunstâncias, assumem grandes proporções: afinal, em 1917, diferenças tão fundamentais como as que separavam Marx de Bakunin não haviam causado muitos problemas na Rússia.

Depois da derrota de 1923, o problema passou a ser essencialmente o que fazer num período de estabilização. A "bolchevização", que é o principal tema da obra de Weber, foi a resposta. Essa assimilação sistemática de outras organizações partidárias ao modelo russo, e sua subordinação a Moscou, é geralmente considerada pelos historiadores não comunistas um resultado do desenvolvimento interno do regime soviético, o que, até certo ponto, é verdade, embora o mérito de Weber seja o de observar que esta não é toda nem mesmo a parte mais importante da verdade. Ele distingue diversos elementos da questão.

Em primeiro lugar, como adverte corretamente, qualquer organização eficiente e duradoura na sociedade industrial moderna tende a ser burocratizada em certa medida, inclusive os partidos revolucionários. As organizações e os movimentos democráticos atuam em um ponto situado entre os extremos da liberdade interior ilimitada, mantida à custa da eficácia prática, e a burocracia esclerosada. Weber comenta:

> Em um movimento operário, a tendência democrática sempre conserva alguma força, já que toda a sua tradição requer um espírito antiautoritário,

igualitário. Além disso, a liderança é sempre obrigada a apoiar tais tendências de tempos em tempos a fim de estimular a atividade dos membros e impedir uma completa paralisia do partido.

A formação de um KPD estruturado e disciplinado a partir de homens, movimentos e facções tão heterogêneos nos anos 1918-20 era intrinsecamente normal e inaceitável somente para os utópicos ou anarquistas. Foram a atrofia sistemática da democracia interna e a superburocratização depois de 1924 que constituíram o seu principal problema.

Em segundo lugar, um partido revolucionário precisa de um "esqueleto" excepcionalmente forte, ainda que seja apenas pelo fato de ser uma organização voluntária capaz de manter-se firme frente à estrutura de poder do Estado, à economia e à imprensa, cujos recursos, influência e força são infinitamente superiores. Um "aparato" hierárquico e disciplinado de revolucionários profissionais (ou, em tempos de paz, de funcionários profissionais) constitui claramente o quadro mais efetivo para tais fins. Seu tamanho absoluto é secundário: o número de funcionários em tempo integral no KPD provavelmente permaneceu muito menor do que o da SPD durante a República de Weimar. Isto era aceitável para os comunistas alemães por razões políticas e operacionais, embora provocasse inevitavelmente tensões entre os líderes e as bases, para não dizer uma hipertrofia do centralismo e uma atrofia das iniciativas oriundas das bases. Precisamente porque o KPD emergiu na Alemanha — cujas tradições políticas são notadamente diferentes daquelas da Rússia — em algum ponto de um espaço indefinido entre a social-democracia e o revolucionarismo libertário-democrático (para não dizer utópico-radical), que parece ser sua antítese lógica nos países industrializados, ele tinha, acima de tudo, que definir sua localização política. E foi o que a "bolchevização" fez, não apenas porque o bolchevismo havia demonstrado ser, afinal de contas, a *única* forma triunfante de revolução — as outras haviam fracassado ou nem mesmo começado —, mas também porque o próprio "Partido", como um exército revolucionário disciplinado e pronto para o combate, proporcionava unidade e respostas a questões confusas. A lealdade supera muitas incertezas, especialmente nos movimentos proletários, que são construídos com base no instinto da unidade e da solidariedade.

Estas forças teriam atuado mesmo sem a intervenção de Moscou, que Weber menciona somente em terceiro lugar. É evidente que "bolchevização" significava stalinização — dadas a estrutura deliberadamente centralizada do Comintern, do qual os partidos locais eram simples "seções" disciplinadas, e a dependência óbvia e inevitável de ambos em relação ao partido soviético. Em outras palavras, um processo que não tinha qualquer conexão intrínseca com a URSS, exceto enquanto refletia o prestígio natural do "modelo" estratégico e organizacional associado ao partido e à revolução de Lenin, seria transformado numa extensão da política soviética. A distinção entre as duas coisas é evidente no caso do PC italiano, porque nele tomou a forma, por obra de Togliatti, de subordinação consciente ao partido russo por parte do quadro dirigente formado antes e independentemente dele; um quadro que, embora expurgado e modificado pelos russos, manteve-se essencialmente intacto e com suas próprias ideias (as quais, reconhecidamente, guardou para si). Também é bastante clara no PC inglês onde, uma vez mais, a solidificação do partido aconteceu mais cedo e o núcleo da liderança partidária conservou-se inalterado depois de 1922-23. Por outro lado, a distinção não é tão clara na Alemanha porque a renovação do quadro de liderança continuou a ser muito mais frequente e visivelmente dominada por Moscou.

Como já observamos, isto se deveu em parte ao grande envolvimento do KPD com a Rússia. O que ocorria na Alemanha *importava mais* a Moscou do que o que acontecia em qualquer outra parte da Europa e o triunfo da esquerda no seio do PC depois do fracasso de 1923 intensificou ainda mais esse envolvimento. Não foi uma imposição de Moscou. De fato, se ele assinalou algo foi uma (última) afirmação de que o partido alemão não dependia da Rússia[3] uma suspeição que a liderança de Ruth Fischer e Maslow tentou atenuar, convertendo-se, fatalmente, numa facção alemã dos zinovievistas. Portanto, não apenas se opunha

---

3 Vide Weber, vol. I, p. 301.

ao curso geral e moderado que Stalin e a maioria do PCUS então seguiam, mas também envolveu o KPD na luta interna do partido russo — no lado equivocado. (Nenhum grupo alemão importante apoiou Trotsky.) E, além disso, o sectarismo da esquerda era totalmente absurdo, embora agradasse à massa de seus partidários. Em um período de estabilização — em princípio, a partir de 1921 e, inquestionavelmente, depois de 1923 — alguma forma de realismo político era necessária: unidade de ação com a maioria dos operários organizados filiados ao SPD e que trabalhavam nos sindicatos e no Parlamento. A intervenção direta do Comintern em 1925 depôs os líderes de esquerda. O Comintern *não poderia fazer outra coisa* e isto determinou um precedente sinistro. Não apenas porque transferiu para Moscou o centro de gravidade da discussão interna do partido alemão, mas também para um Comintern que fazia então a política soviética e que interferia não tanto para alterar políticas como para escolher seguidores leais.

Mas que seguidores? A historiografia vulgar do Comintern negligencia esta questão, simplesmente presumindo tratar-se de cegos executores da política de Moscou. Mas duas peculiaridades trágicas da história do KPD não podem ser deixadas fora desse cenário. Estas foram (a) o zelo com que foi cumprida a linha suicida de 1919-33 e (b) a extraordinária instabilidade de seus quadros dirigentes superiores. Nenhuma das duas era inevitável. Por exemplo: um reflexo automático de disciplina levou o PC inglês, em 1939, a mudar sua linha política a respeito da guerra e fez cair os líderes mais importantes associados a ela — Pollitt e Campbell — e a pôr em prática a nova linha com resoluta lealdade. Mas todos que tenham vivido esse episódio de sua história sabem que, se não ocorresse uma intervenção externa, o partido não teria alterado sua linha nessa época (embora uma minoria possa ter aspirado a tal mudança), que em 1941 ele reverteu com um alívio quase perceptível à antiga linha e que Pollitt e Campbell, em nenhum sentido, foram afetados, no final das contas, por seus laços com a política "incorreta" de 1939.

A verdade era que, embora um número crescente de funcionários do KPD — especialmente os jovens e os trabalhadores não especializados e aqueles sem experiência prévia na Liga Spartacus ou no USPD

— estivesse preparado para apoiar incondicionalmente *qualquer* linha partidária, a orientação básica dos ativistas do KPD se inclinava para a esquerda sectária. Ele começara como um partido de revolução e estabilizou-se como um partido de "confrontação" militante e sistematicamente negativa. Sua constante incapacidade em ganhar força nos sindicatos reflete isto. O Comintern havia destituído a liderança da ultraesquerda de 1924-25 sem levar muito em consideração aquela circunstância. Por conseguinte, como observa Weber, o curso da ultraesquerda nunca foi genuinamente desautorizado pelo KPD e um retorno a um curso semelhante, sob os auspícios do Comintern em 1928-29, foi bem recebido. Significou fazer o que naturalmente fluía. Talvez seja significativo — embora seja este um dos poucos aspectos em que Weber é omisso — o fato de que a Juventude Comunista tenha desempenhado um papel subordinado, segundo parece, no conjunto da política alemã do Comintern. Em outros países, um dos métodos mais comuns pelos quais Moscou preencheu as lideranças partidárias com quadros leais descomprometidos com qualquer ideologia anterior ao Comintern era a promoção de homens recrutados nas diversas Juventudes Comunistas. Seja por esta ou por outras razões, as organizações de jovens proporcionaram um número considerável de líderes comunistas: Rust na Inglaterra, Longo e Secchia na Itália e um importante grupo na França. Diz-se que Togliatti, durante a grande guinada à esquerda de 1929, fez a seguinte observação: "Se não cedermos, Moscou não hesitará em formar uma direção de esquerda com alguns jovens da Escola de Lenin".[4] Pelo que se pode perceber, a Juventude Comunista não produziu líderes de particular importância na Alemanha de Weimar. Ela não havia sido requisitada para isto: havia radicais de esquerda o suficiente para escolher.

O problema derivado da instabilidade do quadro dirigente era duplo: por que a renovação de quadros foi tão grande[5] e por que ela teria

---

4 Segundo um informante de Tasca, citado por Spriano, in *Storia del Partito Comunista Italiano*, vol. 2, p. 228.

5 Na ausência de dados comparativamente detalhados referentes a outros PCs, é impossível afirmar com segurança, mas parece que a renovação de suas lideranças era menor. Assim, em 1929, somente haviam sobrevivido dois dos membros do birô político do KPD de 1924, Thaelmann

acarretado — como creio que deve admitir a maioria dos observadores — uma queda constante de qualidade? A linha que vai de Liebknecht e Luxemburg, passando por Levi e Meyer, Brandler e Thalheimer, Ruth Fischer e Maslow, até Thaelmann e seu grupo é claramente descendente em termos de habilidade política geral, embora não em coragem e dedicação. Este não era, de forma alguma, o caso em todos os partidos comunistas.

O que parece ter ocorrido é que o KPD jamais teve êxito em desenvolver um corpo coerente de líderes procedentes da Liga Spartacus (cujos quadros sobreviventes, depois de abandonarem os elementos quase-sindicalistas, tenderam aos desvios de "direita"), dos ex-socialistas independentes (que tenderam a alimentar os desvios de "esquerda") e dos membros que se filiaram ao partido depois de 1920. A luta pela formação de um quadro de liderança continuou até que se fundiu com a "bolchevização" organizada por Moscou; e nesta luta, os mais capacitados de cada grupo tendiam a ser eliminados porque se sobressaíam ou não conseguiam se afirmar como líderes independentes no KPD antes de serem reduzidos à condição de funcionários do Comintern.[6] Esta talvez seja a verdadeira tragédia do assassinato de Rosa Luxemburg. A Liga Spartacus forneceu o que a esquerda alemã necessitava: um enfoque potencialmente coerente e flexível da política alemã que não confundia revolucionarismo com esquerdismo. Ainda que provavelmente Rosa Luxemburg não fosse a sucessora internacional de Lenin, o prestígio que gozava em seu próprio país poderia ter imposto o enfoque da Liga Spartacus ao novo partido, que poderia ter-lhe proporcionado um núcleo de liderança política e estratégia.

---

e Remmele, dos quais o último foi eliminado em seguida. Na França, cinco membros do birô político ocuparam esta função sem interrupção de 1926 a 1932, e um outro, descontinuamente, e três deles — muito provavelmente quatro, não fora a morte de Semard — ocupavam ainda o cargo em 1945.

6 Um exemplo pode ser o de Gerhart Eisler, cuja política como dirigente de Weimar combinava lealdade incondicional à URSS com oposição ao ultraesquerdismo local. Ele foi realmente útil em dado momento para assegurar a suspensão temporária de Thaelmann da liderança e, subsequentemente, desapareceu no serviço internacional do Comintern até seu retorno à República Democrática Alemã, para ocupar várias funções secundárias.

Porque, no fundo, o drama do KPD era não ter uma política para qualquer outra situação que não fosse revolucionária, pois a esquerda alemã — pode-se quase dizer, o movimento operário alemão — nunca a tivera. O SPD não fazia política, mas simplesmente se limitava a esperar (em teoria) até que a necessidade histórica lhe proporcionasse uma maioria eleitoral e, em consequência, "a revolução", ocultando (na prática) uma aceitação subalterna do *status quo* mediante a criação, para seus membros, de um mundo coletivo particular. A esquerda alemã havia criticado sem cessar o abandono *de facto* pelo SPD da luta revolucionária ou de qualquer forma de luta da classe operária, mas tivera pouca chance de desenvolver uma política alternativa além de algumas poucas sementes que nunca deram frutos. O PC alemão assumiu a mesma atitude do velho SPD, exceto por seu temperamento genuinamente revolucionário: mobilizar, confrontar e esperar. Ele não teve tempo — embora alguns dos primeiros líderes do KPD possam ter tido a capacidade — de desenvolver uma política revolucionária; em outras palavras, uma ação política a seguir quando não houvesse efetivas barricadas a erguer. A ele faltou aquela tradição de participação em um sistema de política radical, ou mesmo reformista-burguês, que, com todos os seus perigos, fornecia à esquerda proletária de outros países os modelos estratégicos e táticos para os períodos não insurrecionais. Quando o PC francês, "bolchevizado" em todos os sentidos, inclusive na mentalidade de uma razoável proporção de seus líderes, se confrontasse com um problema como o fascismo, ele automaticamente pensaria em recorrer a um mecanismo político conhecido, a união temporária da esquerda ou do "povo" em defesa da República. De fato, há sinais de que, mesmo durante a fase sectária mais insana de 1928-33, estes foram os reflexos dos líderes do PCF, embora ainda estivessem reprimidos pelo Comintern. Não que alguém como Maurice Thorez fosse melhor bolchevista que Thaelmann ou mesmo mais brilhante — embora o fosse; mas havia uma tradição francesa de *ação política* proletária, enquanto na Alemanha esta inexistia. Neste país, a ausência de semelhante tradição deu origem a combatentes de uma bravura e lealdade sem paralelo, assim como organizadores excepcionais, mas não políticos revolucionários.

Consequentemente, o KPD não apenas fracassou no período crucial da ascensão de Hitler ao poder — a política dominante em Moscou teria tornado quase impossível o seu êxito, mesmo se, o que é mais duvidoso, o SPD alemão tivesse aceitado uma resistência comum ao fascismo. Ele nem mesmo percebeu que fracassava até muito depois, quando já era tarde, sem dizer o quanto seu fracasso foi catastrófico e irrevogável. E assim foi se precipitando em sua completa e definitiva derrota. Porque a prova do seu fracasso não se encontra na vitória de Hitler, nem mesmo na destruição rápida, brutal e eficaz do partido, que constituía a mais persistente, mais corajosa e, em um certo sentido, a *única* força de oposição ativa sob a ditadura nazista. *Reside na incapacidade do KPD de recuperar-se depois de 1945*, exceto na zona de ocupação russa, onde as condições políticas eliminaram seus rivais potenciais.[7] Quando Hitler foi derrotado, o velho SPD, que nada fizera para evitar sua ascensão e havia praticamente se dissolvido de forma pacífica depois do triunfo do *Führer*, renasceu como o principal partido de massas da classe operária na Alemanha Ocidental. O KPD ainda conseguiu cerca de 6% dos votos em 1949 (1,4 milhão), comparados com os 30% do SPD, mas em 1953 ele havia caído para 2,2% (0,6 milhão de votos) comparados aos 29% do SPD, e não há razão alguma para se acreditar que se sairia muito melhor caso não tivesse sido formalmente banido da República Federal. Em suma, depois de 1945 ele sobreviveu à custa de recursos rapidamente consumidos, tendo deixado de se estabelecer, durante a República de Weimar, como um fator permanente no movimento operário alemão.

Seu fracasso contrasta não só com a sua extraordinária influência nas massas à época da República de Weimar, mas também com a atuação de outros partidos comunistas — geralmente menores — de países onde se poderia esperar que o reflexo antirrusso os tivesse enfraquecido. Na Áustria, por exemplo, os comunistas continuaram conseguindo, de forma estável, 5,5% nos primeiros dez anos do pós-guerra (sua base de

---

7 O argumento de que o KPD, sob Weimar, tivera seus maiores redutos no que é agora a República Democrática Alemã não é convincente. Na verdade, a maior preponderância do KPD sobre os votos do SPD em 1932 se localizou na área do Reno-Ruhr, onde o partido tinha cerca do dobro de eleitores que seu adversário.

apoio antes de 1938 havia sido insignificante). Na Finlândia, eles nunca alcançaram menos do que 20% (talvez o dobro de seu resultado entre as duas guerras). Estes dois países haviam lutado contra a Rússia, ou perderam territórios ou haviam sido parcialmente ocupados pelo Exército Vermelho. Em quase todos os países da Europa, os PCs emergiram mais fortalecidos da luta antifascista e — pelo menos por algum tempo — estiveram enraizados mais profundamente do que antes em suas classes operárias nacionais. Na Alemanha, Hitler eliminara o comunismo como movimento de massas.

Entretanto, não se pode concluir a trágica avaliação do KPD na República de Weimar neste tom inteiramente sombrio, uma vez que ele alcançou o objetivo a que se propusera, isto é, uma República Socialista Alemã, e o fato de que esta tenha sido alcançada graças ao Exército Vermelho, mais do que aos esforços do movimento alemão, teria sido perfeitamente aceitável para os comunistas de Weimar. A República Democrática Alemã deve ser incluída neste balanço tanto quanto a derrota decisiva na parte ocidental do país, porque esta república, que só pode ser criticada se também forem reconhecidas suas notáveis realizações em circunstâncias muito difíceis,[8] é, de fato, criação do KPD. A crítica ao partido deve situar-se dentro destes limites. Afinal, quantos partidos comunistas tiveram êxito em construir efetivamente novas sociedades? E quem duvidou que, se alguém lhes tivesse oferecido numa bandeja o poder, aquele conjunto de funcionários e executivos corajosos, honestos, leais, devotados, hábeis e eficientes que retornaram do exílio e dos campos de concentração para cumprir com seu dever como comunistas, realizaria um trabalho competente?

O comportamento dos partidos de esquerda quando recebem o poder não é uma prova insignificante: os social-democratas falharam com grande regularidade, a começar pelo SPD alemão em 1918. Mas os partidos comunistas sempre souberam que passariam bem por este

---

8 Duas dessas realizações merecem destaque: um autêntico acerto de contas com o passado nazista do povo alemão e a recusa tranquila em colaborar, exceto de uma maneira marginal, nas farsas jurídicas, processos e execuções de comunistas, que desfiguram os outros regimes do leste europeu nos últimos anos do período stalinista.

teste. O KPD alemão, entretanto, fracassou em outras provas pelas quais os movimentos revolucionários também devem ser avaliados. Diferentemente dos PCs francês e italiano, ele foi incapaz de tornar-se parte integrante de seu movimento operário, embora tivesse oportunidades excelentes de fazê-lo. Sua história política provou ser ele tão instável quanto a República de Weimar. Foi incapaz de desenvolver qualquer política para atuar sob condições de estabilização, até mesmo temporárias, do capitalismo e, por essa razão, ruiu junto com o resto da República de Weimar ante a ofensiva de Hitler. Esta derrota refletia uma dificuldade mais geral que todos os PCs ou, na verdade, todos os socialistas revolucionários enfrentaram em países industriais desenvolvidos: como abordar uma transição para o socialismo em condições que não as historicamente excepcionais dos primeiros anos posteriores a 1917? Porém, enquanto o desenvolvimento de outros PCs mostra alguma tentativa de solução deste problema (desde que não fossem impedidos por influências externas), o desenvolvimento do KPD não o faz. Enquanto foi uma força de massas, conseguiu algo: manteve no alto a bandeira vermelha. Seus piores inimigos não podem acusá-lo de qualquer transigência com o reformismo, qualquer tendência de se permitir ser absorvido pelo sistema. Mas a confrontação não é uma política. Em um período de crise, como em 1929-33, poderia ter atraído crescente apoio dos que nada tinham a perder — na primavera de 1932, 85% dos membros do partido eram desempregados —, mas apoio numérico não é necessariamente sinônimo de força. Os 2.500 membros do PCI, naquela mesma época, representavam uma força mais importante do que os 300.000 comunistas alemães ou do que os 6.000.000 de eleitores do KPD.

A história do KPD é trágica. A grande esperança do mundo em 1919, o único partido comunista de massas significativo no Ocidente em 1932, não é hoje mais do que um episódio na história da Alemanha Ocidental. Fracassou, talvez, por razões estritamente alemãs: por causa da incapacidade da esquerda alemã para superar as debilidades históricas da burguesia e do proletariado deste grande e ambíguo país. Entretanto, pode-se imaginar, sem excesso de irrealismo, outras causas. Seja como for, o Dr. Weber nos oferece um material rico para a avaliação de um caso crucial de derrota na história da esquerda. Outros talvez possam aprender com este fracasso. Deveriam ler sua obra com atenção e compaixão.

(1970)

II
Anarquistas

II

ANARQUISTAS

7

O BOLCHEVISMO E OS ANARQUISTAS

A TRADIÇÃO LIBERTÁRIA DO COMUNISMO — o anarquismo — tem sido duramente hostil à tradição marxista desde Bakunin, ou o que vem a ser o mesmo, desde Proudhon. O marxismo, e mais ainda o leninismo, têm sido igualmente hostis ao anarquismo como teoria e programa e o menosprezam como movimento político. Contudo, se investigamos a história do movimento comunista internacional no período da Revolução Russa e da Internacional Comunista, encontramos uma assimetria singular. Enquanto os principais porta-vozes do anarquismo mantiveram viva sua hostilidade ao bolchevismo com, na melhor das hipóteses, vacilações momentâneas durante o próprio movimento revolucionário ou no momento em que lhes chegaram as notícias de Outubro, a atitude dos bolchevistas dentro e fora da Rússia foi, por algum tempo, consideravelmente mais benevolente com respeito aos anarquistas. Este é o tema do presente ensaio.

A postura teórica com a qual o bolchevismo abordou os movimentos anarquistas e anarcossindicalistas depois de 1917 foi perfeitamente clara. Marx, Engels e Lenin haviam escrito sobre o tema e em geral não parecia haver qualquer ambiguidade ou incoerência fundamental entre seus pontos de vista, que podem ser resumidos da seguinte forma:

(a) não existe qualquer diferença entre os objetivos finais dos marxistas e anarquistas, isto é, um comunismo libertário no qual a exploração, as classes e o Estado terão deixado de existir;

(b) os marxistas acreditam que, entre este estágio final e a deposição do poder burguês pela revolução proletária, haverá uma etapa mais ou menos prolongada, definida como "ditadura do proletariado" e outros expedientes de transição nos quais o poder do Estado teria ainda alguma participação. Havia certa margem para discussões sobre o significado preciso dos textos marxistas clássicos sobre tais problemas de transição, mas não havia qualquer ambiguidade quanto à concepção marxista de que da revolução proletária não surgiria imediatamente o comunismo e que o Estado não poderia ser abolido, mas "se extinguiria". Neste ponto, o conflito com a doutrina anarquista era total e claramente definido;

(c) além da peculiar predisposição marxista de imaginar a utilização do poder de um Estado revolucionário para fins revolucionários, o marxismo está ativamente comprometido com a firme crença na superioridade da centralização sobre a descentralização ou federalismo e (especialmente em sua versão leninista) comprometido com a convicção de que liderança, organização e disciplina são indispensáveis, sendo inadequado qualquer movimento apoiado em mera "espontaneidade";

(d) onde seja possível a participação nos processos formais da vida política, os marxistas admitem o engajamento dos movimentos socialistas e comunistas, assim como em qualquer outra atividade que possa contribuir para fazer avançar a derrubada do capitalismo;

(e) embora alguns marxistas desenvolvessem críticas às potenciais ou efetivas tendências autoritárias e/ou burocráticas de partidos organizados segundo a tradição marxista clássica, nenhum deles, enquanto se consideraram marxistas, jamais abandonou sua aversão típica aos movimentos anarquistas.

A história das relações políticas entre os movimentos marxistas e os anarquistas ou anarcossindicalistas mostrava, em 1917, a mesma falta de ambiguidade. Na verdade, essas relações foram mais ásperas à época de Marx, Engels e da Segunda Internacional do que durante o período do Comintern. O próprio Marx criticara e combatera Proudhon e Bakunin, assim como esses a Marx. Os principais partidos social-democratas haviam se esforçado ao máximo para excluir os anarquistas de suas fileiras ou se viram obrigados a fazê-lo. A Segunda Internacional, ao contrário da Primeira, não os incluía mais, pelo menos a partir do Congresso de Londres de 1896. Onde quer que os movimentos marxistas e anarquistas coexistissem eram como rivais, senão como inimigos. Entretanto, embora fossem intensamente provocados pelos anarquistas, na prática os marxistas revolucionários, que compartilhavam com eles uma crescente hostilidade ao reformismo da Segunda Internacional, se inclinavam a considerá-los também revolucionários, ainda que equivocados. Tal postura estava em consonância com a concepção teórica resumida anteriormente (letra a). Pelo menos, o anarquismo e o sindicalismo revolucionário podem ser considerados uma reação compreensível contra o reformismo e o oportunismo. Na verdade, pode ser argumentado — e de fato foi — que o reformismo e o anarcossindicalismo eram partes de um mesmo fenômeno: sem um, o outro não teria avançado tanto. Poder-se-ia acrescentar, segundo este raciocínio, que o colapso do reformismo também enfraqueceria automaticamente o anarcossindicalismo.

Não está claro até que ponto estas concepções dos ideólogos e líderes políticos eram compartilhadas pelos militantes de base e pelos simpatizantes dos movimentos marxistas. Podemos supor que as diferenças neste nível fossem frequentemente percebidas com muito menos clareza. É fato bem conhecido que distinções doutrinárias, ideológicas e programáticas, que são de grande importância em um nível, são insignificantes em outro, como foi o caso, por exemplo, dos trabalhadores "social-democratas" de muitas cidades russas, que em 1917 mal conheciam (quando conheciam) as diferenças entre bolchevistas e menchevistas. O historiador dos movimentos operários e de suas doutrinas corre o risco de graves erros se se esquecer de tais fatos.

Este quadro geral deve ser completado com um exame das diferentes situações em diversas partes do mundo, na medida em que afetaram as relações entre comunistas e anarquistas ou anarcossindicalistas. Não é possível traçar aqui um quadro completo, mas pelo menos três tipos de países devem ser distinguidos:

(a) regiões onde o anarquismo jamais foi uma força significativa no movimento operário, como, por exemplo, a maior parte do noroeste da Europa (com exceção da Holanda) e várias áreas coloniais em que os movimentos operários e socialistas mal haviam se desenvolvido antes de 1917;

(b) regiões onde a influência anarquista fora significativa mas havia diminuído visivelmente e, talvez, mesmo decisivamente, no período de

1914-36. Incluem-se aqui partes do mundo latino, como por exemplo França, Itália e alguns países latino-americanos, e também a China, o Japão e — por diferentes razões — a Rússia;

(c) regiões onde a influência anarquista manteve-se importante, senão dominante, até fins da década de 1930, sendo a Espanha o caso mais óbvio.

Nas regiões do primeiro tipo, as relações com movimentos autodefinidos como anarquistas ou anarcossindicalistas não tinham qualquer relevância para os movimentos comunistas. A existência de pequenos grupos de anarquistas, principalmente artistas e intelectuais, não representava qualquer problema político, assim como tampouco representava qualquer problema a presença de refugiados políticos anarquistas, de comunidades imigrantes em que o anarquismo pudesse ter alguma influência, ou mesmo quaisquer outros fenômenos marginais para o movimento operário nativo. Este parece ter sido o caso, por exemplo, da Inglaterra e da Alemanha depois das décadas de 70 e 80 do século XIX, quando tendências anarquistas tiveram um papel, sobretudo destrutivo, nas circunstâncias especiais dos movimentos socialistas extremamente pequenos ou temporariamente reduzidos a semi-ilegalidade, como na época da lei antissocialista de Bismark. As disputas entre centralização e descentralização, tendências burocráticas e antiburocráticas, movimentos "espontâneos" e "disciplinados" eram realizadas sem qualquer referência especial aos anarquistas (exceto pelos escritores acadêmicos ou pelos poucos marxistas muito eruditos).

Isto foi o que ocorreu na Inglaterra no período correspondente ao sindicalismo revolucionário do continente. O grau em que os partidos comunistas se mostraram atentos ao anarquismo como problema político em seus países está ainda pendente de estudo através de uma análise sistemática de suas publicações polêmicas (na medida em que elas não faziam apenas eco às preocupações da Internacional), de suas traduções e/ou reedições dos clássicos marxistas sobre o anarquismo etc. Todavia, podemos afirmar com certa margem de segurança que o anarquismo era para eles um problema insignificante, comparado ao reformismo, aos cismas doutrinários no interior do movimento comunista ou a certos tipos de tendências ideológicas pequeno-burguesas, como o pacifismo na Inglaterra. Era perfeitamente possível estar-se inteiramente envolvido no movimento comunista da Alemanha em princípios da década de 1930, ou da Inglaterra em fins da mesma década, sem que fosse necessário dedicar ao anarquismo uma atenção mais do que superficial ou acadêmica e, inclusive, sem ter nunca que discutir a questão.

As regiões do segundo tipo são, em alguns aspectos, as de maior interesse do ponto de vista do presente ensaio. Trata-se, neste caso, de países ou áreas onde o anarquismo teve uma importante e, em alguns momentos e setores, dominante influência sobre os sindicatos ou movimentos políticos de extrema-esquerda.

O fato histórico básico em tais casos é o declínio dramático da influência anarquista (ou anarcossindicalista) na década posterior a 1914. Nos países beligerantes da Europa, este foi um aspecto negligenciado do colapso geral que sofreu a esquerda do pré-guerra. Ele é, em geral, apresentado principalmente como uma crise da social-democracia, o que muito se justifica. Ao mesmo tempo, foi também uma dupla crise dos movimentos libertários ou antiburocráticos. Primeiro, muitos deles (por exemplo, os "sindicalistas revolucionários") se uniram, pelo menos por algum tempo, à massa dos social- democratas marxistas na corrida às bandeiras patrióticas. Segundo, aqueles que assim não o fizeram se mostraram, em geral, totalmente ineficientes em sua oposição à guerra e, inclusive, mais ineficientes ainda ao final da guerra em seus esforços para oferecer uma alternativa revolucionária libertária à dos bolchevistas. Para citar apenas um exemplo decisivo: na França (conforme a professora Kriegel demonstrou), o "Carnet B" estabelecido pelo Ministério do Interior para incluir todos aqueles "considérés comme dangereux pour l'ordre social",* isto é, "les revolutionnaires, les sindicalistes et les anarchistes",** de fato reprimia principalmente os anarquistas, ou melhor, "la faction des anarchistes qui milite dans le mouvement syndical",*** Em 1º de agosto de 1914, o ministro do Interior, Malvy, decidiu

---

* "Considerados pela ordem social perigosos". [N. T.]
** "Os revolucionários, os sindicalistas e os anarquistas". [N. T.]
*** "A facção anarquista que milita no movimento sindical". [N. T.]

não tomar em consideração o "Carnet B", ou seja, resolveu deixar em liberdade os mesmos homens que, no entender do governo, haviam demonstrado de forma convincente sua intenção de se opor à guerra por todos os meios e que, presumivelmente, poderiam converter-se nos quadros de um movimento antibelicista da classe operária. Na verdade, poucos deles haviam feito qualquer preparativo concreto para resistência ou sabotagem e nenhum deles fizera qualquer preparativo capaz de preocupar as autoridades. Numa palavra, Malvy decidiu que a totalidade dos homens considerados os mais perigosos revolucionários era insignificante. Estava evidentemente certo.

O fracasso dos revolucionários sindicalistas e libertários, confirmado em 1918-20, contrastava notoriamente com a vitória dos bolchevistas russos. Na verdade, selava pelo menos nos próximos cinquenta anos o destino do anarquismo como uma importante força independente de esquerda, salvo no caso de alguns poucos países excepcionais. Tornou-se difícil lembrar que em 1905-14 a esquerda marxista havia se mantido, na maioria dos países, à margem do movimento revolucionário, e que a massa principal de marxistas fora identificada com uma social-democracia *de facto* não revolucionária, enquanto o grosso da esquerda revolucionária era anarcossindicalista ou, pelo menos, muito mais próximo das ideias e do espírito do anarcossindicalismo do que do marxismo clássico. A partir de então, o marxismo foi identificado com movimentos revolucionários atuantes e com os partidos e grupos comunistas, ou com os partidos social-democratas que, como o austríaco, orgulhavam-se de ser marcantemente de esquerda. O anarquismo e o anarcossindicalismo entraram em dramático e ininterrupto declínio. Na Itália, esse declínio foi acelerado pelo triunfo do fascismo, porém, onde, na França de 1924, para não dizer na de 1929 ou de 1934, estava o movimento anarquista que havia constituído a forma mais característica da esquerda revolucionária de 1914?

A questão não é meramente retórica. A resposta é e deve ser: em grande parte estava nos movimentos comunistas ou naqueles liderados pelos comunistas. Na ausência de pesquisas adequadas, tal resposta não pode ser ainda suficientemente documentada, mas os fatos em seus traços gerais parecem claros. Mesmo algumas das figuras mais destacadas ou ativistas célebres dos partidos comunistas "bolchevizados" provinham dos antigos movimentos libertários ou dos movimentos sindicalistas militantes de inspiração libertária: na França, Monmousseau e provavelmente Duclos. Isto é muito surpreendente, uma vez que era bastante improvável que membros expressivos de partidos marxistas fossem recrutados entre antigos anarcossindicalistas e, menos ainda, que figuras importantes do movimento libertário optassem pelo leninismo.[1] É de fato muito provável que (conforme observa De Groot, líder do PC holandês, talvez não sem algum *parti pris*) aqueles operários que haviam sido libertários se adaptassem melhor à vida nos novos PCs do que os intelectuais ou pequeno-burgueses ex-libertários. Afinal, ao nível do militante da classe operária, as diferenças doutrinárias ou programáticas que dividem tão nitidamente os ideólogos dos líderes políticos são geralmente muito irreais e podem ter pouca importância, a menos que, *neste nível* — isto é, no sindicato ou localidade específicos do operário —, as diferentes organizações e líderes tenham há muito estabelecido padrões de rivalidade.

Portanto, o mais provável é que os trabalhadores que pertenceram anteriormente ao sindicato mais militante ou revolucionário de sua localidade ou profissão passassem sem dificuldades, ao desaparecer este, para o sindicato comunista que agora representava a atitude revolucionária ou o espírito de militância. Quando antigos movimentos desaparecem, tais transferências são comuns. O antigo movimento pode conservar sua influência sobre as massas de um lugar determinado e os líderes e militantes identificados com ele podem fazer o possível para continuar unidos, ainda que em grupo cada vez menor e na medida em que não se retirem *de jure* ou *de facto* para uma inatividade resignada. Alguns militantes de base podem também desistir, mas é de esperar que grande parte adote a alternativa mais conveniente se esta existir. Tais transferências não têm

---

1 De uma pequena amostragem aleatória de parlamentares comunistas franceses entre as guerras, o *Dictionnaire des Parlementaires Français 1889-1940* dá as seguintes indicações sobre sua militância anterior: socialistas 5; "Sillon", então socialista, 1; atividade sindical (tendência desconhecida) 3; libertários 1; sem militância anterior 1.

sido investigadas a sério, de forma que do ocorrido aos antigos anarcos-sindicalistas (e os que seguiam sua orientação) não sabemos mais do que se sabe dos antigos membros ou simpatizantes do Partido Trabalhista Independente da Inglaterra posterior à década de 1930, ou dos antigos comunistas da Alemanha Ocidental posterior a 1945.

Se uma grande parte das bases militantes dos novos partidos comunistas, e mais especialmente dos novos sindicatos revolucionários, fossem compostas de antigos libertários, seria natural esperar que isto tivesse tido algum efeito sobre eles. No conjunto, há poucos indícios de que isto tenha ocorrido no interior dos partidos comunistas. Para citar tão somente um exemplo representativo: as discussões sobre a "bolchevização da Internacional Comunista" no Pleno Ampliado da Executiva daquela organização, em março-abril de 1925, que trataram especificamente do problema das influências não comunistas no movimento comunista. Há, neste informe, pouco mais do que meia dúzia de referências sobre a influência sindicalista e nenhuma sobre a anarquista.[2] As discussões se limitam inteiramente aos casos da França, Itália e Estados Unidos. Com relação à França, assinala-se a perda "da maior parte dos antigos funcionários dirigentes [de origem social-democrata na Alemanha], e de origem sindicalista pequeno-burguesa na França".[3] Treint informou que "nosso Partido eliminou todos os erros do trotskismo: todos os erros individualistas quase anarquistas, os erros de crença na legitimidade da coexistência das diversas facções do Partido. Também aprendeu a reconhecer os erros luxemburguistas".[4] A resolução do Comitê Executivo da IC recomendava, como um dos dez pontos relativos ao partido francês, "a despeito de todas as antigas tradições francesas, o estabelecimento de um Partido Comunista de Massas bem organizado".[5] Relativamente à Itália, o documento assinala "as origens numerosas e diversas dos desvios surgidos na Itália", mas não faz referência a qualquer

---

2 *Bolshevising the Communism International*, Londres, 1925.

3 Ibid., p. 38.

4 Ibid., p. 99.

5 Ibid., p. 160.

tendência libertária. A semelhança de Bordiga com o "sindicalismo italiano" é mencionada, embora o documento não afirme que ele "se identifique completamente" com esta ou outras concepções análogas. A facção Marxista-Sindicalista (grupo *Avanguardia*) é mencionada como uma das reações contra o oportunismo da Segunda Internacional, assim como o é sua dissolução "em sindicalismo corporativo"* depois de deixar — o partido.[6] Menciona-se também o recrutamento que o PC dos Estados Unidos faz a partir de duas fontes — o Partido Socialista e as organizações sindicalistas.[7] Se comparamos estas referências esporádicas com a preocupação da Internacional, neste mesmo documento, com uma grande variedade de outros desvios ideológicos e com outros problemas, fica evidente o impacto relativamente pequeno das tradições libertário-sindicalistas no seio do comunismo, ou pelo menos de seus principais partidos comunistas em meados da década de 1920.

Isto pode parecer, até certo ponto, uma ilusão, porque está claro que, por trás das várias tendências que preocuparam mais urgentemente a Internacional, tais tradições podem ser percebidas. A insistência nos perigos do "luxemburguismo", com sua ênfase na espontaneidade e sua hostilidade ao nacionalismo e outras ideias semelhantes, pode perfeitamente ter sido dirigida contra as atitudes dos militantes formados na escola libertário-sindicalista, como também pode ser o caso da hostilidade — nessa época não mais objeto de muita inquietação — ao abstencionismo eleitoral. Por trás do "bordiguismo" pode-se, certamente, distinguir uma preocupação com tais tendências. Em vários partidos ocidentais, o trotskismo e outros desvios marxistas provavelmente atraíram os comunistas de origens sindicalistas, insatisfeitos nos partidos "bolchevizados", como Rosmer e Monatte, por exemplo. Mas é significativo o fato de que os *Cahiers du Bolchevisme* (28 de novembro de 1924), analisando as tendências ideológicas no interior do PC francês, não faça qualquer menção ao sindicalismo. A revista dividiu o partido em "20%

---

* *Trade syndicalism*, no original. [*N. T.*]

6 Ibid., pp. 192-3.

7 Ibid., p. 45.

de jauresismo, 10% de marxismo, 20% de leninismo, 20% de trotskismo e 30% de confusionismo." Qualquer que seja a força efetiva das ideias e atitudes derivadas da velha tradição sindicalista, esta própria tradição deixou de ter importância, exceto como um componente das várias versões esquerdistas, sectárias ou divisionistas do marxismo.

Entretanto, por razões óbvias, os problemas anarquistas preocupavam mais o movimento comunista naquelas partes do mundo onde, antes da Revolução de Outubro, a inspiração política do movimento operário havia sido quase totalmente anarquista, e os movimentos social-democratas, insignificantes ou onde os anarcossindicalistas mantiveram sua força e influência durante a década de 1920, como em extensas regiões da América Latina. Não é de estranhar que a Internacional Sindical Vermelha, na década de 1920, estivesse sumamente preocupada com esses problemas na América Latina, ou que, tão tarde como em 1935, a Internacional Comunista observasse que "os remanescentes do anarcossindicalismo não tenham ainda sido de todo superados" no PC do Brasil (cujos primeiros membros eram, em sua imensa maioria, antigos anarquistas). Todavia, quando examinamos o significado do anarcossindicalismo nesse continente, os problemas derivados desta corrente parecem ter causado poucas preocupações reais ao Comintern depois da Grande Depressão de 1929-30. Sua principal crítica aos partidos comunistas locais refere-se à sua incapacidade em tirar suficiente proveito do rápido declínio das organizações anarquistas e anarcossindicalistas e da crescente simpatia dos membros destas pelo comunismo.[8]

---

8 O aumento da insatisfação entre as massas, assim como de sua resistência aos ataques das classes dominantes e do imperialismo, aguçou o processo de desintegração entre as organizações socialistas, anarquistas e anarcossindicalistas. No período mais recente, o reconhecimento da necessidade de uma frente unida com os comunistas lançou raízes bastante profundas entre amplos setores de sua base. Ao mesmo tempo, fortaleceu-se a tendência para o ingresso direto nas fileiras dos sindicatos revolucionários e dos partidos comunistas (especialmente em Cuba, Brasil e Paraguai). Depois do sexto Congresso Mundial ocorreu uma acentuada queda do peso específico do anarcossindicalismo no interior dos movimentos operários da América do Sul e do Caribe. Em alguns países, os melhores elementos do movimento anarcossindicalista aderiram ao Partido Comunista, como por exemplo na Argentina, Brasil, Paraguai e Cuba... Em outros países, o enfraquecimento da influência anarcossindicalista foi acompanhado pelo fortalecimento das organizações socialistas e reformistas (Argentina), dos partidos nacional-reformistas (México, Cuba)". (*Die Kommunistische Internationale vor dem 7. Welikongress*, p. 472)

Em resumo, os movimentos libertários eram agora considerados forças que declinavam rapidamente e não mais ofereciam problemas políticos significativos.

Tal complacência era realmente justificada? Pode-se suspeitar que as velhas tradições fossem mais fortes do que sugere a literatura comunista oficial, pelo menos no interior dos movimentos sindicais. Assim se compreende que a transferência da liderança do sindicato dos trabalhadores do tabaco de Cuba das mãos dos anarcossindicalistas para as dos comunistas não tenha introduzido qualquer modificação substancial nem em suas atividades sindicais nem na atitude de seus membros e militantes.[9] Seria necessária uma profunda investigação para descobrir em que medida o movimento sindical comunista subsequente mostrava sinais de sobrevivência dos hábitos e práticas de seu precedente anarcossindicalista.

A Espanha foi, virtualmente, o único país no qual o anarquismo continuou a ser uma força importante no movimento operário depois da Grande Depressão, ao mesmo tempo que o comunismo foi até a Guerra Civil — comparativamente — insignificante. A questão da posição comunista frente ao anarquismo espanhol não teve qualquer significado internacional até a Segunda República, e no período da Frente Popular e da Guerra Civil tornou-se muito vasta e complexa para um tratamento superficial, razão pela qual omitirei aqui sua discussão.

A atitude fundamental dos bolchevistas com relação aos anarquistas foi, pois, de tratá-los como revolucionários equivocados, distintos dos social-democratas, que eram os pilares da burguesia. Zinoviev expressou isto em 1920, em discussão com os italianos, que estavam consideravelmente mais indispostos com seus próprios anarquistas: "Em períodos revolucionários, Malatesta é melhor que Aragona. Eles fazem coisas estúpidas, mas são revolucionários. Lutamos lado a lado com sindicalistas e anarquistas contra Kerensky e os menchevistas. Mobilizamos milhares de operários para este combate. Em períodos revolucionários precisa-se de revolucionários. Precisamos nos aproximar deles e com eles formar

---

9 Devo esta observação à senhorita Jean Stubbs, que está preparando tese de doutoramento sobre os trabalhadores do tabaco de Cuba.

um bloco em tempos de revolução".[10] Esta atitude comparativamente indulgente dos bolchevistas foi, provavelmente, determinada por dois fatores: a insignificância relativa dos anarquistas na Rússia e a visível disposição dos anarquistas e sindicalistas, depois da Revolução de Outubro, de unir-se a Moscou, pelo menos até que ficou claro que os termos da união eram inaceitáveis. Sem dúvida, foi mais tarde consolidada pelo rápido declínio do anarquismo e do sindicalismo que — exceto em um pequeno e decrescente número de países — os fazia parecer uma tendência cada vez mais insignificante no movimento operário. "Vi e conversei com poucos anarquistas na minha vida", disse Lenin no Terceiro Congresso da Internacional Comunista (*Protokoll*, Hamburgo, 1921, p. 510). Para os bolchevistas, o anarquismo nunca havia sido mais do que um problema pequeno e local. Um informe anual oficial da Internacional Comunista para 1922-23 ilustra esta atitude. O aparecimento dos grupos anarquistas em 1905 é mencionado, assim como também o fato de que careciam de qualquer contato com o movimento de massa e que foram "praticamente aniquilados" pela vitória da reação. Em 1917, grupos anarquistas surgiram em todos os centros importantes do país, mas, apesar de várias ações diretas, faltou-lhes contato com as massas na maioria dos lugares e não tiveram êxito em assumir a liderança em quase nenhum deles. "Agiram na prática contra o governo burguês como a ala esquerda, incidentalmente desorganizada, dos bolchevistas." Sua luta não tinha significado independente. "Indivíduos que procediam das fileiras do anarquismo prestaram importantes serviços à revolução; e muitos anarquistas se alistaram no PC russo". A Revolução de Outubro os dividiu em "sovietistas", alguns dos quais aderiram aos bolchevistas, enquanto outros permaneciam tranquilamente neutros, e em anarquistas "consequentes", divididos em várias e às vezes excêntricas facções que rejeitavam o poder soviético e eram insigficantes. Os vários grupos anarquistas ilegais e ativos durante o levante do Kronstadt desapareceram quase totalmente.[11] Este é o referencial com que o partido mais

---

10 P. Spriano, *Storia del Partito Comunista Italiano*, vol. I, p. 77

11 *"Jahrbuch fur Wirschaft, Politik und Arbeiterbewegung"* (Hamburgo), 1922, pp. 247, 250, 481-2.

importante do Comintern julgava a natureza do problema anarquista e sindicalista.

É desnecessário dizer que nem os bolchevistas nem os partidos comunistas fora da Rússia se sentiam inclinados a comprometer suas opiniões para atrair para si os libertários. Angel Pestaña, que representou a CNT Espanhola no Segundo Congresso da Internacional Comunista, viu-se isolado e suas posições foram rejeitadas. O Terceiro Congresso, que discutiu detalhadamente as relações com os sindicalistas e anarquistas, estabeleceu ainda mais claramente a distância entre eles e os comunistas, sob o impacto de algumas tendências internas dos partidos comunistas e do que se considerava um aumento da influência anarquista e sindicalista na Itália depois da ocupação das fábricas.[12] Lenin interveio nesse ponto, observando que um acordo com os anarquistas podia ser viável quanto a certos objetivos, como, por exemplo, a supressão da exploração e das classes, mas não quanto a princípios, como, por exemplo, "a ditadura do proletariado e o uso do poder estatal durante o período de transição".[13] Não obstante, a crítica cada vez mais contundente das concepções anarcossindicalistas foi combinada com uma atitude positiva em relação ao movimento, principalmente na França. Mesmo no Quarto Congresso, os sindicalistas franceses se colocavam em posição de vantagem quando comparados não apenas aos social-democratas, como também aos comunistas procedentes da social-democracia. "Temos que procurar muitos elementos para um partido comunista nas fileiras dos sindicalistas, nas fileiras dos melhores do sindicalismo. Isto é estranho, porém verdadeiro" (Zinoviev).[14] Somente após o Quinto Congresso — isto é, durante o período de "bolchevização", a crítica negativa do anarcossindicalismo começa claramente a prevalecer sobre a apreciação positiva do movimento — mas já então está tão fundida com a crítica do trotskismo, luxemburguismo e outros desvios no interior dos

---

12 *Decisions of the third Congress of the Communist International*, Londres, 1921, p. 10.

13 *Protokolí*, p. 510.

14 *Fourth Congress of the Communist International*, Abridged Report. Londres, 1923, p. 18.

movimentos comunistas que perde seu significado político específico.[15] A essa época, naturalmente, o anarquismo e o sindicalismo estavam em rápido declínio, exceto em umas poucas regiões particulares.

É portanto surpreendente, à primeira vista, que a propaganda antianarquista pareça ter se desenvolvido em bases mais sistemáticas no interior do movimento internacional comunista na metade da década de 1930. Esse período assistiu à publicação do panfleto *Marx et Engels contre l'anarchisme*, na França (1935), na série "Elements du Communisme", e a uma obviamente polêmica *História do Anarquismo na Rússia*, de E. Yaroslavsky (edição inglesa de 1937). Pode ser também interessante observar o tom nitidamente mais negativo das referências ao anarquismo na *Pequena História do PCUS(b)* (1938),[16] de Stalin, comparadas com as atitudes do início dos anos 1920, citados anteriormente.

A razão mais óbvia para o reflorescimento do sentimento antianarquista foi a situação na Espanha, país que se tornou cada vez mais importante na estratégia comunista internacional a partir de 1931 e, sem dúvida, depois de 1934. Isto está claro nas prolongadas polêmicas de Lozovsky, especificamente dirigidas à CNT espanhola.[17] Entretanto, até a Guerra Civil, o problema anarquista na Espanha era considerado muito menos urgente do que o da social-democracia, especialmente entre 1928 e a guinada da política do Comintern de-

---

15 Cf. Manuilsky: "Pensamos, por exemplo, que o chamado trotskismo tem muito em comum com o proudhonismo individualista [...]. Não é por acaso que Rosmer e Monatte, em seu novo órgão dirigido contra o Partido Comunista, ressuscitem teoricamente as ideias do velho sindicalismo revolucionário, combinadas com a defesa do trotskismo russo" (*The Communisl Internatio-nal*, Edição inglesa, n⁰ 10, nova série, p. 58).

16 "No que diz respeito aos anarquistas, grupo cuja influência era já a princípio insignificante, definitivamente se desintegraram então em grupos minúsculos, alguns dos quais se juntaram a elementos criminosos, ladrões e provocadores, a escória da sociedade; outros se tornaram expropriadores "por convicção", roubando os camponeses e pequenos aldeões e apropriando-se das instalações e fundos dos clubes de trabalhadores, enquanto outros passaram abertamente ao campo dos contrarrevolucionários, e se dedicaram a enfeitar seus próprios ninhos como lacaios da burguesia. Opunham-se a todas as formas de autoridade, especial e particularmente à autoridade dos trabalhadores e camponeses porque sabiam que um governo revolucionário não lhes permitiria saquear o povo e roubar o patrimônio público". p. 203.

17 A. Lozovsky, *Marx and the Trade Unions*, Londres, 1935 (primeira edição, 1933), pp. 35-36 e especialmente pp. 146-154.

pois de junho-julho de 1934. A maioria das referências nos documentos oficiais da Internacional Comunista nesse período concentra-se, como se pode esperar, nos erros dos socialistas espanhóis. Durante a Guerra Civil, a situação mudou e é evidente que, por exemplo, o livro de Yaroslavsky se dirija principalmente à Espanha: "Os trabalhadores dos países onde agora há que optar entre a doutrina dos anarquistas e a dos comunistas deveriam saber qual dos dois caminhos revolucionários escolher".[18]

Entretanto, talvez se devesse assinalar outro elemento — embora talvez relativamente menos importante — no ressurgimento da polêmica antianarquista. Está claro tanto no texto básico, constantemente citado e reeditado — a crítica de Stalin ao suposto semianarquismo de Bukharin, escrita em 1929 — quanto em outras referências, que as tendências anarquizantes são condenadas principalmente porque elas "repudiam o Estado no período de transição do capitalismo para o socialismo" (Stalin). A crítica clássica do anarquismo, feita por Marx, Engels e Lenin, tende a ser identificada com a defesa das tendências do desenvolvimento do Estado no período stalinista.

Resumindo: a hostilidade bolchevista ao anarquismo e ao anarcossindicalismo como teoria, estratégia ou forma de movimento organizado era clara e inabalável, e todos os "desvios" no interior do movimento comunista nesta direção eram firmemente rejeitados. Por razões práticas, tais desvios, ou o que pudesse ser considerado como tal, deixaram de ter importância dentro e fora da Rússia a partir do início da década de 1920.

A posição bolchevista em relação aos movimentos anarquistas e anarcossindicalistas existentes era surpreendentemente benévola, sendo determinada por três fatores principais:

(a) a convicção de que a maioria dos operários anarcossindicalistas era revolucionária e aliada objetiva e, dadas as circunstâncias corretas, aliada subjetiva do comunismo contra a socialdemocracia, assim como era potencialmente comunista;

---

18 Op. cit., p. 10.

(b) a manifesta atração que a Revolução de Outubro exerceu sobre muitos sindicalistas e mesmo anarquistas nos anos imediatamente posteriores a 1917;

(c) o declínio, igualmente inquestionável e cada vez mais rápido, do anarquismo e do anarcossindicalismo como movimentos de massas em todos os seus antigos centros, à exceção de alguns poucos.

Pelas razões anteriormente mencionadas, os bolchevistas devotaram, depois do início da década de 1920, pouca atenção ao problema do anarquismo, salvo nas raras áreas em que este conservou sua força e nas que os partidos comunistas locais eram débeis. Entretanto, a ascensão da Espanha a um primeiro plano internacional, e talvez também a tentativa de dar uma legitimação teórica ao desenvolvimento stalinista de um Estado ditatorial e terrorista, levaram a um ressurgimento da polêmica antianarquista no período entre a Grande Depressão e o final da Guerra Civil Espanhola.

(1969)

8
O CONTEXTO ESPANHOL

A Península Ibérica tem problemas, mas não soluções, circunstância comum ou mesmo normal no "Terceiro Mundo", mas extremamente rara na Europa. Felizmente ou não, a maioria dos Estados de nosso continente tem uma estrutura econômica e social estável e potencialmente permanente, assim como uma linha de desenvolvimento estabelecida. Os problemas de quase toda a Europa, sejam sérios ou mesmo fundamentais, surgem da solução de problemas anteriores. Na Europa Ocidental e Setentrional eles se originaram principalmente do desenvolvimento capitalista bem-sucedido; na Europa Oriental (que, até 1945, estava em grande parte em situação análoga à da Espanha) surgiram do socialismo do tipo soviético. Em nenhum dos casos os padrões básicos de desenvolvimento econômico e social parecem provisórios, contrariamente ao que parecem ser ainda, por exemplo, os padrões das relações nacionais entre os diferentes Estados ou no interior dos mesmos. O capitalismo belga ou o socialismo iugoslavo podem muito bem mudar, e talvez de forma fundamental, porém ambos têm obviamente muito menos probabilidade de entrar em colapso diante de uma pequena provocação do que a complexa fórmula administrativa *ad hoc* que assegura a coexistência de flamengos e valões ou das várias nacionalidades balcânicas separadas por mútuos receios.

A Espanha é diferente. O capitalismo fracassou persistentemente neste país e assim também a revolução social, a despeito de sua constante iminência e eclosão ocasional. Os problemas da Espanha se originam dos fracassos e não dos sucessos do passado. Sua estrutura política é apenas provisória e mesmo o regime de Franco, que tem durado mais do que qualquer outro desde 1808 (superou o recorde da era de Cánovas, 1875-97), é manifestamente temporário. Seu futuro é tão indeterminado que mesmo a restauração da monarquia hereditária pode ser seriamente considerada uma perspectiva política. Os problemas da Espanha têm sido óbvios para qualquer observador inteligente desde o século XVIII. Uma variedade de soluções tem sido proposta e ocasionalmente aplicada. O problema reside em que todas falharam. A Espanha não encontrou seu equilíbrio em nenhuma fórmula. Segundo seus próprios padrões, as mudanças econômicas e sociais do século XIX foram substanciais e quem tenha observado a evolução do país nos últimos quinze anos sabe quão pouco realista é pensar que seja essencialmente o mesmo que em 1936 (um *pueblo* aragonês demonstra isso claramente, ainda que pelo simples fato de ter aumentado o número de tratores locais de dois para trinta e dois; de veículos motorizados, de três para sessenta e oito; de filiais bancárias, de zero para seis). Entretanto, os problemas econômicos e sociais fundamentais do país não foram solucionados e a distância entre a Espanha e os países europeus mais desenvolvidos (ou mais fundamentalmente transformados) ainda permanece.

Raymond Carr, cuja obra notável provavelmente supera, até o momento, todas as outras histórias da Espanha dos séculos XIX e XX,[1] caracteriza o problema como sendo o fracasso do liberalismo espanhol, o que significa fracasso de um desenvolvimento econômico essencialmente capitalista, de um sistema político parlamentar burguês e de um desenvolvimento cultural e intelectual ao estilo comum do Ocidente. Ele pode ser igualmente bem formulado, e talvez de forma mais proveitosa, como o do fracasso da revolução social espanhola. Porque se o liberalismo, como admite Carr, jamais teve chances reais de sucesso, a revolução social foi, talvez por essa razão, uma perspectiva muito mais séria. Qualquer que seja nosso pensamento sobre os levantes do período napoleônico — a década de 1830 (que Carr analisa com particular brilho), os anos de 1854-56 ou de 1868-74 — não se pode negar que a revolução social, de fato, irrompeu em 1931-36, que o fez sem qualquer

---

1 Raymond Carr, *Spain 1808-1939*, Oxford, 1966.

auxílio da situação internacional e que o caso é praticamente único na Europa Ocidental desde 1848.

Mas fracassou; e não só, nem mesmo principalmente, devido à ajuda exterior prestada a seus inimigos. Não se poderia subestimar a importância da ajuda italiana e alemã ou a "não intervenção" anglo-francesa na Guerra Civil, a maior diligência do Eixo do que o apoio soviético, ou os extraordinários feitos militares da República, o que Carr reconhece acertadamente. É bem possível que, dada uma configuração internacional diversa, a República pudesse ter vencido. Mas é igualmente inegável que a Guerra Civil foi uma dupla luta contra a contrarrevolução armada e as gigantescas fraquezas internas — e, em última análise, fatais — da revolução. Dos jacobinos franceses aos vietnamitas, as revoluções vitoriosas sempre revelaram uma capacidade igualmente grande, ou até maior, de superar adversidades. A República espanhola não o fez.

Não há grande mistério no fracasso do liberalismo espanhol, embora boa parte da história do país no século XIX e de suas condições econômicas e sociais básicas sejam muito pouco conhecidas para uma análise excessivamente confiável. "As mudanças na estrutura agrária clássica da Espanha entre 1750 e 1850 foram consequência de uma reorganização da economia tradicional mediante sua expansão territorial e não por mudanças fundamentais".[2] (A explicação de Carr, de que a pobreza de solo e de recursos de capital tornavam-nas inevitáveis, não é inteiramente convincente.) Assim se chegou à situação em que a Espanha alimentava uma população em crescimento rápido, graças não a uma revolução agrária, mas através de um grande aumento do cultivo extensivo de cereais, que com o tempo exauriu o solo e transformou o interior da Espanha num semideserto ainda mais esgotado do que anteriormente. Logicamente, a ineficiência política agrícola deu lugar à revolução camponesa. "Na década de 1890, os políticos foram intimidados pelos interesses do trigo poderosamente organizados; no século XX ficaram alarmados com a ameaça de revolução nas grandes fazendas." A alternativa de colheitas intensivas para exportação (laranjas, por

---

2 Ibid., p. 29.

exemplo) não era, em geral, viável sem um investimento proibitivamente caro e, talvez, nem mesmo com ele, embora Carr pareça por demais cético sobre as possibilidades de irrigação e algo menos quanto ao reflorestamento. A indústria espanhola era um fenômeno marginal, sem condições de concorrência no mercado mundial e, portanto, dependente do fraco mercado interno e (notadamente no caso da Catalunha) das relíquias do Império. Foi a Barcelona liberal que resistiu mais ferozmente à independência cubana, uma vez que 60% de suas exportações para lá se destinavam. As burguesias basca e catalã não eram uma base adequada para o capitalismo espanhol. Como Vilar demonstrou, os empresários catalães não foram capazes de tomar a direção da política econômica nacional e, portanto, se retiraram para uma posição defensiva de autonomismo, que a República, eventualmente, concedeu a eles e aos bascos.

Sob estas circunstâncias, as bases econômicas e sociais do liberalismo e seu ímpeto político eram frágeis. Como em muitos países subdesenvolvidos, havia duas forças ativas na política: a pequena burguesia urbana, que se situava à sombra da plebe urbana, e o exército, instituição que permitia prolongar a carreira dos membros mais ativos do mesmo estrato social; e um sindicato militante para os setores mais poderosamente organizados dos colarinhos-brancos desempregados, que tiveram que procurar o Estado já que a economia não podia empregá-los. O *pronunciamiento*, curiosa invenção ibérica cujo ritual se tornou uma tradição, substituiu a política liberal na primeira metade do século XIX. Na segunda metade, tornou-se "um empreendimento comercial especulativo para generais" e no século XX deixou de ter qualquer conexão com o liberalismo.

As revoluções começavam com um *pronunciamiento* ou com o que Carr chama "revolução provinciana primitiva" — levantes populares se espalhando de cidade para cidade por contágio — ou por ambos. Os pobres, ainda que perigosos, eram essenciais para o combate. Pessoas importantes das localidades, para não mencionar as de prestígio nacional, se refugiavam para evitar o perigo permanente de revolução social no "estágio dos comitês", em que o poder local passava para as *juntas* de notáveis com um ou dois representantes opcionais do povo, enquanto o governo nacional entrava em colapso. "A fase final era a restauração do controle do governo central através de um gabinete que representava a revolução." A monografia de Kiernan sobre 1854 descreve e explica esse processo em detalhe.[3] Naturalmente, no século XIX mal existia um proletariado fora de Barcelona que, consequentemente, se tornou a cidade revolucionária clássica da Europa Ocidental. O campesinato permaneceu por muito tempo politicamente ineficaz ou sob a influência do Carlismo, isto é, vinculado a políticos ultrarreacionários e por princípio hostis às cidades.

O liberalismo espanhol foi, portanto, empurrado para o estreito espaço de manobra que existia entre a "revolução primitiva", sem a qual nada mudaria, e a necessidade de abafá-la quase que imediatamente. Não é surpreendente que um veículo obrigado a frear imediatamente após ter sido acelerado não possa ir muito longe. As melhores esperanças da burguesia moderada consistiam em instalar no poder um regime capaz de permitir que as forças do desenvolvimento capitalista progredissem; mas elas nunca se desenvolveram o bastante e sua realização mais comum era encontrar fórmulas que neutralizassem, por algum tempo, a revolução social ou os ultrarreacionários, através da combinação de, pelo menos, duas ou três forças da política "oficial": o exército, a Coroa e os partidos "oficiais". Como mostra Carr, este foi o padrão de política espanhola: exército mais políticos na década de 1840, coroa mais políticos depois de 1875, exército mais coroa sob Primo de Rivera na década de 1920 e o colapso da coroa quando esta se separou das outras duas forças como em 1854, 1868 e 1931. Quando não havia a coroa, tinha que haver uma "ditadura militar *ad hoc*".

Franco não foi, contudo, um simples sucessor de Alfonso. Isto porque, no século XX, as forças da revolução social tornaram-se mais fortes do que no século XIX, já que a revolução reteve seus recursos "primitivos" enquanto adquiria dois outros novos e formidáveis: a revolução camponesa e o movimento operário. É o fracasso destes que

---

3 V.G. Kiernan, *The Revolution of 1854 in Spanish History*, Oxford, 1966.

coloca o maior problema da história espanhola e pode, talvez, eluci-
dar a de vários outros países subdesenvolvidos. Este fracasso se deveu
aos anarquistas.

Isto não significa que a extraordinária ineficácia da revolução espanhola seja devida meramente ao acidente histórico de que a Espanha
foi colonizada mais por Bakunin do que por Marx. (Mesmo isto não é
de todo acidental. É típico do isolamento cultural dos países subdesenvolvidos do século XIX, fazendo com que as ideias frequentemente sem
importância no âmbito mundial se tornem ali imensamente influentes,
como a filosofia de um certo Krause na Espanha, ou a política de Auguste Comte no México e Brasil.) As realidades da geografia e da história
da Espanha são contrárias a um movimento nacionalmente coordena-
do, ainda que países com pelo menos tanta diversidade regional e ainda
maior diversidade nacional tenham realizado tal movimento, como a
Iugoslávia. O universo autolimitado do *pueblo* espanhol durante muito
tempo fez das mudanças nacionais o resultado de plebiscitos periódicos, através da ação direta de suas municipalidades. Mas outros países
também conhecem o fenômeno do provincialismo extremado, como a
Itália, por exemplo. Todas as revoluções espanholas, conforme mostra
Carr, tiveram um estilo próprio de raízes arcaicas, independente dos ró-
tulos ideológicos que tenham portado. É duvidoso que "Belmonte de
los Caballeros", um *pueblo* aragonês, tivesse se comportado diferentemente em 1931-36 caso houvesse sido organizado pela CNT e não pela
UGT socialista. O anarquismo alcançou tanto êxito porque simplesmente se limitou a fornecer um rótulo aos hábitos políticos tradicionais dos
revolucionários espanhóis. Contudo, os movimentos políticos não são
obrigados a aceitar as características históricas de seu ambiente, ainda
que resultem ineficazes se não atentarem a elas. O anarquismo foi um
desastre porque não fez qualquer tentativa para mudar o estilo da revolta espanhola primitiva e, deliberadamente, reforçou-o.

Ele legitimou a impotência tradicional dos pobres. Transformou a
política, que mesmo na sua forma revolucionária é uma atividade *prática*, em uma forma de ginástica moral, uma exibição de devoção, sacrifício, heroísmo ou aperfeiçoamento tanto individual como coletivo

que justificava sua incapacidade para atingir quaisquer resultados concretos, e o fez com o argumento de que só valia a pena lutar pela revolução, e justificou seu fracasso na revolução com o argumento de que tudo que envolvesse organização e disciplina não merecia ser chamado de revolução. O anarquismo espanhol é um espetáculo profundamente comovente para o estudioso da religiosidade popular — era, na verdade, uma forma de milenarismo secular — mas não o é, infelizmente, para o estudioso da política. Desperdiçou oportunidades políticas com uma incrível persistência cega. As tentativas para conduzi-lo a um caminho menos suicida tiveram êxito tarde demais, embora fossem suficientes para derrotar o levante dos generais em 1936. Mesmo então, seu êxito foi apenas parcial. Durruti, estimado por sua nobreza de caráter e que simbolizava, ao mesmo tempo, o ideal do anarquista militante e sua conversão às exigências de organização e disciplina da verdadeira guerra, foi provavelmente morto por um de seus próprios camaradas mais puristas.

Isto não é negar a notável realização do anarquismo espanhol, que foi a criação de um movimento operário genuinamente revolucionário. Os sindicatos social-democratas e, nos anos mais recentes, mesmo os comunistas, raramente foram capazes de escapar à esquizofrenia ou à traição de suas convicções socialistas ao ter que atuar habitualmente por razões práticas, isto é, como militantes ou líderes sindicais e na suposição de que o sistema capitalista é algo permanente. A CNT não agiu assim, muito embora isto não a tenha tornado uma organização particularmente eficaz para os propósitos sindicais e, no conjunto, perdeu terreno para a UGT socialista desde o *triênio bolchevista* de 1918-20 até depois da eclosão da Guerra Civil, exceto onde a força dos pistoleiros anarquistas e as antigas tradições mantiveram afastadas as forças rivais, como na Catalunha e Aragão. Contudo, os operários e camponeses permaneceram revolucionários e agiram como tal quando a ocasião se apresentou. É verdade que eles não foram os únicos a conservar o reflexo da insurreição. Em vários outros países, trabalhadores educados na tradição comunista ou na tradição do socialismo maximalista reagiram de maneira semelhante quando não impedidos. E até meados da década de 1930 este reflexo não foi ativamente combatido no movimento comunista internacional.

Por outro lado, nem os socialistas nem os comunistas espanhóis podem ser eximidos de responsabilidade pelo fracasso da revolução espanhola. Os comunistas se viram limitados pelo extremo sectarismo político da Internacional em 1928-34, no exato momento em que a queda da monarquia em 1931 criava possibilidades de alianças estratégicas, que não foram autorizados a pôr em prática (o que provavelmente tampouco desejavam) senão até alguns anos mais tarde. Se sua fraqueza lhes teria permitido usar àquela época esta estratégia, é uma outra questão. Os socialistas mudaram do oportunismo para um maximalismo estrategicamente cego depois de 1934, o que serviu mais para fortalecer a direita do que para unir a esquerda. Uma vez que eles eram visivelmente mais perigosos para a direita do que os anarquistas (que nunca foram mais do que um problema policial rotineiro), por estarem mais bem organizados e por sua participação em governos republicanos, os ataques da reação foram muito mais sérios.

Entretanto, os anarquistas não podem se eximir da responsabilidade principal. Era deles a tradição predominante no movimento operário na maior parte do território republicano que sobreviveu ao levante militar inicial, e tradições tão profundamente arraigadas são difíceis de mudar. E mais, era potencialmente seu o movimento majoritário da esquerda na República. Não estavam em condições de "fazer" a revolução sonhada, mas quando a decisão do governo da Frente Popular de resistir ao levante militar por todos os meios, inclusive armando o povo, transformou uma situação de fermentação social em uma revolução, eles foram os principais beneficiá- rios do primeiro momento. Parece haver poucas dúvidas quanto à preponderância inicial dos anarcossindicalistas na milícia armada, e nenhuma dúvida sobre seu domínio no grande processo de "sovietização" (no sentido original da palavra) na Catalunha, Aragão e na costa mediterrânea, que (com Madri) formavam o cerne da República.

Os anarquistas, portanto, moldaram ou deram expressão à revolução que os generais se levantaram para impedir, mas que, de fato, acabaram por provocar. Contudo, a guerra contra os generais continuou tendo que ser travada e eles foram incapazes de lutar eficientemente, quer no sentido militar ou político. Isto era evidente para a grande maioria dos observadores, especialmente na Catalunha e Aragão. Lá se provou impossível até mesmo levar os sessenta mil rifles que eram ostentados nas ruas da cidade, para não dizer as metralhadoras e tanques disponíveis, para reforçar as unidades mal equipadas e com poucos efetivos que saíam para a decisiva frente aragonesa. A ineficácia do estilo anarquista de fazer a guerra foi recentemente questionada por uma nova escola de historiadores libertários (entre os quais se inclui a formidável inteligência de Noam Chomsky), que se negam a admitir que os comunistas tiveram a única política prática e eficaz para tal propósito, e que sua rápida e crescente influência refletiu este fato. Infelizmente, isto não pode ser negado. E a guerra tinha que ser vencida porque, sem a vitória, a revolução espanhola, ainda que estimulante e viável, transformar-se- ia meramente em outro episódio de derrota heroica, como a Comuna de Paris. E isto foi o que realmente ocorreu. Os comunistas, cuja política era a única suscetível de conduzir à vitória na guerra, se fortaleceram demasiado tarde e nunca superaram satisfatoriamente a desvantagem de sua falta de apoio de massas inicial.[4]

Para o estudioso da política em geral, a Espanha pode ser apenas uma advertência salutar contra os acenos libertários (com ou sem armas ou dinamites) e contra o tipo de gente que, como Ferrer, alardeava que "plutôt qu'un révolutionnaire, je suis un révolté".* Para o historiador, a força insólita do anarquismo, ou do revolucionarismo "primitivo", ineficaz, necessita ainda de alguma explicação. Seria devido ao desprezo notório dos marxistas da Europa Ocidental pelo campesinato, que deixou no campo tanto terreno aos adeptos de Bakunin? Teria sido a

---

4 Podem ser criticados não apenas por se prestarem às vinganças da polícia secreta de Stalin, mas também por não se limitarem a opor-se aos excessos impopulares e contraproducentes da revolução, mas à própria revolução, cuja existência preferiram não enfatizar em sua propaganda. O ponto básico, porém, é que lutaram para ganhar a guerra e que, sem a vitória, a revolução estava de qualquer modo perdida. Tivesse a República sobrevivido, poderia haver mais críticas à sua atuação política; porém isto, infelizmente, não é mais do que uma especulação acadêmica.

* "Mais que um revolucionário, sou um revoltado". [N. T.]

persistência da pequena indústria e do subproletariado pré-industrial? Estas explicações não são inteiramente satisfatórias. Teria sido o isolamento da Espanha, que salvou o anarquismo espanhol da crise de 1914-20 e que o fez fracassar na França e na Itália, deixando, portanto, o caminho livre para os movimentos comunistas de massa? Teria sido a singular ausência de intelectuais no movimento operário espanhol, tão rara nos países subdesenvolvidos do século XX? Os intelectuais eram democratas, republicanos, populistas no terreno cultural, talvez acima de tudo anticlericais e bastante ativos em algumas fases da oposição: porém poucos deles eram socialistas e virtualmente nenhum era anarquista. (Seu papel parece, de qualquer modo, ter sido limitado — mesmo a Espanha culta, como observa corretamente Carr, não era um país de leitura — e a mesa de bar ou o *Ateneo* não era, exceto em Madri, uma forma de ação política generalizada em todo o país.) De qualquer forma, a liderança dos movimentos revolucionários espanhóis se ressentiu de sua ausência. Presentemente, não se pode responder a estas questões, salvo por especulação.

Podemos, entretanto, situar o revolucionarismo espontâneo da Espanha num contexto mais amplo, e autores recentes, como Malefakis,[5] já começaram a fazê-lo. As revoluções sociais não são fabricadas: elas ocorrem e se desenvolvem. Neste sentido, as metáforas da ação militar, como estratégia e tática, que lhes são tão frequentemente aplicadas, tanto pelos marxistas como por seus adversários, induzem a erro. Não obstante, elas não podem triunfar sem criar o aparato de um exército ou de um governo nacional, isto é, sem exercer de forma efetiva a coordenação e a direção nacionais. Onde estes elementos estão ausentes, o que em outras circunstâncias poderia ter se convertido em uma revolução social passa a não ser mais do que uma somatória, em nível nacional, de agitações sociais de âmbito local (como no Peru em 1960-63), ou pode degenerar em um período anárquico de massacre mútuo (como na Colômbia nos anos posteriores a 1948). Este é o ponto crucial da crítica marxista ao anarquismo como estratégia política, quer tal crença nas

---

5 E. Malefakis, *Agrarian Reform and Peasant Revolution in Spain*, New Haven e Londres, 1970. Esta obra deve ser leitura obrigatória para todos os estudiosos da revolução espanhola.

virtudes da militância espontânea em todos os tempos e lugares seja mantida pelos bakuninistas propriamente ditos ou por outros ideólogos. A espontaneidade pode pôr abaixo regimes ou, pelo menos, torná-los impraticáveis, mas não pode fornecer qualquer alternativa viável a uma sociedade mais avançada do que a camponesa arcaica e autossuficiente e, mesmo assim, somente na suposição de que as forças do Estado e da vida econômica moderna simplesmente se afastem e deixem em paz a comunidade local autogovernada. Isto é improvável.

Há várias formas pelas quais um partido ou um movimento revolucionário pode se estabelecer como um regime potencialmente nacional antes da efetiva tomada do poder ou durante a mesma. Os partidos comunistas chinês, vietnamita e iugoslavo puderam fazê-lo no curso de uma prolongada guerra de guerrilhas, da qual emergiram como um poder estatal, ainda que, segundo a experiência do presente século, tal coisa pareça ser exceção. Na Rússia, um partido bolchevista brilhantemente dirigido teve êxito em se estabelecer como líder de uma força política decisiva — a classe operária das capitais e uma parte das forças armadas — entre fevereiro e outubro de 1917, assim como em se estabelecer como o *único* competidor efetivo pelo poder estatal que, então, exerceu tão logo tomou o centro nacional do governo, derrotando — com grandes dificuldades e elevado custo — os exércitos contrarrevolucionários e as resistências locais ou regionais que careciam dessa coordenação. Este foi, essencialmente, o padrão das revoluções francesas vitoriosas entre 1789 e 1848, que se apoiaram na tomada da capital, na derrubada do antigo governo e na sua incapacidade para estabelecer um efetivo centro contrarrevolucionário nacional que oferecesse uma alternativa de poder. Em 1870-74, quando as províncias deixaram de se submeter e um governo alternativo contrarrevolucionário se estabeleceu, a Comuna de Paris foi condenada.

Uma revolução pode se estabelecer durante um período mais prolongado de conflitos aparentemente complexos e obscuros através da combinação de uma aliança de classes razoavelmente estável (sob a hegemonia de uma força social) com certas sólidas bases regionais de poder. Assim, a revolução mexicana emergiu como um regime estável, depois de dez anos de sangrentos conflitos civis, graças à aliança do que se tornaria a burguesia nacional com a (subalterna) classe operária urbana, conquistando o país a partir de uma base de poder estável no norte.[6] Dentro desta estrutura, as concessões necessárias foram feitas às áreas camponesas revolucionárias e aos vários chefes militares virtualmente independentes, de tal forma que se construiu passo a passo um regime nacional estável durante os aproximadamente vinte anos que se seguiram ao estabelecimento da base de Sonora.

A situação mais difícil para a revolução é provavelmente aquela na qual se espera que se desenvolva a partir de uma política de reformas e não pelo choque inicial da crise insurrecional combinada com a mobilização de massas. A queda da monarquia espanhola em 1931 não foi o resultado da revolução social, mas a ratificação pública de uma mudança de opinião muito geral entre as classes políticas da Espanha que se opunham à monarquia. Os novos republicanos poderiam ter sido decisivamente empurrados para a esquerda — mais especificamente em direção à revolução agrária — pela pressão das massas. Mas quando estavam mais suscetíveis a ela e mais a temiam, em 1931, isso não ocorreu. Os socialistas moderados podem ter ou não desejado organizá-la, mas os comunistas e anarquistas, os quais certamente a desejavam, falharam em seus intentos. Não se pode simplesmente culpá- los por seu fracasso. Havia razões evitáveis e outras — talvez predominantemente — inevitáveis pelas quais a "CNT e os aliciadores comunistas em geral se mantiveram tão afastados do estado de ânimo predominante entre os camponeses que ambas as organizações se conservaram primordialmente assentadas em bases urbanas até 1936" (Malefakis). O fato é que "a rebelião camponesa se tornou uma força importante depois de 1933, e não 1931, quando poderia ter sido politicamente mais eficaz". E, depois de 1933, serviu para mobilizar a reação com tanta eficácia quanto as forças da revolução e a longo prazo com eficácia ainda maior. A revolução espanhola foi incapaz de explorar o momento histórico em que a maioria das revoluções

---

6 Desde os dias de Obregon até 1934, os presidentes se originavam, quase sem exceção, do estado de Sonora.

vitoriosas estabelece sua hegemonia: o lapso do tempo durante o qual seus inimigos potenciais ou efetivos estão desmoralizados, desorganizados e indecisos sobre o que devem fazer.

Quando ela irrompeu, encontrou um inimigo mobilizado. Talvez fosse inevitável. Mas ela também se deparou com a batalha pela sobrevivência, que provou ser incapaz de vencer. Provavelmente isto não fosse inevitável. E assim é lembrada, especialmente por aqueles a cujas vidas pertence, como um sonho maravilhoso do que poderia ter sido, uma epopeia de heroísmo, a Ilíada daqueles que eram jovens nos anos 1930. Mas, a menos que se concebam as revoluções como simples sequência de sonhos e epopeias, o tempo de análise deve suceder ao de memórias heroicas.

(1966)

9
REFLEXÕES SOBRE O ANARQUISMO

O RESSURGIMENTO ATUAL DO INTERESSE pelo anarquismo é um fenômeno curioso e à primeira vista inesperado. Há dez anos teria parecido sumamente improvável. Àquela época, o anarquismo, tanto como movimento quanto ideologia, parecia um capítulo definitivamente encerrado no desenvolvimento dos movimentos revolucionários e operários modernos. Como movimento, parecia pertencer ao período pré-industrial e, em todo caso, à era anterior à Primeira Guerra Mundial e à Revolução de Outubro, exceto na Espanha, onde dificilmente pode-se pensar que haja sobrevivido à Guerra Civil de 1936-39. Poder-se-ia dizer que o anarquismo desapareceu com os reis e imperadores a quem seus militantes tão frequentemente tentaram assassinar. Nada parecia capaz de deter ou sequer diminuir a marcha de seu rápido e inevitável declínio, mesmo naquelas partes do mundo em que havia se constituído numa força política importante, como na França, Itália e América Latina. Um investigador cuidadoso que soubesse onde procurar poderia encontrar ainda alguns anarquistas mesmo na década de 1950 e um número muito maior de ex-anarquistas, facilmente reconhecíveis através de sinais como o interesse pelo poeta Shelley. (É um dado muito característico que esta romântica escola de revolucionários tenha sido mais leal do que ninguém, incluídos os críticos literários de seu próprio país, ao mais revolucionário entre os poetas românticos ingleses.) Nessa época, quando tentei estabelecer contato com os ativistas dos círculos anarquistas espanhóis em Paris, foi-me indicado como lugar de encontro um café em Montmartre, perto da Place Blanche, e de certo modo esta reminiscência de um passado já distante de boêmios, rebeldes e vanguardistas parecia por demais característica.

REVOLUCIONÁRIOS | 113

Como ideologia, o anarquismo não declinou de uma forma muito espetacular porque nunca tivera demasiado êxito, pelo menos entre os intelectuais, que são a camada social mais interessada pelas ideias. Provavelmente, sempre houve figuras eminentes no mundo da cultura que se autoproclamaram anarquistas (exceto, curiosamente, na Espanha), mas a maioria delas parece ter sido artistas no sentido mais amplo da palavra ou, como nos casos de Pissaro e Signac, em um sentido estrito. O certo é que o anarquismo nunca teve, entre os intelectuais, uma atração comparável, digamos, ao marxismo, nem sequer antes da Revolução de Outubro. Com a exceção de Kropotkin, não é fácil imaginar um teórico anarquista que pudesse ser lido com verdadeiro interesse por não anarquistas. Parecia não haver, na verdade, espaço intelectual legítimo para a teoria anarquista. Ela compartilhava com o marxismo a crença no comunismo libertário de cooperativas autogestionadas como o objetivo revolucionário final. Os antigos socialistas utópicos pensaram mais profunda e concretamente sobre a natureza de tais comunidades que a maioria dos anarquistas. Nem mesmo a arma mais poderosa do arsenal intelectual dos anarquistas, sua sensibilidade aos perigos da ditadura e burocracia implícitos no marxismo, lhes era peculiar. Este tipo de crítica era feito com igual resultado e maior sofisticação intelectual tanto pelos marxistas "não oficiais" como pelos adversários de todo tipo de socialismo.

Em resumo, o principal atrativo do anarquismo era emocional e não intelectual. Não era, porém, um atrativo insignificante. Quem tenha estudado, ou tenha tido algo a ver com o verdadeiro movimento anarquista, se sentiu profundamente movido pelo idealismo, heroísmo, espírito de sacrifício e religiosidade que tantas vezes ele engendrou, lado a lado com a brutalidade do *Makhnovshchina* ucraniano ou dos pistoleiros fanáticos e incendiários de igrejas na Espanha. O próprio extremismo da rejeição anarquista ao Estado e à organização, a sua total dedicação à causa da destruição da sociedade atual, não poderia deixar de causar admiração, exceto, talvez, entre os que tinham que fazer política ao lado dos anarquistas e sentiam a dificuldade quase insuperável de colaborar com eles. É explicável que a Espanha, a pátria de Dom Quixote, tenha sido sua última fortaleza.

O epitáfio mais comovente que já ouvi dedicado a um terrorista anarquista, morto há alguns anos pela polícia na Catalunha, foi pronunciado por um de seus camaradas, sem o menor senso de ironia: "Quando éramos jovens e a República foi fundada, éramos como cavaleiros medievais, embora também religiosos. Nós ficamos mais velhos, mas ele não. Ele era um *guerrillero* por instinto. Sim, ele era um desses Quixotes que nascem da Espanha."

Admirável, porém sem esperanças. Foi quase certamente a monumental ineficiência do anarquismo que, para a maioria das pessoas da minha geração — aquela que atingiu a maturidade no período da Guerra Civil Espanhola —, determinou a nossa rejeição a ele. Ainda me recordo, nos primeiros dias daquela guerra, da pequena cidade de Puigcerdà, nos Pirineus, uma pequena república revolucionária, repleta de homens e mulheres livres, armas e discussão sem fim. Uns poucos caminhões permaneciam na *plaza*: destinavam-se à guerra; quando alguém sentia vontade de lutar na frente aragonesa ia para os caminhões. Quando um deles lotava, partia para o *front*. Presumivelmente, quando os voluntários desejassem regressar, regressavam. A frase *C'est magnifique, mais ce n'est pas la guerre** deveria ter sido cunhada para tal situação. *Foi* maravilhoso, mas o efeito principal desta experiência sobre mim foi que me custou vinte anos até que estivesse preparado para ver no anarquismo espanhol algo mais que uma trágica farsa.

E o anarquismo foi mais do que isto. No entanto, nenhuma dose de simpatia pode alterar o fato de que ele, como movimento revolucionário, tenha sido ideado quase para o fracasso.

Como escreveu Gerald Brenan, autor do melhor livro sobre a Espanha moderna: uma única greve dos mineiros (socialistas) nas Astúrias afetava mais o governo espanhol do que setenta anos de maciça atividade revolucionária anarquista, que não representava mais que um problema policial rotineiro. (De fato, pesquisas subsequentes mostraram que na época de maior intensidade das explosões de bombas em Barcelona, não chegavam a uma centena os policiais que zelavam pela ordem

---

* "Isto é magnífico, mas não é a guerra." [*N. T.*]

pública naquela cidade e este número não foi notadamente reforçado.) A ineficácia das atividades revolucionárias anarquistas poderia ser amplamente documentada em todos os países onde essa ideologia teve um papel importante na vida política. Não é este o lugar para fazê-lo. Meu objetivo é simplesmente explicar a razão pela qual o ressurgimento do interesse pelo anarquismo hoje parece tão inesperado, surpreendente e — se tivesse que falar francamente — injustificado.

Injustificado, porém não inexplicável. Há duas fortes razões que explicam a moda do anarquismo: a crise do movimento comunista mundial depois da morte de Stalin e o surgimento da insatisfação revolucionária entre estudantes e intelectuais de uma época em que fatores históricos objetivos nos países desenvolvidos não tornam muito provável a revolução.

Para a maioria dos revolucionários, a crise do comunismo é essencialmente a crise da URSS e dos regimes fundados sob seus auspícios na Europa Oriental, isto é, dos sistemas socialistas assim entendidos nos anos entre a Revolução de Outubro e a queda de Hitler. Dois aspectos destes regimes pareciam agora mais vulneráveis à crítica anarquista tradicional do que antes de 1945: a Revolução de Outubro não era mais a única revolução vitoriosa realizada por comunistas e a URSS não estava mais isolada, fraca e ameaçada de destruição, assim como os dois argumentos mais fortes a seu favor — imunidade à crise econômica de 1929 e resistência ao fascismo — perderam sua força depois de 1945.

O stalinismo, essa hipertrofia do Estado ditatorial burocratizado, parecia justificar o argumento bakuniniano de que a ditadura do proletariado se converteria inevitavelmente em simples ditadura e que o socialismo não poderia ser construído sobre tal base. Ao mesmo tempo, a remoção dos piores excessos do stalinismo tornou claro que, mesmo sem expurgos e campos de trabalho, a espécie de socialismo introduzido na URSS estava muito distante daquilo que a maioria dos socialistas tinha em mente antes de 1917, e que os principais objetivos daquele país — rápido crescimento econômico, desenvolvimento científico e tecnológico, segurança nacional etc. — não tinham qualquer relação especial com o socialismo, a democracia ou a liberdade. As nações atrasadas podem considerar a URSS um modelo para escapar ao seu atraso e podem concluir desta e de sua própria experiência que os métodos de desenvolvimento econômico introduzidos e preconizados pelo capitalismo não funcionam em suas condições, ao passo que funcionam as revoluções sociais seguidas de planificação centralizada; mas seu objetivo principal continua sendo o "desenvolvimento". O socialismo é o meio para consegui-lo, não o fim. As nações desenvolvidas, que já gozavam do nível de produção material a que a URSS ainda aspirava, e em muitos casos de muito mais liberdade e variedade cultural para seus cidadãos, dificilmente poderiam considerá-la modelo e quando o fizeram (como na Tchecoslováquia e na República Democrática Alemã), os resultados foram claramente decepcionantes.

Novamente, parecia razoável concluir que este não era o caminho para construir o socialismo. Críticos extremistas — cada vez mais numerosos — concluíram que estes regimes, por mais distorcidos e degenerados que fossem, não eram, de modo algum, socialistas. Os anarquistas estavam entre aqueles revolucionários que sempre haviam sustentado este ponto de vista e suas ideias se tornaram, portanto, mais atrativas. Tanto mais porque o argumento fundamental do período de 1917-45 — segundo o qual a Rússia Soviética, ainda que imperfeita, era o único regime revolucionário vitorioso e a base essencial para o êxito da revolução em qualquer outro lugar — soava muito menos convincente na década de 1950 e, de qualquer forma, pouco ou nada convincente nos anos 1960.

A segunda e a mais poderosa razão para a moda do anarquismo não tem nada a ver com a URSS, exceto na medida em que ficou razoavelmente claro que depois de 1945 o seu governo não mais fomentava a tomada revolucionária do poder em outros países. Ela surgiu das dificuldades dos revolucionários em situações não revolucionárias. Como nos anos anteriores a 1914, também na década de 1950 e começo da de 1960 o capitalismo ocidental se apresentava estável e parecia que assim permaneceria. O argumento mais forte da análise clássica marxista — a inevitabilidade histórica da revolução proletária — perdeu, portanto, sua força, pelo menos nos países desenvolvidos. Se a história parecia não trazer a revolução, como ela poderia ocorrer?

Antes de 1914 e novamente em nossos dias, o anarquismo deu uma aparente resposta. O próprio caráter primitivo de sua teoria tornou-se vantajoso. A revolução chegará porque os revolucionários a desejam com muita paixão e porque rea- lizam constantemente atos de revoltas, um dos quais, mais cedo ou mais tarde, será a fagulha que fará arder o mundo. O atrativo desta simples crença não se encontra em suas formulações mais sofisticadas — embora seja possível dar uma base filosófica a tal voluntarismo extremado (os anarquistas anteriores a 1914 tendiam frequentemente a admirar Nietzsche e Stirner) — ou se funda na psicologia social, como em Sorel. (Não é de todo uma ironia acidental da história que tais justificativas teóricas do irracionalismo anarquista fossem logo adaptadas como justificativas teóricas do fascismo.) A força da crença anarquista reside no fato de que parecia não existir qualquer outra alternativa senão abandonar a esperança da revolução.

Naturalmente, nem antes de 1914 nem hoje foram os anarquistas os únicos voluntaristas revolucionários. Todos os revolucionários devem sempre acreditar na necessidade de tomar a iniciativa e devem negar-se a esperar que os acontecimentos façam a revolução por eles. Em certos momentos — como na era da social-democracia de Kautsky e no período comparável do adiamento da esperança no movimento comunista ortodoxo das décadas de 1950 e 1960 —, uma dose de voluntarismo é particularmente salutar. Lenin foi acusado de blanquismo, assim como o foram Guevara e Régis Debray, estes de certa forma mais justificadamente. À primeira vista, estas versões não anarquistas de revolta contra a "inevitabilidade histórica" parecem muito mais atrativas, uma vez que não negam a importância dos fatores objetivos no processo da revolução, da organização, da disciplina, da estratégia e da tática.

Entretanto, e paradoxalmente, os anarquistas podem hoje ter uma vantagem eventual sobre estes revolucionários mais sistemáticos. Recentemente, tornou-se evidente que a análise em que a maioria dos observadores inteligentes baseia suas previsões políticas no mundo deve ser bastante deficiente. Não há outra explicação para o fato de que vários dos acontecimentos mais espetaculares e de maior alcance na recente política mundial não apenas deixaram de ser previstos, mas foram tão inesperados que, à primeira vista, pareceram quase inacreditáveis. Os acontecimentos de maio de 1968 na França são provavelmente o exemplo mais impressionante. Quando a análise e a previsão racionais levam tantos por caminhos equivocados, inclusive a maioria dos marxistas, a crença irracional de que tudo é possível em qualquer momento parece gozar de certas vantagens. Afinal, em 1º de maio de 1968, nem mesmo em Pequim ou Havana, esperava-se seriamente que dentro de poucos dias seriam erguidas barricadas em Paris, logo seguidas pela maior greve geral de que se tem memória. Na noite de 9 de maio não foram apenas os comunistas oficiais que se opuseram à construção de barricadas, mas também muitos estudantes trotskistas e maoistas, aparentemente pela justa razão de que se a polícia realmente tivesse ordens para atirar, o resultado seria um massacre rápido, porém substancial. Os que seguiram em frente sem hesitar foram os anarquistas, os anarquizantes, os *situacionistas*. Há momentos em que simples lemas revolucionários ou napoleônicos, como *de l'audace, encore de l'audace** ou *on s'engage et puis on voit,*** funcionam de fato. Aquele foi um desses momentos; pode-se mesmo dizer que foi uma das poucas ocasiões em que somente a galinha cega tem condições de encontrar o grão de milho.

Não há dúvida de que tais momentos são estatisticamente raros. O fracasso dos movimentos de guerrilha latino-americanos e a morte de Guevara recordam que desejar uma revolução, ainda que ardorosamente, ou iniciar uma guerra de guerrilhas não é o bastante. Não há dúvida de que, mesmo em Paris, os limites do anarquismo se tornaram evidentes em poucos dias. Mas é inegável o fato de que uma ou duas vezes o puro voluntarismo tenha produzido resultados. Inegavelmente, isto aumentou a atração pelo anarquismo.

Por isso, o anarquismo é hoje, uma vez mais, uma força política. Provavelmente não tem qualquer base de massas fora do movimento de estudantes

---

* Audácia, mais audácia. [*N. T.*]
** Primeiro ação, depois reflexão. [*N. T.*]

e intelectuais, e mesmo neste influi mais como corrente constante de "espontaneidade" e ativismo do que através do número relativamente pequeno de pessoas que se dizem anarquistas. Portanto, vale a pena, uma vez mais, fazer a seguinte pergunta: qual é o valor da tradição anarquista hoje?

Em termos de ideologia, teoria e programas, o anarquismo permanece marginal. É uma crítica dos perigos do autoritarismo e da burocracia em Estados, partidos e movimentos, mas isto é primordialmente um sintoma de que esses perigos são amplamente reconhecidos. Se todos os anarquistas houvessem desaparecido da face da terra, a discussão sobre tais problemas não seria muito diferente. O anarquismo também sugere uma solução em termos de democracia direta e de pequenos grupos autogeridos, mas não penso que suas propostas para o futuro tenham sido até aqui nem muito válidas, nem objeto de suficiente reflexão. Mencionem-se apenas duas considerações. Primeiro, as pequenas democracias diretas autogeridas não são, infelizmente, necessariamente libertárias. De fato, elas podem funcionar apenas porque estabelecem um consenso tão poderoso que os que não compartilham dele se abstêm voluntariamente de expressar seus desacordos ou, alternativamente, porque os que não compartilham o ponto de vista predominante abandonam a comunidade ou são expulsos. Há muitas informações a respeito do funcionamento de tais comunidades pequenas, as quais não vi discutidas de forma realista na literatura anarquista. Segundo, tanto a natureza da economia social como da tecnologia científica modernas suscitam problemas de complexidade considerável para quem vê o futuro como um mundo de pequenos grupos autogeridos. Estes problemas podem não ser insolúveis mas infelizmente não se resolvem mediante o simples apelo à abolição do Estado e da burocracia nem pela desconfiança da tecnologia e das ciências naturais, que tão frequentemente acompanham o anarquismo moderno.[1] É possível construir um modelo teórico de anarquismo liber-

---

1 Uma ilustração desta complexidade pode ser tomada da história do anarquismo, extraída do valioso estudo de J. Martinez Alier sobre os trabalhadores sem terra de Andaluzia, em 1964-65. A partir do questionamento cuidadoso do autor, torna-se claro que os trabalhadores sem terra de Córdoba, base tradicional de massas do anarquismo rural espanhol, não mudaram suas ideias desde 1936, exceto em um ponto: as atividades econômicas e sociais, mesmo do regime

tário compatível com a moderna tecnologia científica, mas infelizmente não será socialista. Estará muito mais próximo das concepções do Sr. Goldwater e de seu assessor econômico, o professor Milton Friedman, de Chicago, do que das concepções de Kropotkin. Porque (como Bernard Shaw observou há muito em seu panfleto sobre as *Impossibilidades do Anarquismo)* as versões extremadas do liberalismo individualista são, logicamente, tão anarquistas quanto Bakunin.

Deve ficar claro que, em minha opinião, o anarquismo não tem qualquer contribuição significativa a fazer à teoria socialista, embora seja um elemento crítico útil. Se os socialistas desejam teorias sobre o presente e o futuro, terão que procurar em outra parte, em Marx e seus seguidores, e provavelmente também nos primeiros socialistas utópicos, como Fourier. Para ser mais preciso: se os anarquistas desejam contribuir de forma significativa, terão que desenvolver uma reflexão muito mais séria do que a maioria deles desenvolveu até recentemente.

A contribuição anarquista à estratégia e tática revolucionárias não pode ser facilmente descartada. É verdade que os anarquistas provavelmente não farão revoluções vitoriosas no futuro, assim como não o fizeram no passado. Para usar uma frase de Bakunin sobre os camponeses: eles podem não ser úteis no primeiro dia de uma revolução, mas quase certamente serão um obstáculo no segundo. Não obstante, historicamente, sua insistência sobre a espontaneidade tem muito a nos ensinar, pois a grande fraqueza dos revolucionários formados em quaisquer das versões derivadas do marxismo clássico consiste em sua tendência em imaginar as revoluções como se fossem ocorrer sob condições que podem ser previamente especificadas, como processos que podem ser previstos, planejados e organizados, pelo menos em suas linhas gerais. Mas, na prática, não é isto o que ocorre.

Ou, melhor dito, a maioria das grandes revoluções que ocorreram e foram vitoriosas começou como "acontecimentos" mais que como produções planejadas. Às vezes, surgiram rápida e inesperadamente a partir do que pareciam manifestações comuns de massas; outras nasceram da resistência frente a ações de seus inimigos; às vezes, de outras maneiras

---

de Franco, os tinham convencido de que o Estado não pode simplesmente ser rejeitado, mas tem algumas funções positivas. Isto pode ajudar a explicar por que já não parecem anarquistas.

— mas raramente assumiram a forma esperada pelos movimentos revolucionários organizados, mesmo quando estes haviam predito a ocorrência iminente de uma revolução. Esta é a razão por que a prova de grandeza dos revolucionários tem sido sempre sua capacidade de descobrir as características novas e inesperadas das situações revolucionárias e adaptar sua tática às mesmas. Como o surfista, o revolucionário não cria as ondas em que flutua, mas se equilibra sobre elas. Mas, diferentemente do surfista — e aqui teorias revolucionárias sérias divergem da prática anarquista — ele, mais cedo ou mais tarde, deixa de flutuar sobre as ondas e deve controlar sua direção e movimento.

O anarquismo tem lições valiosas a ensinar por que tem sido — na prática, mais do que na teoria — excepcionalmente sensível aos elementos espontâneos nos movimentos de massas. Qualquer movimento amplo e organizado pode ordenar a realização de uma greve ou de uma demonstração, e se for suficientemente amplo e disciplinado, pode fazer uma manifestação que produza uma impressão considerável. Entretanto, há uma diferença notável entre a simbólica greve geral da CGT de 13 de maio de 1968 e os dez milhões que ocuparam seus postos de trabalho poucos dias mais tarde sem uma diretiva nacional. A própria fragilidade organizacional dos anarquistas e dos movimentos anarquizantes os forçou a explorar os meios de descobrir ou assegurar o consenso espontâneo entre militantes e massas que produz ação. (Reconhecidamente, isto também os levou a experimentar táticas ineficazes, tais como a do terrorismo individual ou de pequenos grupos, que podem ser praticadas sem mobilizar massas e para as quais, incidentalmente, os defeitos organizacionais do anarquismo são um sério obstáculo.)

Os movimentos estudantis dos últimos anos têm sido como os movimentos anarquistas, pelo menos em seus estágios iniciais, na medida em que não consistem em organizações de massas, mas em pequenos grupos de militantes que mobilizam as massas de seus colegas de vez em quando. Eles têm sido obrigados a se tornar sensíveis ao estado de ânimo destas massas, aos momentos e questões que permitem a mobilização das mesmas.

Nos Estados Unidos, por exemplo, pertencem a uma espécie primitiva de movimento e suas fraquezas são evidentes: falta de teoria, de perspectivas estratégicas estabelecidas em comum e de capacidade de rápida reação tática em escala nacional. Ao mesmo tempo, é duvidoso se qualquer outra forma de mobilização poderia ter criado, mantido e desenvolvido, de forma tão poderosa, um movimento estudantil nacional nos Estados Unidos nos anos 1960. Sem dúvida, isto não poderia ser obra dos pequenos grupos disciplinados de revolucionários da velha tradição — comunista, trotskista ou maoista — que buscam constantemente impor suas ideias e perspectivas particulares às massas e que, ao atuar assim, mais frequentemente se isolam do que as mobilizam.

Estas são as lições a serem aprendidas não tanto dos anarquistas de hoje, cuja prática raramente alcança grandes dimensões, como do estudo da experiência histórica dos movimentos anarquistas. São particularmente valiosas para a situação atual, em que novos movimentos revolucionários sempre têm que ser construídos sobre as ruínas dos anteriores e a partir delas. Não nos enganemos: a impressiva "nova esquerda" dos anos recentes é admirável, mas em muitos aspectos não somente não é nova, como também é uma regressão a uma forma anterior mais débil e menos desenvolvida de movimento socialista relutante ou sem capacidade de se beneficiar dos grandes empreendimentos da classe operária internacional e dos movimentos revolucionários do século compreendido entre o Manifesto Comunista e a Guerra Fria.

As táticas derivadas da experiência anarquista são um reflexo desta debilidade e relativo primitivismo, ainda que, em tais circunstâncias, sejam as melhores a serem aplicadas por algum tempo. O importante é saber quando os seus limites são alcançados. O que aconteceu na França em maio de 1968 se pareceu menos com 1917 do que com 1830 ou 1848. É estimulante descobrir que nos países desenvolvidos da Europa Ocidental é novamente possível algum tipo de situação revolucionária, mesmo que momentânea. Mas seria também insensato esquecer que 1848 é o grande exemplo de uma revolução europeia espontânea vitoriosa e, ao mesmo tempo, o de seu rápido e absoluto fracasso.

(1969)

III
Marxismo

III
MARXISMO

10

KARL MARX E O MOVIMENTO OPERÁRIO INGLÊS

A CONFERÊNCIA COMEMORATIVA DE MARX, que tenho a honra de dar este ano, rememora a morte de Karl Marx, razão por que é realizada em 15 de março. Entretanto, este ano rememoramos não apenas o 85° aniversário de sua morte, mas também o 150° de seu nascimento, assim como estamos a poucos meses do centenário da publicação do primeiro volume de *O Capital*, seu mais importante trabalho teórico, e próximos do 50° aniversário da grande Revolução de Outubro, o resultado prático de maior alcance de todos os seus trabalhos. Há, pois, vários aniversários, todos relacionados com Karl Marx, que podemos celebrar conjuntamente nesta ocasião. Entretanto, talvez haja uma razão ainda mais oportuna pela qual esta noite seja uma boa ocasião para nos lembrarmos da vida e da obra deste grande homem — daquele cujo nome é hoje tão conhecido de todos que já não precisa ser descrito nem mesmo na placa comemorativa que o Conselho da Grande Londres finalmente colocou na casa, em Soho, onde viveu pobremente e onde agora os fregueses de um conhecido restaurante ceiam com prodigalidade.

Trata-se de uma razão que Marx, com o seu sentido da ironia da história, teria apreciado. Enquanto nos reunimos aqui esta noite, os bancos e as bolsas de valores estão fechados; os banqueiros estão se encontrando em Washington para atestar a crise do sistema de comércio e de pagamentos internacionais no mundo capitalista e evitar, se puderem, a queda do dólar todo-poderoso. Não é impossível que esta data vá para os livros de história assim como foi a data de 24 de outubro de 1929, que assinala o fim do período da estabilidade capitalista nos anos 1920. É inquestionável que os acontecimentos da semana passada provam, com maior brilho que qualquer argumento, a instabilidade essencial do

REVOLUCIONÁRIOS | 127

capitalismo; sua incapacidade, até aqui, de superar suas contradições internas em escala mundial. O homem que dedicou sua vida para demonstrar as contradições internas do capitalismo apreciaria a ironia de que a crise do dólar atinja acidentalmente seu ponto culminante precisamente no aniversário de sua morte.

O tema para esta noite, que foi escolhido muito antes desta crise, é Marx e o operariado inglês ou, em outras palavras, o pensamento de Marx sobre o movimento operário inglês e o que este movimento deve a ele. Marx não refletiu muito, pelo menos nos últimos anos de sua vida, sobre a questão e sua influência sobre o movimento, embora significativa, foi menor do que ele ou os marxistas posteriores teriam desejado. Portanto, o nosso tema é infenso à retórica habitual, não porque um historiador esteja especialmente qualificado para abordá-lo, mas porque oferece uma ocasião para uma análise realista, e tentarei fazê-la.

Qual era o pensamento de Marx sobre a classe trabalhadora inglesa e seu movimento operário?

Entre a época em que ele se tornou um comunista e a sua morte, o operariado inglês atravessou duas fases: a fase revolucionária do período cartista e a fase do reformismo moderado que se seguiu àquela, nas décadas de 1850, 1860 e 1870 do século passado. Na primeira fase, o movimento operário inglês esteve na vanguarda mundial enquanto organização de massas, consciência política de classe, desenvolvimen- to de ideologias anticapitalistas (como as primeiras formas de socialismo) e militância. Na segunda fase, esteve ainda na vanguarda mundial enquanto uma forma especial de organização, isto é, o sindicalismo, e provavelmente também enquanto uma forma mais estreita de consciência de classe, que consiste simplesmente em reconhecer a classe trabalhadora como separada, cujos membros têm interesses diferentes (ainda que não necessariamente opostos) daqueles de outras classes. Entretanto, havia abandonado o esforço e talvez mesmo a esperança de derrubar o capitalismo e aceitava não apenas a existência desse sistema, procurando simplesmente melhorar a condição de seus membros em seu interior, mas também aceitava cada vez mais — com certas exceções específicas — as teorias liberal-burguesas sobre a natureza deste melhoramento.

Havia deixado de ser revolucionária, e o socialismo havia virtualmente desaparecido de seu seio.

Não há dúvida de que este retrocesso levou mais tempo do que às vezes pensamos: o cartismo não morreu em 1848, mas permaneceu ativo e importante durante vários anos depois. Sem dúvida, examinando os meados da era vitoriana com a sabedoria da experiência adquirida posteriormente, podemos observar que o retrocesso ocultava elementos de um novo avanço. Graças à experiência daquelas décadas, o movimento operário revitalizado da década de 1890 e do nosso próprio século seria muito mais firme e permanentemente organizado e consistiria em um "movimento" real mais do que uma sucessão de ondas de militância. Entretanto, não pode haver dúvidas de que se tratou de um retrocesso; e, de qualquer modo, Marx não viveu o bastante para ver o ressurgimento subsequente.

Marx e Engels depositavam grandes esperanças no movimento operário inglês da década de 1940. Mais do que isto, suas esperanças de uma revolução europeia dependiam em grande medida das mudanças no país capitalista mais avançado, o único com um movimento consciente do proletário em nível de massas. Isto não ocorreu. A Inglaterra permaneceu relativamente imune à revolução de 1848. Entretanto, ainda durante algum tempo, Marx e Engels continuaram a esperar por um ressurgimento dos movimentos na Inglaterra e no continente. Em princípios da década de 1850, ficou claro que uma nova era de expansão capitalista começara, tornando a revolução muito menos provável; e quando nem sequer a grande crise mundial seguinte — a de 1857 — levou de fato a um renascimento do cartismo, tornou-se óbvio que já não podiam esperar muito do movimento operário inglês. E, de fato, não esperaram muito dele durante o resto da vida de Marx e suas referências ao movimento expressam uma crescente decepção. Marx e Engels não foram, evidentemente, os únicos a expressar este desapontamento. Se ambos deploraram a "falta de brio dos velhos cartistas" no movimento da década de 1860, o mesmo fizeram os sobreviventes não marxistas do período heroico, como Thomas Cooper.

Duas observações são, talvez, dignas de nota ao tratarmos esta questão. A primeira é que esta "aparente contaminação burguesa dos operários ingleses",[1] este "aburguesamento do proletariado inglês",[2] fará muitos de nós lembrar o que tem ocorrido ao movimento operário inglês durante o período ainda mais prolongado de expansão e prosperidade capitalistas que estamos vivendo. Marx e Engels foram, evidentemente, cuidadosos em evitar a superficialidade dos sociólogos acadêmicos atuais, que pensam que "aburguesamento" significa a conversão dos trabalhadores em cópias modestas da classe média, uma espécie de miniburguesia. Não era assim, e Marx o sabia. Tampouco acreditou, um só momento, que a expansão e a prosperidade de que muitos trabalhadores indubitavelmente se beneficiavam haviam dado lugar a uma "sociedade afluente", da qual a pobreza fora banida ou estava prestes a sê-lo.

Na verdade, algumas das passagens mais eloquentes do primeiro volume de *O Capital* (cap. 23, seção 5) tratam precisamente da pobreza daqueles anos de esplendor capitalista na Inglaterra, conforme refletida nos inquéritos parlamentares da época. Entretanto, Marx reconheceu a adaptação do movimento operário ao sistema burguês, mas a considerava uma fase histórica e, de fato, como sabemos, foi uma fase temporária. Havia desaparecido da Inglaterra um movimento operário socialista, mas ele iria reaparecer.

A segunda observação, que também tem sua relevância para a época atual, é que os meados da era vitoriana não levaram Marx a se tornar um fabiano ou um revisionista bernsteiniano (que é o mesmo que um fabiano em roupagem marxista). O que fizeram foi alterar suas perspectivas estratégicas e táticas. Podem tê-lo levado a ser pessimista sobre as perspectivas a curto prazo do movimento da classe operária na Europa Ocidental, especialmente depois de 1871, mas não a abandonar a convicção de que a emancipação da espécie humana era possível, nem de que deixaria de fundar-se no movimento proletário. Ele era e continuou a ser um socialista revolucionário, não porque tenha negligenciado as tendências contrárias ou subestimado suas forças — não tinha quaisquer

---

1 Marx a Engels, 16 de abril de 1863.

2 Engels a Marx, 7 de outubro de 1858.

ilusões sobre o movimento operário inglês nos anos de 1860 e 1870 —, mas porque não as considerava historicamente decisivas.

Como explicava Marx esta mudança no caráter do movimento operário inglês? Em geral, pelo novo alento que a expansão econômica posterior a 1851 deu ao capitalismo — isto é, pelo pleno desenvolvimento do mercado capitalista mundial naquelas décadas —, porém mais especificamente pela dominação mundial ou monopólio mundial do capitalismo britânico. Esta tese aparece primeiramente na correspondência de Marx e Engels por volta de 1858 — depois que perderam as esperanças que depositavam na crise de 1857 — e é repetida várias vezes a partir de então, principalmente nas cartas de Engels, como merece ser assinalado. Consequentemente, Engels também esperava que o fim deste monopólio mundial trouxesse uma radicalização do movimento operário inglês, e na década de 1980, de fato, observou repetidas vezes que ambos os fenômenos estavam ocorrendo ou que podiam ocorrer.

A passagem mais conhecida a respeito é provavelmente aquela da introdução à primeira tradução inglesa do volume I de *O Capital* (escrita em 1886), embora a sua correspondência daqueles anos retornasse a este argumento reiteradamente, com espírito quase sempre otimista, algumas vezes para explicar por que o movimento socialista ressurgido na Inglaterra ainda não progredia suficientemente. Porque Engels era, talvez, mais otimista nas suas expectativas políticas do que Marx e, talvez, também um pouco mais inclinado do que seu camarada a considerar que as mudanças econômicas trazem inevitavelmente consequências políticas. Tinha razão, naturalmente, em princípio. A chamada Grande Depressão de 1873-96 assinalou o fim do monopólio mundial inglês e também o renascimento de um movimento operário socialista. Por outro lado, ele evidentemente subestimou tanto a capacidade do capitalismo como um todo de continuar sua expansão, como a capacidade do capitalismo inglês de se proteger contra as consequências políticas e sociais de seu relativo declínio através do imperialismo no exterior e de um novo tipo de política interna.

O próprio Marx dedicou menos tempo — pelo menos depois de 1850 — à discussão destas perspectivas econômicas amplas e mais tempo às considerações das implicações políticas da crescente fragilidade do operariado inglês. Seu pensamento fundamental era que:

> A Inglaterra, como metrópole do capital mundial e como o país que até agora dominou o mercado mundial, é, por enquanto, o país mais importante para a revolução da classe operária; mais ainda, é o único país cujas condições materiais para esta revolução se desenvolveram até um certo grau de maturidade. Portanto, a tarefa mais importante da Internacional é a de acelerar a revolução social na Inglaterra.[3]

Mas se a classe operária inglesa possuía os requisitos materiais para a revolução,[4] não tinha a disposição de fazê-la, isto é, de usar sua força política para tomar o poder, como poderia ter feito em qualquer momento depois da reforma parlamentar de 1867. Talvez devêssemos acrescentar, de passagem, que esta via pacífica para o socialismo, em cuja possibilidade para a Inglaterra Marx e Engels insistiram em várias oportunidades depois de 1870,[5] não era uma alternativa à revolução, mas simplesmente uma maneira de "suprimir legalmente as leis e instituições que obstruem o desenvolvimento da classe operária" em países de democracia burguesa — possibilidade que evidentemente não existia em países com constituições não democráticas. Tais mudanças não removeriam os obstáculos que estavam no caminho da classe operária — que não assumiam a forma de leis e instituições como, por exemplo, o poder econômico da burguesia —, e podiam facilmente se transformar em revolução violenta em consequência da insurreição dos beneficiários do velho *status quo*; a questão era que, se isto ocorresse, a burguesia apareceria como rebelde contra um governo legal, como (para citar os próprios exemplos de Marx) o sul contra o norte na Guerra Civil Americana, os contrarrevolucionários na Revolução Francesa e — podemos acrescen-

---

3 Marx a Meyer e Vogt, 9 de outubro de 1870.

4 Marx, *Confidential Circular* 1870 (Werke. vol. 16, p. 415).

5 Marx, *Speech after The Hague Congress* 1872 (*Werke* vol. 18, p. 160); Marx, *Konspekt der Debatten uber das Sozialistengesetz* (K. Marx-F. Engels, *Brief an A. Bebel., W. Liebknecht, K. Kautsky und Andre*, I, p. 516); F. Engels, prefácio à tradução inglesa do volume I de *O Capital*.

tar — na Guerra Civil Espanhola de 1936-39. O argumento de Marx não diz respeito a qualquer escolha ideal entre a violência e a não-violência ou gradualismo e revolução, mas ao uso realista de tais possibilidades conforme se apresentavam ao movimento operário ante cada situação concreta. Destas, numa democracia burguesa, o parlamento constitui, claramente, uma possibilidade fundamental.

Mas a classe operária inglesa não estava obviamente preparada para fazer uso de quaisquer destas possibilidades, mesmo para formar um partido operário independente ou inspirar um comportamento político independente nos trabalhadores que, individualmente, conseguiam se eleger para o parlamento. Sem esperar que as tendências a longo prazo do processo histórico mudassem a situação, havia várias coisas a fazer, e um dos grandes méritos dos escritos de Marx é mostrar que os comunistas podem e devem evitar tanto o erro de esperar que a história aconteça por si mesma quanto o erro de optar por métodos não históricos, tais como o anarquismo bakuniniano e os atos de terrorismo carentes de sentido.

Em primeiro lugar, era essencial educar a classe trabalhadora dando-lhe consciência política "através de uma agitação contínua contra a atitude hostil demonstrada pelas classes dominantes em relação à participação dos operários na política",[6] isto é, através da criação de situações que pusessem em evidência esta hostilidade. Isto poderia implicar, evidentemente, a organização de confrontos com a classe dominante, que a levaria a abandonar sua aparência simpática. Portanto, Marx acolheu de bom grado a brutalidade policial durante as manifestações pela reforma de 1866: a violência da classe dominante poderia proporcionar "uma educação revolucionária", contanto que, evidentemente, isolasse a polícia e não os que a combatiam. Marx e Engels foram severos a respeito das ações terroristas dos fenianos em Clerkenwell, que tiveram o efeito contrário.

Em segundo lugar, era essencial aliar-se com todos os grupos operários não reformistas. Esta é a razão por que, como escreveu a Bolte

---

6 Marx a Bolte, 23 de novembro de 1871.

(23 de novembro de 1871), colaborou com os seguidores de Bronterre O'Brien, relíquias do velho socialismo dos dias do cartismo, no Conselho da Internacional:

> A despeito de suas ideias loucas, eles constituem um contrapeso aos sindicalistas. São mais revolucionários... menos nacionalistas e completamente imunes a qualquer forma de corrupção burguesa. Não fora isto, deveríamos tê-los expulsado há muito tempo.

Entretanto, a fórmula mais importante de Marx para revolucionar a situação inglesa foi através da Irlanda, isto é, através dos meios indiretos de apoio à revolução colonial e, assim, destruir o principal laço que unia os operários ingleses à sua burguesia. Originariamente, como Marx admitiu, ele esperava que a Irlanda fosse libertada mediante a vitória do proletariado inglês.[7] A partir do final dos anos 1860, ele assumiu o ponto de vista contrário, isto é, que as revoluções em países coloniais e atrasados aconteceriam primeiro e elas mesmas revolucionariam as metrópoles. (É interessante observar que, na mesma época, ele começou a acalentar esperanças de uma revolução na Rússia, fato que o animou em seus últimos anos de vida.)[8] A Irlanda serviu como limitação de dois modos: dividindo a classe operária inglesa segundo linhas raciais e dando ao operário inglês a ideia de um aparente interesse comum com seus dominadores mediante a exploração de terceiros. Este foi o sentido da famosa afirmação de Marx de que "uma nação que oprime outra não pode ela própria ser livre". A Irlanda foi, portanto, num dado momento, a chave para a Inglaterra, e não só para ela, mas também para o avanço do progresso geral do mundo:

> Se devemos acelerar o desenvolvimento social da Europa, temos que acelerar a catástrofe da Inglaterra oficial (isto é, de sua classe dominante). Isto requer um golpe na Irlanda, que é o ponto mais fraco da Grã-Bretanha. Se

---

7 Marx a Engels, 10 de dezembro de 1869.

8 Marx a Laura e Paul Lafargue, 5 de março de 1870.

a Irlanda for perdida, o "império" britânico desaparece e a luta de classes na Inglaterra, que até agora esteve sonolenta e vagarosa, assumirá formas mais agudas. E a Inglaterra é a metrópole dos capitalistas e dos proprietários de terra do mundo inteiro.

Dediquei algum tempo a detalhar a posição de Karl Marx frente ao movimento operário inglês — principalmente nos anos 1860 e princípios da década seguinte, quando se encontrava estreitamente envolvido com ele através da Internacional. Naquela época, ele escreveu sobre o movimento não tanto como um historiador mas como um político preocupado com questões de estratégia e tática e que abordava situações políticas concretas. A situação da década de 1860 se foi para sempre e ninguém reivindicará, muito menos o próprio Marx, que o que disse em detalhes sobre aquela situação se aplica a qualquer outro período. Por outro lado, é sempre instrutivo ver como atua um mestre em estratégia e tática — e devemos lembrar que, como Engels gostava de recordar, Marx foi um mestre da tática nos raros períodos em que teve oportunidade de sê-lo.

Não obstante, ele não foi capaz de "eletrizar novamente o movimento operário inglês" e este fracasso, conforme percebeu, condenou o movimento internacional a esperar durante muito mais tempo; e quando o movimento ressurgiu, a Inglaterra e a classe operária inglesa já não mais desempenhavam nele o papel potencialmente fundamental que teriam desempenhado enquanto a Inglaterra foi "a metrópole dos capitalistas e dos proprietários de terra do mundo inteiro". Tão logo percebeu que a estratégia da década de 1860 falhara, Marx deixou de se preocupar muito com o movimento operário inglês. Entretanto, neste ponto, podemos logicamente abordar a outra metade da questão sobre Marx e o operariado inglês, ou seja, os efeitos que Marx e seus ensinamentos tiveram no movimento operário deste país.

Primeiramente, sejamos claros quanto aos limites ou o que provavelmente constituíram os limites historicamente inevitáveis desta influência. Ela provavelmente não produziria um movimento operário revolucionário num país onde faltavam a experiência e a tradição revolucionárias, e que não vivera situações — nem àquela época nem mais tarde — que pudessem ser qualificadas mesmo vagamente como revolucionárias ou pré-revolucionárias. Provavelmente não produziria um movimento de massas inspirado e organizado pelo marxismo, porque quando o marxismo apareceu em cena já existia um movimento operário poderoso, bem organizado, politicamente influente, em escala nacional e sob a forma de sindicatos, cooperativas de consumo e líderes liberal-trabalhistas. O marxismo não precedeu o movimento operário inglês, nem mesmo foi contemporâneo dele. Surgiu quando já havia transcorrido um terço da existência deste último, contando de suas origens até o presente. É inútil nos voltarmos para o exterior e observar que o marxismo teve ou tem uma participação muito maior nos movimentos operários de alguns países do que no nosso porque, como a história não se desenvolve uniformemente, não podemos esperar os mesmos acontecimentos em todos os lugares. A peculiaridade da Inglaterra reside em que é a sociedade capitalista mais antiga, durante longo tempo a mais próspera e dominante, e quase certamente a mais estável e que sua burguesia teve que chegar a bons termos com uma população majoritariamente proletária muito antes do que qualquer outra. A influência do marxismo tem sido inevitavelmente limitada por estas circunstâncias.

Por outro lado, poderíamos esperar que o marxismo desempenhasse um papel importante na configuração do novo — ou renovado — estágio da formação da consciência de classe dos trabalhadores ingleses que os levou a perder a confiança na viabilidade e permanência do capitalismo e a depositar suas esperanças numa nova sociedade — o socialismo. Poderíamos esperar que desempenhasse um papel importante na formação da nova ideologia, da estratégia e tática do movimento operário socialista. Poderíamos esperar que criasse núcleos de liderança, vanguardas políticas se se deseja — aqui uso o termo em um sentido geral e não somente no sentido leninista específico —, mesmo que resultassem incertos e imprevisíveis sua extensão ou importância, assim como o papel que tivessem no conjunto do movimento. Em outras palavras, poderíamos esperar que o marxismo tivesse uma influência significativa, ainda que certamente não decisiva, em moldar o movimento operário inglês do século XX. É lastimável que isto não tenha ocorrido, mas trata-se de outra questão. Podemos, talvez, estar mais conformados com este papel relativamente modesto do marxismo se observarmos alguns movimentos europeus em que sua influência foi, inicialmente, muito maior, de tal modo que todo o movimento operário adotou a forma de partidos marxistas social-democratas de massas, que, entretanto, eram basicamente tão moderados e reformistas quanto o inglês, se não mais — como, por exemplo, nos países escandinavos.

Porém, nos dois sentidos que apontei, a influência de Marx foi indubitavelmente grande — muito maior do que habitualmente se pensa. Os ideólogos do trabalhismo de direita têm procurado, desesperadamente, outros fundadores do socialismo inglês, desde John Wesley aos fabianos, mas sua procura tem sido em vão. O metodismo, em particular, e o protestantismo não conformista, em geral, têm sem dúvida influenciado muito o movimento operário inglês e em alguns casos especiais, como o dos trabalhadores rurais e o de alguns mineiros, proporcionaram também uma estrutura de organização e um quadro de liderança, mas sua contribuição para aquilo que o movimento cogitou e tentou alcançar — para o seu socialismo — foi mínima. A contribuição de Marx foi essencial, ainda que apenas pelo simples fato de que a sua é a única análise socialista que resistiu à prova do tempo. As formas inglesas arcaicas de socialismo — owenismo, o'brienismo, etc. — não resistiram, embora uma análise essencialmente "agrária" do capitalismo permanecesse influente durante longo tempo. O fabianismo, na medida em que possuía uma análise específica do capitalismo (por exemplo, a teoria econômica dos *Ensaios Fabianos*), jamais se desenvolveu. Ele sobreviveu e se tornou influente apenas como uma formulação mais "moderna" do que os líderes operários moderados já haviam feito, efetuando reformas parciais na estrutura do capitalismo.

Na medida em que o movimento operário inglês desenvolveu uma teoria sobre o funcionamento do capitalismo — sobre a natureza da exploração capitalista, as suas contradições internas, as flutuações da economia capitalista tais como as crises, as causas do desemprego, as tendências do desenvolvimento capitalista a longo prazo, e entre elas a mecanização, a concentração econômica e o imperialismo —, estas ideias se baseavam nos ensinamentos de Marx, ou eram aceitas sempre que coincidissem com eles ou para eles convergissem.

Na medida em que o movimento operário inglês desenvolveu um programa para o socialismo — baseado na socialização dos meios de produção, distribuição e troca e, bem mais tarde, na planificação — foi uma vez mais à base de um marxismo simplificado. Não afirmo que toda a ideologia do movimento tivesse este fundamento. É evidente, por exemplo, que algumas de suas partes muito importantes — como a posição em questões internacionais e de guerra ou paz —, se fundavam, substancialmente, em uma tradição liberal-radical mais antiga e poderosa. Tampouco afirmo que a ideologia de todas as seções do movimento fossem assim formuladas. Seus líderes de direita, especialmente quando se aproximavam de um ou outro modo do governo, procuraram sempre alguma fonte alternativa de inspiração econômica extraída do liberalismo burguês — seja na forma da ortodoxia do livre-comércio dos liberal-trabalhistas e Philip Snowden, do marginalismo do tipo LSE dos Primeiros Fabianos ou da análise keynesiana dos ideólogos do Partido Trabalhista a partir de 1945. Mas se descermos às suas raízes — aos homens e mulheres que pediam votos nas eleições, que arrecadavam contribuições e lideravam os movimentos reivindicativos em nível de oficina e fábrica etc. —, sua teoria, e muito frequentemente sua prática, eram muito semelhantes àquelas dos membros das organizações oficialmente marxistas e vice-versa. Não digo que houvessem assimilado esta teoria lendo *O Capital* ou mesmo *Salários, Preços e Lucros* do mesmo modo que essa espécie de subfreudianismo, base das conversas dos americanos sobre problemas pessoais, não se funda necessariamente em uma leitura de Freud. Sua teoria derivava de Marx na medida em que eram socialistas, porque a teoria básica do socialismo, pelo menos nos aspectos que apontei atnteriormente, era a formulada de um modo marxista e em geral, há que admiti-lo, muito simplificado. De uma forma ou de outra, isto se incorporara à sua vida política.

Era natural, porque o marxismo — ou, de qualquer forma, alguma versão simplificada do mesmo — foi a primeira espécie de socialismo a chegar à Inglaterra durante o renascimento dos anos 1880, o mais persistentemente propagado aos quatro cantos pelos pioneiros dedicados e o ensinado com mais persistência e em maior número de lugares através de milhares de cursos dirigidos por organizações socialistas, escolas operárias ou conferencistas independentes; e porque não tinha qualquer rival efetivo no terreno da análise das falhas do capitalismo. Era também natural porque as organizações marxistas formavam e ainda formam, sem dúvida, as escolas mais importantes para os militantes e ativistas do movimento operário, a despeito do sectarismo que frequentemente as assola. Isto é talvez mais visível na verdadeira base do movimento inglês, isto é, nos sindicatos. Desde a época dos jovens John Burns e Tom Mann até a dos militantes de hoje, as organizações marxistas de um ou de outro tipo têm proporcionado educação para os ativistas sindicais. Uma das maiores fraquezas históricas do velho Partido Trabalhista Independente (ILP) e da sua sucessora, a esquerda operária parlamentar, foi a de haver tido e ainda ter raízes tão fracas nos movimentos industriais. Ao contrário, levando em conta seu tamanho relativamente modesto, as organizações marxistas — o SDF, o Partido Operário Socialista ou o Partido Comunista etc. — tiveram uma influência desproporcionalmente ampla entre os ativistas sindicais. É verdade que muitos deles mudaram suas opiniões políticas na medida em que suas carreiras progrediram, mas se falamos sobre a influência de Marx, nem mesmo eles podem ser deixados à margem.

Seria fácil ilustrar a influência desproporcional de Marx e das organizações marxistas relativamente pequenas sobre o conjunto do movimento operário. As próprias organizações marxistas a têm, frequentemente, menosprezado porque a avaliaram não em relação à realidade, mas sim a seu ideal do que deveria ser um movimento operário marxista de massas, quando, efetivamente, sua importância histórica provinha do fato de serem formadas por grupos de quadros ou quadros potenciais de líderes e cérebros, mais do que de seguidores. Sua importância tem repousado, até aqui, não tanto na conversão de grandes camadas de trabalhadores em membros de um movimento marxista de massas ou na conquista de eleitores, mas no seu papel no interior de um grande movimento de classe, política e ideologicamente heterogêneo, mas poderoso, unido por consciência de classe e solidariedade e, cada vez mais, pelo anticapitalismo que os marxistas foram os primeiros a expressar quando o socialismo ressurgiu na década de 1880. Uma vez que este movimento tem ficado aquém de suas expectativas, frequentemente têm se desiludido com ele. Mas este desapontamento se deveu, muitas vezes, a suas expectativas irrealistas. A Greve Geral foi uma magnífica demonstração da força do movimento, mas não foi, nem mesmo estava vagamente próxima de ser, uma situação revolucionária ou sequer pré-revolucionária.

Não obstante, precisamente por terem sido tão frequentes, as expectativas irrealistas dos marxistas às vezes ofuscaram as realistas. Posto que a ausência de êxito dos marxistas tem sido tantas vezes devida a fatores fora de seu controle ou de quem quer que seja, frequentemente negligenciaram as falhas que poderiam ter sido evitadas. A própria falha de Marx nos anos 1860 era inevitável. Os historiadores podem concluir perfeitamente que nenhuma inteligência imaginável, habilidade tática ou esforço organizacional seria capaz de concretizar as esperanças estratégicas de Marx naquele momento, embora isto não signifique que não valesse a pena lutar por elas. Por outro lado, muitos dos erros dos social- democratas ingleses eram evitáveis, embora, talvez, historicamente prováveis. A combinação peculiar de sectarismo e oportunismo, que Lenin reconheceu no SDF e que constituiu um risco para tantas organizações marxistas que atuam sob condições de estabilidade capitalista, não é inevitável.

O SDF deveria ter tido uma participação muito maior no ressurgimento dos sindicatos na década de 1880, caso não tivesse descartado os sindicatos como "meros paliativos"; seus próprios militantes eram mais sensatos. Os marxistas ingleses — com exceção do SLP — foram incapazes de compreender, e menos ainda de liderar, as grandes agitações operárias de 1911-14, embora esta fosse a primeira ocasião, desde o cartismo, em que as massas de militantes de base do operariado inglês não só se organizaram em larga escala, mas também demonstraram fortes sentimentos anticapitalistas e mesmo alguma evidência daquele espírito revolucionário que Marx esperava. Deixaram a liderança principalmente para os sindicalistas e os membros do que hoje se chamaria a "nova esquerda", embora, evidentemente, muitos destes — Tom Mann é o melhor exemplo — tivessem passado pela escola do marxismo e houvessem de retornar às organizações marxistas. A razão deste fracasso foi a oposta ao sectarismo "impossibilista". Deveu-se à incapacidade para distinguir uma nova fase na consciência política dos operários por trás das frases emotivas, das teorizações nada ortodoxas e frequentemente triviais, o irracionalismo e o que uma geração posterior chamaria de "militância irreflexiva" do novo movimento. Por assim dizer, a guerra e a Revolução Russa, uma vez mais, salvaram o Partido Socialista Inglês de algumas das consequências de seus erros.

De forma singular, a história repetidas vezes compensou, ao menos parcialmente, os erros dos marxistas ingleses, tanto ao provar que Marx tinha razão como ao demonstrar a inviabilidade das alternativas — quer reformistas, quer revolucionárias — que foram sugeridas. Ela o fez ao comprovar, reiteradamente, a fragilidade desse sistema capitalista, cuja estabilidade e força proporcionavam o principal argumento tanto para os reformistas como para os revolucionários radicais. Porque os reformistas afirmavam, com Bernstein e os fabianos, que não tinha sentido falar de revolução quando o capitalismo parecia durar mais do que se poderia prever; o único caminho sensato consistiria em acostumar-se à sua estabilidade e concentrar os esforços para alcançar melhorias no seio do próprio sistema. Por outro lado, os revolucionários radicais argumentavam, como tantos sindicalistas anteriores a 1914, que não se justificava esperar que a história elevasse a consciência dos operários em um novo nível, já que o processo histórico parecia assegurar a permanência capitalista. Faria mais sentido elevá-la através da propaganda por meio de ação, dos "mitos" inspiradores, do puro esforço da vontade revolucionária.

Ambos estavam equivocados em suas prescrições, embora não totalmente em sua crítica do "sentar-e-esperar-que-a-história-faça-o-trabalho-por-nós" do determinismo da social-democracia ortodoxa. Ambos se equivocavam porque, de uma maneira ou de outra, a instabilidade e as crescentes contradições do capitalismo se reafirmavam periodicamente: por exemplo, na guerra, na forma de uma ou outra crise econômica, na contradição crescente entre os países avançados e subdesenvolvidos. O próprio fato da existência da ultraesquerda e sua conversão em força significativa foi um sintoma da intensidade destas contradições antes de 1914, e ainda o é atualmente. E sempre que a história provava uma vez mais que a análise do capitalismo de Marx era um melhor guia para a realidade do que a de Rostow ou Galbraith, ou o autor em moda do momento, os homens tendiam a se voltar novamente para os marxistas, na medida em que estes não fossem por demais sectários ou oportunistas; quer dizer, na medida em que evitavam a dupla tentação dos revolucionários que atuam durante longos períodos sob condições de capitalismo estável.

Assim, podemos concluir que não seria lícito esperar que a influência de Marx sobre o operariado inglês fosse tão grande como desejariam seus entusiasmados seguidores. No entanto, foi, é, e provavelmente será bem maior do que ambos — eles e os antimarxistas — frequentemente acreditaram. Ao mesmo tempo, foi e é menor (dentro dos limites do realismo histórico) do que poderia ter sido não fossem os erros dos marxistas ingleses em estágios cruciais do desenvolvimento do movimento socialista e operário moderno; erros tanto de "direita" quanto de "esquerda", erros que não são exclusivos de uma ou outra organização marxista, grande ou pequena. Entretanto, não podemos responsabilizar o próprio Marx por eles. O que ele e Engels esperavam do movimento operário inglês depois do período cartista era bastante modesto. Simplesmente esperavam que, uma vez mais, ele se firmasse como um movimento político independente e como um movimento sindicalista de classe, que fundasse seu próprio partido político e redescobrisse, ao mesmo tempo, a confiança nos operários ingleses como classe e o peso decisivo da classe operária na política inglesa. Eles eram demasiado realistas para esperar mais durante suas vidas e, efetivamente, o movimento operário nem sequer alcançou plenamente estes modestos objetivos antes da morte de Engels.

Os marxistas ingleses teriam feito bem em ouvir então o conselho de Engels, porque era muito sensato. No entanto, mesmo que o tivessem ouvido, dentro de poucos anos após sua morte, o movimento operário inglês chegou a um ponto em que as opiniões de Engels sobre ele não tinham grande relevância específica para a situação, e menos ainda as de Marx, que havia dito tão pouco sobre a questão depois dos primeiros anos da década de 1870. Se a teoria de Marx deveria ser um guia de ação para os marxistas ingleses, a partir daquele momento eles teriam que fazer o trabalho sozinhos. Teriam que aprender o método de Marx e não só sua obra ou a de qualquer de seus sucessores. Teriam que fazer suas próprias análises do que ocorria no capitalismo inglês e das situações políticas concretas em que o movimento se encontrava. Teriam que imaginar as melhores formas de se organizarem, suas perspectivas e programas e seu papel no movimento operário em geral. Estas são ainda as tarefas dos que desejam seguir Marx na Inglaterra ou em qualquer outro país.

(1968)

11

O DIÁLOGO SOBRE O MARXISMO

O PROPÓSITO DA MINHA PALESTRA é abrir o debate em torno de duas questões: por que o marxismo floresce hoje? E como floresce? Pode-se dizer que estas questões implicam uma outra, a saber: floresce realmente? A resposta deve ser sim e não. O conjunto dos movimentos socialistas marxistas não tem particularmente êxito no momento e o movimento comunista internacional se encontra cindido e, portanto, consideravelmente debilitado.

Pode ser que isto, até certo ponto, seja compensado pela tendência de outros movimentos — como os de libertação nacional e social em muitos países emergentes — de se aproximarem do marxismo, de aprender com ele, de talvez mesmo aceitá-lo como o fundamento de suas análises teóricas. Pode ser que a fase atual seja transitória; contudo, o quadro geral do movimento operário internacional hoje não estimula, de nenhum modo, um estado de euforia.

Por outro lado, não pode haver qualquer dúvida de que a atração intelectual do marxismo e — eu deveria acrescentar — sua vitalidade intelectual aumentaram excepcionalmente nos últimos dez anos. Isto é válido dentro e fora dos partidos comunistas, dentro e fora dos países com fortes movimentos operários marxistas. Por exemplo, é válido até certo ponto entre os estudantes e outros intelectuais de países como a Alemanha Ocidental e os Estados Unidos, cujas organizações políticas marxistas são ilegais, insignificantes, ou ambos. Se se deseja ter uma medida aproximada do fenômeno, pode-se encontrá-la no número e circulação de vários livros abertamente marxistas, muito maior hoje, eu creio, do que era, digamos, na década de 1930, mesmo no auge do *Left Book Club*.

REVOLUCIONÁRIOS | 145

Pode-se também ter outra medida pelo respeito generalizado a Marx e ao marxismo existente em certas áreas da atividade acadêmica, como a história e a sociologia, muito embora isto não queira dizer que o respeito a Marx signifique também sua aceitação. Penso não haver qualquer dúvida que vivemos presentemente um período em que o marxismo está florescendo, embora este não seja sempre o caso dos movimentos operários marxistas.

O estranho desta situação é que, nos países capitalistas desenvolvidos, o florescimento ocorre durante um período de prosperidade sem precedentes e, o que é ainda mais significativo, depois que as principais organizações marxistas — os partidos comunistas — foram duramente desacreditadas do ponto de vista intelectual pelas revelações do XX Congresso do Partido Comunista da União Soviética. A situação durante a última ocasião em que ocorreu um avanço importante do marxismo, isto é, nas décadas de 1930 e 1940, era bem distinta; o marxismo progrediu porque o capitalismo estava obviamente em crise, numa crise que, como muitos pensavam, podia ser definitiva; porque atravessou uma crise política, como o provam o avanço do fascismo e a guerra; porque os comunistas foram os melhores antifascistas e, finalmente, pelo atrativo direto da União Soviética. Consequentemente, o marxismo avançou de maneira esmagadora sob a forma de um fortalecimento dos partidos comunistas. O argumento marxista mais popular contra o capitalismo era que ele não funcionaria; contra a democracia burguesa-liberal, que ela estava deixando de existir para ser substituída pelo fascismo. Não afirmo que esta fosse toda a análise marxista, mas foram certamente as ideias que produziram resultados mais imediatamente. Nenhum destes três poderosos argumentos tem demasiada força, hoje, nos países capitalistas desenvolvidos.

Por que, então, o marxismo não apenas sobreviveu, mas renasceu sob muitas formas nos últimos dez anos? A primeira conclusão é, naturalmente, que sua força não depende de tais fracassos elementares do capitalismo, como o desemprego em massa e a crise econômica. Evidentemente, em países onde os fatos são uma denúncia imediata do capitalismo (na forma de imperialismo ou neoimperialismo), onde a fome e a miséria são generalizadas, os argumentos a favor do marxismo são muito mais simples. Mas justamente porque não são tão simples na Inglaterra e na França como no Peru e na Índia, eu me concentro, nesta palestra, na situação dos países capitalistas avançados.

Embora tendo estabelecido que o marxismo floresce hoje, devemos, todavia, examinar a situação peculiar na qual seu florescimento tem lugar. Para deixar de rodeios, precisamente porque a situação é tão inteiramente distinta daquela das décadas de 1930 e 1940, uma tendência geral em direção ao marxismo se combina com uma desintegração da análise marxista tradicional. Nos anos imediatamente posteriores à guerra, ainda se faziam tentativas de preservar os antigos argumentos. A estabilidade capitalista, dizia-se então, não seria permanente. Talvez a longo prazo isto seja verdadeiro, mas ela certamente durou pela maior parte dos últimos vinte anos, o que poucos marxistas esperavam. A libertação dos povos coloniais e semicoloniais, argumentaram alguns, foi uma farsa. Isto é certamente verdade no mesmo sentido que a mera independência política não basta e pode levar a um tipo informal de dominação econômica a que hoje denominamos "neocolonialismo". Entretanto, ela introduziu uma diferença fundamental na configuração política da maior parte do mundo, que poucos marxistas prognosticaram ou para a qual poucos estavam imediatamente preparados.

O avanço do socialismo, muitos de nós pensávamos, não seria necessariamente obra exclusiva dos comunistas, mas dependeria certamente dos esforços de um único movimento comunista mundial unido e organizado em torno da União Soviética. Mas, por várias razões, este movimento comunista mundial único tendeu a desenvolver tensões no seu interior e mesmo a cindir-se, e nossos pesares não alteram os fatos. Outras vias de emancipação nacional e social, talvez mesmo de construção do socialismo, emergiram em países coloniais e semicoloniais independentemente dos comunistas, ou em condições em que estes estavam tão débeis que não puderam desempenhar um papel importante. Finalmente, no interior do próprio marxismo, o desfecho do stalinismo trouxe consigo uma crise muito importante e deu lugar a muita reflexão. Este é o cenário para o "diálogo sobre o marxismo", que constitui o meu tema.

Este diálogo, portanto, assume duas formas principais: uma discussão entre marxistas e não marxistas e uma discussão entre diferentes tipos de marxistas, ou melhor, entre marxistas que sustentam diferentes posições sobre vários temas teóricos e práticos, tanto no interior dos partidos comunistas como entre partidários de partidos comunistas rivais (em alguns países bastante desafortunados) e entre marxistas comunistas e marxistas não comunistas. Nenhuma destas formas é nova. Por exemplo: até a primeira grande cisão dos movimentos marxistas durante e depois da Primeira Guerra Mundial e da Revolução de Outubro, admitia-se como normal um processo constante de debate dentro dos partidos social-democratas.

Nem sequer o Partido Operário Social-Democrata Russo se dividiu organizacionalmente, de fato, até às vésperas da Primeira Guerra Mundial, embora tenhamos nos acostumado erroneamente a pensar que bolchevistas e menchevistas estavam separados desde muito antes. E como sabemos, mesmo depois da Revolução, as discussões entre pontos de vista amplamente diferentes em torno de questões ideológicas e práticas eram aceitas como normais no Partido Comunista da União Soviética e no movimento comunista internacional até, com toda a certeza, por volta de 1930. Não obstante, durante uma geração inteira — digamos, de 1930 a 1956 — o diálogo no marxismo se atrofiou.

Isto se aplica tanto ao diálogo entre os marxistas e os não marxistas como entre as diferentes posições dentro do marxismo. Com respeito aos não marxistas, éramos muito incisivos ao enfrentá-los, ao dizer-lhes o que era o marxismo, ao explicá-lo e propagá-lo, ao polemizar contra seus adversários. Mas não acreditávamos que pudéssemos aprender algo com eles. Uma conversa na qual apenas uma das partes deve escutar não é um diálogo. Os termos pelos quais nos referíamos a estas confrontações refletia isto: falávamos de "batalha ideológica", de "partidarismo" na discussão intelectual e até mesmo — nos momentos culminantes do sectarismo no início da década de 1950 — de uma ciência "burguesa" *versus* uma ciência "proletária".[1]

---

1 Um filósofo e crítico comunista francês escreveu sobre esse período: "Em nossa memória filosófica, esse tempo permanece como o dos intelectuais armados, perseguindo o erro em todos os

Íamos eliminando, cada vez mais, os elementos que não fossem de Marx, Engels, Lenin e Stalin ou o que não tivesse sido aceito como ortodoxo na União Soviética: qualquer teo- ria da arte que não fosse o "realismo socialista", qualquer psicologia que não fosse a de Pavlov, mesmo, às vezes, qualquer biologia que não a de Lysenko. Hegel foi expulso do marxismo, como na *Pequena História do PCUS*; mesmo Einstein levantava suspeitas, para não mencionar a totalidade das ciências sociais "burguesas". Quanto menos convincentes eram nossas próprias crenças oficiais, menos ainda podíamos sustentar um diálogo, e é significativo observar que falávamos mais frequentemente da "defesa" do marxismo do que de seu poder de penetração. E, evidentemente, isto era natural. Como podíamos discutir, por exemplo, a história da União Soviética se nos negávamos a falar de Trotsky, ou o considerávamos um agente estrangeiro? Podíamos, no máximo, editar livros e revistas provando a nós mesmos que não precisávamos escutar os que tinham posições diferentes.

Depois de Stalin, tornou-se cada vez mais claro que isto não podia continuar por duas razões: primeiro, porque privava o próprio socialismo de importantes instrumentos de pesquisa e planejamento, especialmente no campo da economia e ciências sociais. (Uma das ironias da situação foi que algumas das concepções econômicas de que nos privamos haviam sido, na verdade, desenvolvidas por marxistas na Rússia durante a década de 1920, como, por exemplo, grande parte da teoria moderna do desenvolvimento econômico e das técnicas de planejamento e de contabilidade nacional.) Segundo, porque nos privamos do marxismo como meio de propaganda. Houve quem ingressasse nos partidos comunistas, como ocorreu durante a guerra nos movimentos de resistência, por razões de classe ou porque estes partidos eram os melhores combatentes contra Hitler. Estas pessoas podiam então se tornar marxistas, e nossos eficazes métodos de educação as ajudaram a assim

---

lugares onde se escondia, o tempo dos filósofos sem obras que éramos, mas que assim mesmo fazíamos política de toda obra que nos chegasse às mãos, e que cortávamos tudo de um só golpe, artes, literaturas, filosofias e ciências, com a imperdoável cisão das classes..." (L. Althusser, *Pour Marx*, Paris, 1965, p. 12). (Edição brasileira: *Análise Crítica da Teoria Marxista*, Zahar Editores, Rio de Janeiro, 1967, p. 12. Reeditado pela mesma casa em 1979, sob o título *A Favor de Marx*.) [N. T.]

fazer. Mas muito poucas pessoas, depois da década de 1930, se tornaram comunistas em razão do poder científico das ideias de Marx.

No que diz respeito à discussão entre os diferentes tipos de marxistas, pode-se afirmar que durante uma geração ela dificilmente ocorreu. A maioria dos marxistas era comunista: estava nos partidos comunistas ou muito próxima deles. Aqueles que não eram comunistas constituíam ou pareciam constituir uma minoria insignificante e, de fato, eram frequentemente desconhecidos porque não representavam quaisquer movimentos importantes. E supúnhamos, ainda que sem formulá-lo claramente, que os que não eram mais comunistas, ou que haviam numa época ou outra se separado de Lenin, haviam deixado de ser marxistas ou, de certo modo, jamais o foram de maneira "autêntica". Evitamos muitas questões desta forma, mas elas não pareciam ser importantes. Plekhanov, por exemplo, era o fundador do marxismo na Rússia e líamos alguns de seus trabalhos com admiração, como Lenin o fizera. Porém, não líamos os seus textos que não coincidiam com as ideias de Lenin porque não estavam disponíveis e, mesmo se estivessem (como os últimos textos de Kautsky), teríamos julgado, compreensivelmente, penso eu, que deveriam estar errados porque ele próprio estivera errado, conforme tão claramente o provou a história. Ao contrário, supúnhamos que todos aqueles que escreviam sob os auspícios do Partido Comunista eram marxistas, o que, de modo algum, pode-se ter como certo. Estávamos equivocados em ambos os casos.

Na Inglaterra, a impossibilidade de manter esta posição tornou-se óbvia depois de 1956, quando elevada proporção de intelectuais marxistas deixou o Partido Comunista. Era obviamente impossível argumentar com seriedade que, por exemplo, Christopher Hill deixara de ser um historiador marxista no momento em que deixou de ter uma carteira do partido; era pouco plausível argumentar que ele jamais havia sido marxista, assim como era sem sentido argumentar que ele saíra do partido porque em algum momento no passado deixara de ser marxista sem dizer a ninguém, inclusive a si mesmo. Tivemos que nos acostumar à ideia de que os intelectuais marxistas pertencentes ao Partido Comunista eram apenas uma parte — e não como no passado, a maioria esmagadora — dos intelectuais que se autodenominavam marxistas.

O desenvolvimento de tendências distintas no interior do movimento comunista tornou a velha concepção ainda menos sustentável. É absolutamente certo que diversos ex- comunistas abandonaram o marxismo e inclusive se tornaram antimarxistas no devido tempo, como sempre havia acontecido, e isto parecia justificar a velha atitude. Mas também temos visto, especialmente nos últimos dez anos, muitos não marxistas tornarem-se marxistas (ou se considerarem como tais) sem jamais ingressar, ou desejar ingressar, no Partido Comunista. Na verdade, hoje é simplesmente impossível fazer a afirmação com a qual muitos de nós fomos educados: há um e apenas um marxismo "correto" e este se encontra nos partidos comunistas.

Isto não significa que não exista um marxismo "correto". Apenas ele já não pode mais ser institucionalmente definido, e não é, de modo algum, tão fácil saber, como se acreditava em outros tempos, em que ele consiste. Ao dizer que a discussão entre os marxistas está aberta, não quero dizer que ela jamais possa ser concluída, embora creia que a discussão sobre algumas questões (não sempre as mesmas) deva prosseguir indefinidamente porque o marxismo é um método científico e, nas ciências, o único e permanente método para progredir é a discussão entre pessoas que sustentam pontos de vista científicos distintos. A resolução de cada problema coloca outros para novas discussões.

Porém, o que também afirmo é que, atualmente, formular questões é muito mais importante do que formular respostas, mesmo que fosse mais fácil do que parece neste momento. Posso suspeitar — como de fato suspeito — que muitas pessoas que agora se autodenominam marxistas não o são na realidade e que muitas teorias agora apresentadas sob os auspícios do marxismo estão muito distantes do pensamento de Marx. Mas isto se aplica tanto a marxistas dos partidos comunistas ou dos países socialistas como a marxistas que não pertencem a qualquer dos dois. E, de qualquer forma, devemos também nos perguntar o que é mais importante no momento: definir o que o marxismo não é — coisa que mais cedo ou mais tarde ficará definida — ou definir, ou redefinir, o

REVOLUCIONÁRIOS | 151

que ele é. Penso que a última opção é a correta e, sem dúvida, trata-se da tarefa mais difícil.

Isto porque uma grande parte do marxismo deve ser repensado e redescoberto, e não apenas pelos comunistas. O período pós-stalinista não respondeu questões, formulou-as. Segundo um intelectual comunista francês:

> Aqueles que imputam a Stalin, além dos seus crimes e dos seus erros, a totalidade das nossas decepções, dos nossos erros e dos nossos desconcertos, *em qualquer domínio que seja*, correm o risco de se encontrarem muito mais desconcertados ao constatar que o fim do dogmatismo filosófico não nos restituiu a filosofia marxista... O fim do dogmatismo produziu uma real liberdade de pesquisa, assim como também uma febre, onde alguns se apressam um pouco em declarar filosofia o que não passa de comentário ideológico do seu sentimento de libertação e do seu gosto da liberdade. As febres caem com a mesma segurança que as pedras. O que nos deu o fim do dogmatismo foi o direito de fazer as contas exatas do que possuímos, de chamar pelo seu próprio nome tanto a nossa riqueza quanto a nossa falta de riqueza, de pensar e de colocar em alta voz os nossos problemas e de empreender com rigor uma verdadeira pesquisa.[2]

Os comunistas vão se dando conta, cada vez mais, de que o que aprenderam a acreditar e a repetir não era simplesmente o "marxismo", senão o marxismo conforme desenvolvido por Lenin e congelado, simplificado, e às vezes distorcido sob Stalin na União Soviética. Que o "marxismo" não é um corpo de teorias e descobertas acabadas, mas um processo de desenvolvimento; que o próprio pensamento de Marx, por exemplo, continuou a se desenvolver durante toda sua vida. Que o marxismo tem, sem dúvida, respostas potenciais, mas frequentemente nenhuma resposta efetiva aos problemas concretos que hoje enfrentamos, em parte porque a situação mudou desde Marx e Lenin, em parte porque nenhum dos dois disse nada sobre certos problemas que já existiam em suas épocas e que são importantes para nós.

---

2 Ibid., p. 21 (Cf. A 1ª edição brasileira, página 20). [*N. T.*]

Os marxistas não comunistas, por sua vez, devem aprender que os erros, as esquematizações e as distorções do perío- do stalinista, e inclusive de todo o período da Internacional Comunista, não significam que não foram feitas quaisquer contribuições valiosas e importantes ao marxismo nesse período e no movimento comunista internacional. Não há atalhos para o marxismo: nem o apelo a Lenin contra Stalin, nem a Marx, nem ao jovem Marx contra o Marx da maturidade. Há somente trabalho árduo, longo e, nas atuais circunstâncias, talvez não conducente a conclusões definitivas.

Por sorte, todas estas formulações são amplamente admitidas hoje e o trabalho prossegue. Basta mencionar apenas a notável revitalização da teoria no interior dos partidos comunistas. Esta alcançou os níveis mais destacados nos últimos anos, tanto dentro quanto fora dos países socialistas, embora tenha sido contida pela relutância dos velhos quadros, cujas carreiras se identificavam com o stalinismo, em admitir as faltas às quais estavam associados. (Isto é particularmente marcante no campo da história dos próprios movimentos comunistas. Com a exceção do Partido Comunista Italiano, que estimulou a análise franca e autocrítica de sua própria história e a da União Soviética, não sei de um partido comunista que tenha escrito uma história de si mesmo cientificamente aceitável — com toda a certeza nem o partido francês nem o soviético — e vários deles, como o nosso, se esquivaram completamente de fazê-lo.)[3]

Há ainda em vários partidos comunistas muito do que se pode chamar de tática do remendo. Por exemplo, a expressão de Roger Garaudy "realismo sem fronteiras" não enfrenta a questão da validade ou não das teorias estéticas que costumávamos aceitar como marxistas; ela meramente nos permite admirar Kafka, ou Joyce, ou outros que eram tabus no auge do "realismo socialista", ao considerar que também eles são "realistas" em algum sentido indefinido. Há mesmo, em certos partidos comunistas, particularmente na Europa Oriental, uma tendência ao simples empirismo, encobrindo os seus resultados com a afirmação "naturalmente, somos marxistas".

---

3 Não subestimo os autênticos esforços de análise autocrítica de obras como *Three Internationals*, de Palme Dutt. Mas elas certamente não vão tão longe quanto é possível e necessário hoje.

Creio — e tenho a autoridade do falecido Oscar Lange para respaldar-me — que algumas das inovações recentes da teoria econômica soviética não são — ou não são ainda — marxistas, mas simplesmente enxertos de partes da teoria econômica liberal, como a análise da utilidade marginal, para preencher os grandes vazios deixados durante tantos anos pela incapacidade dos economistas soviéticos de realizar seu trabalho. Este é o tipo de coisa que os chineses acertadamente criticam, embora deva confessar que sua própria solução, que me parece consistir em um regresso ao simples marxismo de escola primária dos velhos tempos, seja, a seu modo, fuga semelhante dos reais problemas da análise.

Não obstante, existe uma real e vigorosa atividade téorica. Um de seus sinais mais promissores é, por exemplo, o ressurgimento da discussão do chamado modo de produção asiático, de Marx, que se desenvolve desde cerca de 1960 na França, Hungria, República Democrática Alemã, Inglaterra, Tchecoslováquia, Japão, Egito e vários outros países, e desde 1964 também na União Soviética e inclusive — embora criticamente — na China. Porque, devemos lembrar, este conceito de Marx foi abandonado pelo movimento comunista internacional entre 1928 (quando os chineses o criticaram) e o início da década de 1930 (quando ele foi banido da União Soviética) e, desde então, permaneceu fora dos limites teóricos.[4]

Qual é a natureza desta discussão na atualidade? Ela se relaciona, obviamente, com a aplicabilidade da análise marxista ao mundo de hoje, ou melhor, uma vez que ela, claramente, não pode aplicar-se de maneira literal em sua antiga forma, a discussão tem a ver com as modificações que devem ser feitas na análise para que ela se adapte ao mundo de hoje.[5] E o "mundo de hoje" deve incluir tanto o mundo socialista como o não socialista. Tem havido muito pouca análise marxista desta questão. Em

---

4 Para um levantamento dessas discussões, ver G. Sofre, *Il modo di produzione asiatico*, Turim, 1969.

5 Quem quer que tenha dúvidas a este respeito deve reler uma afirmação marxista tão típica dos anos 30 como a obra *Why you should be a Socialist*, de John Strachey, ou do início dos anos 50, como *Crisis of Britain*, de Palme Dutt, ou mesmo, *Fundamentals of Marxism-Leninism*, de Kuusinen. (Edição brasileira deste último: *Fundamentos do Marxismo-Leninismo*, Editorial Vitória, Rio de Janeiro, 1963.) [*N. T.*].

termos políticos, trata-se das perspectivas para a vitória do socialismo em países não socialistas e de seu desenvolvimento ulterior nos países socialistas. Isto implica, mas não esgota, o exame de vários problemas mais teóricos. É evidente que alguns destes não têm relevância muito direta ou discernível para a política imediata ou de outro tipo, embora isto não fosse sempre reconhecido. Por exemplo, se finalmente decidirmos que a história da China em algum momento do passado pode ou não ser analisada em termos do conceito de "modo asiático" de Marx, não fará qualquer diferença para a política do Partido Comunista Chinês agora ou no futuro. Mas, embora se possa estabelecer uma distinção entre os aspectos teóricos e práticos desses debates, na realidade eles não podem ser nitidamente separados.

Politicamente, parece-me que o principal problema nos países não socialistas é o de quantas vias distintas existem para o socialismo e quais são elas. Desde a Revolução de Outubro tem havido uma tendência a supor que existia, basicamente, apenas um caminho, fosse qual fosse o momento, embora com variações locais. A organização centralizada do movimento comunista mundial bem como sua dominação ulterior pelo PCUS apenas enfatizou esta rigidez. É algo que ainda domina as discussões sino-soviéticas. Devemos fazer duas observações, uma das quais coloca menos problemas para os marxistas do que a outra. A primeira é que, obviamente, o caminho para o socialismo não pode ser o mesmo, digamos, na Inglaterra e no Brasil, nem suas perspectivas serem igualmente favoráveis ou sombrias na Suíça e na Colômbia. A tarefa dos marxistas consiste em dividir os países do mundo em grupos de maneira mais realista e analisar adequadamente as condições muito diversas de progresso de cada grupo, sem tentar impor qualquer uniformidade (como a "transição pacífica" ou a "insurreição") a todos eles. Isto não é, em princípio, tão difícil, mas como envolve desfazer-se de muitas análises e políticas passadas, não é tão fácil na prática.

Muito mais difícil é admitir que podem ter-se abertos caminhos para a libertação e o socialismo nos quais os partidos comunistas ou os movimentos operários tradicionais desempenham apenas um papel subordinado. Estou pensando aqui em casos como Cuba, Argélia, Gana e

REVOLUCIONÁRIOS | 155

outros. Ou nos perguntar, em termos mais gerais, se nossas ideias sobre o papel dos partidos comunistas no avanço do socialismo não devem ser, em certos casos, repensadas. Por exemplo, conforme sugere uma discussão em curso no PCI, se a cisão posterior a 1914 entre os partidos social-democratas e comunistas é ainda justificável em certos países hoje. Ao formular tais questões, ou melhor, ao dizer que elas estão sendo formuladas, não dou, nem sequer sugiro, quaisquer respostas. Apenas digo que já não se pode mais fechar os olhos ante sua presença.

No interior do mundo socialista (e na medida em que pensamos no socialismo futuro, nos países não socialistas), vários problemas são também colocados pela realidade, gostemos ou não. São problemas econômicos, tais como a melhor política agrária nestes países (dados os surpreendentes fracassos da maioria deles neste campo) ou as melhores formas de planejamento econômico, alocação de recursos e bens etc. São problemas políticos, tais como as melhores formas de organizar as instituições destes países (dados os notáveis inconvenientes de tais instituições em muitos deles). São problemas de burocracia, de liberdade de expressão etc. São também, infelizmente, problemas internacionais, como o mostram claramente as difíceis relações entre os diversos Estados socialistas, incluindo, acima de tudo (como Togliatti observou em seu *Memorial*), o papel do nacionalismo nos países socialistas. Aqui, novamente, ao afirmar que os problemas existem, não estou sugerindo que quaisquer respostas devam ser dadas por frases feitas como: estes problemas são devidos a restos do passado pré-socialista, ao revisionismo ou ao dogmatismo, ou que desapareceriam todos caso houvesse uma "liberalização".

Todos estes problemas implicam discussão teórica e, em alguns casos, na disposição que Lenin sempre teve em romper posições há muito estabelecidas ou penetrar em territórios inteiramente inexplorados. Não estamos acostumados a isto, a ponto de esquecermos que os marxistas assim o fizeram no passado. Por exemplo, depois da Revolução de Outubro na Rússia, eles tiveram que avançar no território, praticamente inexplorado por Marx (exceto pelo que disse em umas poucas frases muito gerais), do problema do desenvolvimento econômico em países atrasados. E por tê-lo feito, o marxismo é hoje um genuíno movimento mundial, já que, afinal de contas, o que lhe proporciona sua mais destacada capacidade de atração no mundo atual é a análise da fase imperialista do capitalismo, que é muito posterior a Marx, e a descoberta das vias para transformar países atrasados em modernos, que é a principal descoberta teórica dos marxistas soviéticos na década de 1920. Além disso, algumas destas questões também nos trazem de volta ao diálogo entre marxistas e não marxistas, porque elas implicam em aprender com os resultados de cientistas não marxistas. É irrelevante a questão de que, se o marxismo não tivesse petrificado, teria se mantido ao nível e, sem dúvida, à frente dos melhores resultados da ciência. Em muitos campos não o fez, e agora devemos aprender tanto quanto ensinar.

Chego desse modo à minha conclusão. Estamos numa situação em que o marxismo está cindido política e teoricamente. Devemos, para o futuro previsível, aprender a viver com esta realidade. É inútil lamentar os dias em que não era assim. Estamos numa situação em que o marxismo tem que se atualizar de duas formas: liquidando a herança da espécie de idade glacial intelectual pela qual passou (o que não significa que ele deva rejeitar automaticamente tudo que foi dito e feito durante aquela época) e assimilando o que há de melhor nas ciências desde que deixamos de refletir seriamente sobre o assunto. Emprego deliberadamente termos fortes porque é necessário utilizá-los. Devemos perguntar, assim como explicar; devemos, acima de tudo, nos questionar. Devemos aceitar o fato de estarmos equivocados. Devemos abandonar a pretensão de ter todas as respostas porque obviamente não as temos. E, acima de tudo, devemos aprender novamente a usar o marxismo como um método científico.

E não o temos feito. Temos feito, reiteradamente, duas coisas que são incompatíveis com qualquer método científico — e as temos feito não apenas desde fins do período stalinista, mas desde mais cedo. Primeiro, sabíamos as respostas e apenas as confirmávamos através da pesquisa; segundo, confundíamos a teoria e o debate político. Ambas as coisas são fatais. Dizíamos ou demonstrávamos: "Sabemos que a transição do feudalismo para o capitalismo ocorre através de revolução em todos os lugares", porque assim o disse Marx e porque, se assim não fosse, então a história, afinal de contas, não poderia avançar por meio de revoluções, mas por processos graduais, em cujo caso os social-democratas teriam razão. Seguindo esta lógica, nossa pesquisa demonstraria: (a) que a revolução de 1640 na Inglaterra foi burguesa; (b) que, antes dela, a Inglaterra era um país feudal; e (c) que, desde então, passou a ser um país capitalista. Não afirmo que as conclusões sejam erradas, embora (b) me pareça sumamente duvidoso; porém esta não é a maneira de se chegar a elas. Porque, se acontecesse que os fatos não estivessem de acordo com as conclusões, simplesmente diríamos: para o diabo com os fatos.

Há razões históricas por que procedíamos assim, as quais remontam a antes de 1914, mas elas não nos interessam neste momento. E se os fatos dão razão aos comunistas ou aos social-democratas, não tem nada a ver com o marxismo. O fato de que as condições da classe operária inglesa não se deterioram totalmente ao longo da história confirma as posições dos liberais e social-democratas, mas não as dos revolucionários. Seríamos tolos e não marxistas se, por esta razão, nós o negássemos. O marxismo é um instrumento para mudar o mundo através do conhecimento que, como políticos, então usamos. Não é um meio de vencer discussões políticas. Muitos de nossos velhos comunistas talentosos perderam grande parte de seu tempo como teóricos marxistas por deixarem de observar tal distinção.

Devemos voltar ao marxismo como um método científico. Talvez o sinal mais promissor da presente situação mundial — e também da inglesa —, que, sob outros aspectos, não oferece razão para otimismos, é que um número crescente de marxistas se comporta assim. E a prova do que pode ser alcançado reside no fato de que o socialismo, alicerçado no marxismo, progrediu consideravelmente no mundo, inclusive no período em que o marxismo fez o melhor possível para se tornar ineficaz.

(1966)

12

LENIN E A "ARISTOCRACIA OPERÁRIA"

ESTE BREVE ENSAIO É UMA CONTRIBUIÇÃO à discussão do pensamento de Lenin, por ocasião do centenário de seu nascimento. O tema pode ser perfeitamente tratado por um marxista inglês, uma vez que o conceito de "aristocracia operária" foi claramente extraído por Lenin da história do capitalismo inglês do século XIX. Suas referências concretas à "aristocracia operária" como uma camada da classe operária parecem proceder exclusivamente da Inglaterra (ainda que, em suas notas de estudo sobre o imperialismo, também observe fenômenos semelhantes nas comunidades "brancas" do Império Britânico). O próprio termo é certamente extraído de uma passagem de Engels, escrita em 1885 e reeditada na introdução à edição de 1892 de A *Situação da Classe Trabalhadora na Inglaterra*, que fala dos grandes sindicatos ingleses como constituindo "uma aristocracia no seio da classe operária".

A frase em si pode ser de Engels, mas o conceito já era corrente no debate político-social inglês, particularmente na década de 80 do século passado. Era amplamente aceito que a classe operária na Inglaterra, nessa época, compreendia uma camada privilegiada — minoritária, embora bastante numerosa — que era mais comumente identificada com os "artesãos" (isto é, com os trabalhadores e artífices assalariados e possuidores de um ofício) e, mais concretamente, com aqueles organizados em sindicatos ou outras organizações operárias. Este é também o sentido com que os observadores estrangeiros empregavam o termo, como Schulze-Gaevernitz, a quem Lenin cita, com aprovação, sobre esta questão no célebre oitavo capítulo do *Imperialismo*. Esta identificação convencional não era inteiramente válida, mas, como uso generalizado do conceito de uma camada superior da classe operária, refletia

REVOLUCIONÁRIOS | 159

uma realidade social evidente. Nem Marx, Engels ou Lenin "inventaram" uma aristocracia operária. Ela existia de maneira bastante óbvia na Inglaterra da segunda metade do século XIX e, além disso, se existisse em qualquer outro lugar, seria de forma muito menos visível ou significativa. Lenin admitia que, até o período do imperialismo, ela não existia em qualquer outro lugar.

A novidade da argumentação de Engels reside noutro ponto. Ele afirmava que esta aristocracia operária se tornara possível graças ao monopólio industrial da Inglaterra e que, portanto, desapareceria ou se confundiria com o resto do proletariado com o fim daquele monopólio. Lenin acompanhou Engels nesta questão e, de fato, nos anos imediatamente anteriores a 1914, quando o movimento operário inglês estava se radicalizando, ele tendeu a enfatizar a segunda parte do argumento de Engels, como por exemplo nos seus artigos *Debates Ingleses sobre uma Política Operária Liberal* (1912), *O Movimento Operário Inglês em 1912* e *Os Resultados Deploráveis do Oportunismo na Inglaterra* (1913). Embora não duvidasse um só instante de que a aristocracia operária era a base do oportunismo e do "Trabalhismo Liberal" do movimento inglês, Lenin não pareceu enfatizar ainda as implicações internacionais do argumento. Por exemplo, ele aparentemente não o empregou em sua análise das raízes sociais do revisionismo (ver *Marxismo e Revisionismo*, 1908, e *Diferenças no Movimento Operário Europeu*, 1910). Nestes trabalhos, argumentava mais propriamente que o revisionismo, como o anarcossindicalismo, se devia à constante criação, nas margens do capitalismo em desenvolvimento, de certas camadas médias — trabalhadores de pequenas oficinas, trabalhadores a domicílio etc. — que, por sua vez, se viam constantemente atirados às fileiras do proletariado, de modo que as tendências pequeno-burguesas se infiltravam, inevitavelmente, nos partidos proletários.

A linha de pensamento que Lenin inferiu de seus conhecimentos sobre a aristocracia operária foi, naquela época, algo diferente e deve ser notado que ele a manteve, pelo menos em parte, até o fim de sua vida política. Talvez seja relevante observar aqui que Lenin adquiriu seu conhecimento sobre o fenômeno não apenas nos textos de Marx e Engels, que fizeram frequentes comentários sobre o movimento operário inglês, e de suas relações pessoais com marxistas na Inglaterra (que ele visitou por seis vezes entre 1902 e 1911), mas também do trabalho mais completo e mais bem documentado sobre os sindicatos "aristocráticos" do século XIX — *Industrial Democracy*, de Sidney e Beatrice Webb. Conhecia intimamente esta importante obra, tendo-a traduzido em seu exílio na Sibéria. Ela proporcionou-lhe, incidentalmente, uma compreensão imediata dos laços entre os fabianos ingleses e Bernstein: "A fonte original de uma série de ideias e argumentos de Bernstein", escreveu em 13 de setembro de 1899 a um correspondente, "está nos últimos livros escritos pelos Webb." Lenin continuou citando informações extraídas do casal Webb muitos anos mais tarde e se refere especificamente a *Industrial Democracy* no curso de sua argumentação em *Que Fazer.**

Duas proposições podem ser deduzidas, em parte ou principalmente, da experiência da aristocracia operária inglesa. A primeira é "que toda subserviência à espontaneidade do movimento operário, toda diminuição do papel do elemento consciente, do papel da Social-Democracia, significa, quer se queira ou não, o crescimento da influência da ideologia burguesa entre os trabalhadores". A segunda é que uma luta puramente sindicalista "é necessariamente uma luta profissional, porque as condições de trabalho são extremamente variadas de acordo com as profissões e, portanto, a luta pela *melhoria* de suas condições deve ser forçosamente conduzida pela profissão..." (*Que Fazer?*** O segundo argumento é apoiado numa referência direta ao casal Webb.)

A primeira destas proposições se baseia no ponto de vista de que, sob o capitalismo, a ideologia burguesa é hegemônica, a menos que deliberadamente neutralizada pelo "elemento consciente". Esta importante observação nos conduz muito além das meras questões da aristocracia operária e não precisamos aqui desenvolvê-la. A segunda proposição está mais intimamente relacionada à questão da aristocracia operária. Sustenta que, dada a "lei do desenvolvimento desigual"

---

* Editado no Brasil sob o mesmo título (Ed. Hucitec, São Paulo, 1978). [*N. T.*]
** Cf. p. 47-48 da edição brasileira citada. [*N. T.*]

no capitalismo — isto é, a diversidade de condições em diferentes indústrias, regiões etc. de uma mesma economia —, um movimento operário puramente "economicista" deve tender a fragmentar a classe operária em segmentos "egoís- tas" ("pequeno-burgueses"), cada qual buscando satisfazer seus próprios interesses, se necessário em aliança com seus próprios empregadores e a expensas do resto da classe operária. (Lenin várias vezes citou o caso das "Alianças de Birmingham" da década de 1990 do século XIX, tentativas de constituir um bloco unido entre sindicatos e patrões com o objetivo de manter os preços em vários ramos da indústria metalúrgica; esta informação procedia quase certamente também dos Webb.) Consequentemente, tal movimento puramente "economicista" deve tender a romper a unidade e a consciência política do proletariado e a enfraquecer ou neutralizar seu papel revolucionário.

Este argumento é também muito genérico. Podemos considerar a aristocracia operária um caso especial desta situação geral. Surge quando as circunstâncias econômicas do capitalismo permitem assegurar concessões significativas a seu proletariado, em cujo seio certas camadas de trabalhadores conseguem estabelecer para si condições notadamente melhores do que para os demais, graças à sua particular escassez, qualificação, posição estratégica, capacidade de organização etc. Portanto, podem existir situações históricas, como na Inglaterra ao final do século XIX, em que a aristocracia operária pode considerar-se quase o verdadeiro movimento sindical, como Lenin às vezes esteve a ponto de sugerir.

Mas se este argumento tem, em princípio, um alcance mais geral, não pode haver dúvida de que era a aristocracia operária que estava na mente de Lenin quando ele o empregava. Repetidas vezes utilizava expressões como as seguintes: "o espírito corporativo pequeno-burguês que prevalece entre esta aristocracia operária" (*A Sessão do Bureau da Internacional Socialista*, 1908), "os sindicatos ingleses, insulares, aristocráticos, de egoísmo filisteu", "os ingleses se orgulham de serem 'práticos' e de sua aversão por princípios gerais; isto é uma expressão do espírito corporativo no movimento operário" (*Debates Ingleses sobre uma Política*

Operária Liberal, 1912) e "esta aristocracia operária... isolou-se da massa do proletariado em sindicatos corporativos fechados e egoístas" (*Harry Quelch*, 1913). Além disso, muito mais tarde e numa cuidadosa formulação programática — concretamente, em seu *Esboço Inicial das Teses sobre a Questão Agrária para o Segundo Congresso da Internacional Comunista* (1920), a conexão é estabelecida com a máxima clareza:

> ... os operários industriais não poderão cumprir sua missão histórico-universal de libertar a humanidade da opressão do capital e das guerras, se estes operários se encerrarem no limite de interesses estritamente corporativos, estritamente profissionais, e se limitarem, satisfeitos, à preocupação de melhorar sua situação, que, às vezes, é sofrível do ponto de vista pequeno-burguês. Isto é precisamente o que ocorre em muitos países avançados em que existe uma "aristocracia operária", que constitui a base dos partidos pseudossocialistas da Segunda Internacional ... *

Esta citação, que combina as ideias mais antigas e mais recentes de Lenin sobre a aristocracia operária, nos leva naturalmente de umas às outras. Estes últimos textos são conhecidos de todos os marxistas. Datam (em sua maior parte) do período de 1914 a 1917 e formam parte da tentativa de Lenin de dar uma explicação marxista coerente à eclosão da guerra e especialmente ao colapso simultâneo e traumático da Segunda Internacional e da maioria dos partidos que a consti- tuíam. Elas são formuladas de modo mais completo no famoso capítulo oitavo do *Imperialismo* e no artigo *O Imperialismo e a Divisão do Socialismo*, escrito um pouco mais tarde (outono de 1916) e que o complementa.

A argumentação do *Imperialismo* é bem conhecida, embora as passagens de *O Imperialismo e a Divisão* não o sejam. Em linhas gerais, este artigo desenvolve o seguinte raciocínio: graças à posição peculiar do capitalismo inglês — "vastas possessões coloniais e posição monopolista nos mercados mundiais" —, a classe operária inglesa tendia, já na metade do século XIX, a dividir-se em uma minoria privilegiada de operários

---

* Cf. V.I. Lenin, *A Aliança Operário-Camponesa*, Editorial Vitória Ltda., Rio de Janeiro, 1961, pp.. 539-540. [*N. T.*]

aristocratas e uma camada inferior muito mais ampla. A camada superior "torna-se burguesa" enquanto, ao mesmo tempo, "uma parte do proletariado se permite conduzir por pessoas compradas pela burguesia ou que, pelo menos, estão a suas expensas". Na época do imperialismo, o que uma vez foi um fenômeno puramente inglês é agora encontrado em todas as potências imperialistas. Daí por que o oportunismo, degenerando em chauvinismo social, caracterizou todos os partidos importantes da Segunda Internacional. Entretanto, o "oportunismo não poderá agora triunfar no movimento da classe operária de qualquer país por tanto tempo, como aconteceu na Inglaterra", porque o monopólio mundial deve ser agora compartilhado por um conjunto de vários países concorrentes entre si. Este imperialismo, enquanto generaliza o fenômeno da aristocracia operária, também cria as premissas para o seu desaparecimento.

As passagens relativamente superficiais do *Imperialismo* são desenvolvidas de forma bem mais completa em *O Imperialismo e a Divisão*. A existência de uma aristocracia operária é explicada pelos superlucros dos monopólios, que permitem aos capitalistas "dedicar uma parte (e que parte!) para subornar seus próprios trabalhadores, para estabelecer algo semelhante a uma aliança entre os trabalhadores de uma determinada nação e seus próprios capitalistas contra os outros países". Este "suborno" funciona através de trustes, oligarquia financeira, preços altos etc. (isto é, algo como monopólios conjuntos de um dado capitalismo e seus operários). O montante potencial de suborno é substancial — Lenin o estimava como talvez cem milhões sobre um bilhão de francos — e assim também, sob certas circunstâncias, é substancial a camada que dele se beneficia. Entretanto, "a questão de como se reparte esta pequena migalha entre os ministros do Trabalho, 'deputados trabalhistas' ... operários que tomam parte dos comitês da indústria de guerra, funcionários sindicais, operários organizados em sindicatos de caráter estritamente corporativos, empregados de escritórios etc. etc., é uma questão secundária". O restante da argumentação, com exceções a serem apresentadas a seguir, amplia sem alterar substancialmente a argumentação do *Imperialismo*.

É essencial lembrar que a análise de Lenin tentava explicar uma situação histórica específica — o colapso da Segunda Internacional — e reforçar certas conclusões políticas concretas que dela deduzia. Argumentava, primeiro, que uma vez que o oportunismo e o chauvinismo social representavam apenas uma minoria do proletariado, os revolucionários devem "ir mais baixo e mais fundo, às verdadeiras massas" e, segundo, que os "partidos operários aburguesados" estavam agora irrevogavelmente vendidos à burguesia e não desapareceriam antes da revolução nem "retornariam", de nenhuma forma, ao proletariado revolucionário, embora eles pudessem "jurar em nome de Marx" onde quer que o marxismo fosse popular entre os operários. Portanto, os revolucionários devem rejeitar uma unidade fictícia entre a tendência proletária revolucionária e a filisteia oportunista no interior do movimento operário. Em resumo, o movimento internacional tinha que ser dividido para que um movimento operário comunista pudesse substituir o social-democrata.

Estas conclusões se aplicavam a uma situação histórica específica, mas a análise que as embasava era mais geral. Uma vez que ela era parte de uma polêmica política concreta, bem como de uma análise de alcance mais amplo, algumas das ambiguidades da argumentação de Lenin sobre o imperialismo e a aristocracia operária não devem ser examinadas muito minuciosamente. Como vimos, ele próprio afastou certos aspectos como "secundários". Entretanto, a argumentação é, em certos pontos, obscura ou ambígua. A maioria de suas dificuldades procede da insistência de Lenin em que o setor corrompido da classe operária é e só pode ser uma minoria, e mesmo, como ele às vezes sugere de modo polêmico, uma minoria insignificante se comparada às massas que não estão, "contaminadas pela 'respeitabilidade burguesa'" e às quais os marxistas devem apelar, posto que "esta é a essência da tática marxista".

Em primeiro lugar, é evidente que a minoria corrompida podia ser, mesmo nas suposições de Lenin, um setor numericamente amplo da classe operária e um setor ainda mais amplo do movimento operário organizado. Mesmo se ela atingisse apenas 20% do proletariado, como as organizações operárias inglesas do final do século XIX, ou da Alemanha de 1914 (a ilustração é de Lenin), não podia simplesmente ser descartada politicamente, e Lenin era por demais realista para fazê-lo. Daí uma certa hesitação nas suas formulações. Não era aristocracia operária como tal, mas apenas "uma camada" da mesma que havia economicamente desertado para a burguesia (*O Imperialismo e a Divisão*). Não está claro de que camada se poderia tratar. Os únicos tipos de operários explicitamente mencionados são os funcionários, os políticos etc., dos movimentos operários reformistas. Estes são de fato minorias — minorias insignificantes — corrompidas e às vezes abertamente vendidas à burguesia, mas não é discutida a questão do porquê têm o apoio de seus seguidores.

Em segundo lugar, a posição da massa dos trabalhadores é deixada em certa ambiguidade. É claro que o mecanismo de explorar um monopólio de mercados, que Lenin considera a base do "oportunismo", funciona de forma que seus benefícios não ficam limitados a apenas uma camada da classe operária. Há boas razões para supor que "algo semelhante a uma aliança" entre os trabalhadores de uma determinada nação e seus capitalistas contra os demais países (que Lenin ilustra com as "Alianças de Birmingham", do casal Webb) implica em alguns benefícios para todos os trabalhadores, embora obviamente muito maiores para a aristocracia operária bem organizada e estrategicamente forte. É sem dúvida verdade que o monopólio mundial do capitalismo inglês do século XIX pode não ter proporcionado benefícios significativos às camadas proletárias inferiores, enquanto os proporcionava à aristocracia operária. Mas isto era assim porque não havia, sob as condições de inflação e do capitalismo *"laissez-faire"* liberal e competitivo, qualquer outro mecanismo além do mercado (incluindo a contratação coletiva dos poucos grupos proletários capazes de realizá-la) para distribuir os benefícios do monopólio mundial entre os operários ingleses.

Mas sob as condições do imperialismo e do capitalismo monopolista, a situação mudou. Os trustes, a manutenção de preços, as "alianças" etc. proporcionaram um meio de distribuir mais amplamente as concessões para os operários em questão. Além disso, o papel do Estado estava mudando, conforme Lenin percebera. O "Lloyd Georgismo" (que ele discutiu com muita perspicácia em *O Imperialismo e a Divisão*) objetivava "assegurar bocados relativamente substanciais para os trabalhadores obedientes, sob a forma de reformas sociais (seguros etc.)". É evidente que tais reformas provavelmente beneficiariam mais os trabalhadores "não aristocratas" do que os "aristocratas", já confortavelmente situados.

Finalmente, a teoria do imperialismo de Lenin sustenta que o "punhado das nações mais ricas e privilegiadas" transformou-se em "parasitas no corpo do resto da humanidade", isto é, em exploradores coletivos, e sugere uma divisão do mundo em nações "exploradoras" e "proletárias". Podiam os benefícios de tal exploração coletiva serem inteiramente limitados a uma camada privilegiada do proletariado metropolitano? Lenin já estava bastante ciente de que o proletariado romano original era coletivamente uma classe parasita. Escrevendo a respeito do Congresso da Internacional em Stuttgart, em novembro de 1907, ele observou:

A classe dos que nada possuem mas que tampouco trabalham é incapaz de derrotar os exploradores. Somente a classe proletária, que mantém o conjunto da sociedade, pode dar lugar a uma revolução social vitoriosa. E agora vemos que, como resultado de uma política colonial de longo alcance, o proletariado europeu alcançou em parte uma situação em que não é o seu trabalho que mantém o conjunto da sociedade, mas o dos povos das colônias que estão praticamente escravizados ... Em certos países, estas circunstâncias criam a base material e econômica para contaminar o proletariado de um ou outro país com chauvinismo colonial; naturalmente, isto pode talvez ser apenas um fenômeno temporário, mas deve-se, contudo, reconhecer claramente o mal e entender suas causas ...

"Marx frequentemente referia-se a uma afirmação muito significativa de Sismondi segundo a qual os proletários da antiguidade viviam à custa da sociedade, enquanto que a sociedade moderna vive à custa do proletariado" (1907). Nove anos depois, no contexto de uma discussão posterior, *O Imperialismo e a Divisão* ainda lembra que o "proletariado romano vivia à custa da sociedade".

A análise que Lenin faz das raízes sociais do reformismo é frequentemente apresentada como se se tratasse apenas da formação de uma aristocracia operária. É naturalmente inegável que Lenin enfatizou este aspecto em sua análise muito mais do que qualquer outro e, para propósitos de argumentação política, quase com a exclusão de qualquer outro. Também está claro que ele hesitou em desenvolver outras partes de sua análise que pareciam não ter qualquer relação com a questão política que lhe interessava destacar naquele momento. Entretanto, uma leitura atenta de seus textos mostra que ele, de fato, considerou outros aspectos do problema e que estava consciente de algumas das dificuldades de um enfoque embasado com excessiva unilateralidade na aristocracia operária. Hoje, quando é possível separar o que é de relevância permanente na argumentação de Lenin do que reflete os limites da informação de que dispunha ou as exigências de uma situação política específica, estamos em condições de considerar seus escritos em uma perspectiva histórica.

Se tentamos julgar seu trabalho sobre a "aristocracia operária" com tal perspectiva, podemos muito bem concluir que seus textos de 1914-16 são algo menos satisfatórios do que a profunda linha de pensamento que ele coerentemente desenvolveu desde *Que Fazer?* até *Esboço Inicial das Teses sobre a Questão Agrária*, de 1920. De fato, embora a maior parte da análise da "aristocracia operária" seja aplicável ao período do imperialismo, o clássico modelo do século XIX (inglês) deste fenômeno, que formou a base do pensamento de Lenin sobre o tema, estava deixando de fornecer um guia adequado para interpretar o reformismo, pelo menos o do movimento operário inglês por volta de 1914, ainda que, como uma camada da classe operária, ela chegasse, provavelmente, ao seu clímax em fins do século XIX e princípios do século XX.

Por outro lado, a argumentação mais geral sobre os perigos da "espontaneidade" e do economicismo "egoísta" no movimento sindical, embora ilustrada pelo exemplo histórico da aristocracia operária inglesa do final do século XIX, conserva toda a sua força. É seguramente uma das contribuições mais fundamentais e permanentemente esclarecedoras de Lenin ao marxismo.

(1970)

13

O REVISIONISMO

A HISTÓRIA DAS IDEIAS é um tema atraente para o intelectual, já que, afinal, se ocupa do seu próprio ofício. É também um tema extremamente sujeito a enganos e confusão, tanto mais quando interesses estabelecidos, questões políticas ou outros assuntos não teóricos estão envolvidos. Ninguém compreenderá a cisão entre as igrejas do Ocidente e do Oriente em termos de meras diferenças teológicas ou esperará que uma história puramente intelectual do debate sobre cigarros e câncer do pulmão revele qualquer coisa além do poder da tendenciosidade e da autoilusão. A famosa advertência de Marx, de que não é a consciência dos homens que determina sua existência material, mas o inverso, não pode ser mais adequada do que para os casos em que a palavra impressa parece ser a realidade primordial, ainda que, de fato, não existiria ou teria significação alguma se não fosse por certos fenômenos práticos. Não foram os méritos intelectuais da *Teoria Geral* de Keynes que derrotaram a ortodoxia do Ministério da Fazenda, mas a grande depressão e suas consequências práticas.

O "revisionismo", na história dos movimentos socialista e comunista, ilustra particularmente bem os perigos de uma história isolada das ideias, porque tem sido sempre, quase que exclusivamente, um assunto de intelectuais. Mas o número de artigos, livros e autores que uma tendência política produz é notoriamente uma medida pobre de sua importância prática, exceto, naturalmente, entre intelectuais. O socialismo corporativo — uma doutrina articulada e objeto de numerosos estudos — merece no máximo uma nota de pé de página na verdadeira história do movimento operário inglês. O trotskismo na Rússia Soviética dos anos 1920 teve porta-vozes mais numerosos e mais hábeis que o

REVOLUCIONÁRIOS | 171

"desvio direitista", mas seu real apoio entre os quadros do partido fora das universidades foi quase certamente muito menor. De modo inverso, obviamente, nem o número nem a natureza dos argumentos usados pelos teóricos nos dizem muito sobre os verdadeiros movimentos com os quais eles possam estar associados.

O Partido Social-Democrata Alemão condenou Bernstein quase unanimemente, mas, na prática, a política de seus líderes reformistas foi — em todo caso — ainda mais moderada do que a recomendada por ele. Os revisionistas húngaros de 1956 afirmavam que seu propósito era retornar a um leninismo mais puro e democrático, porém, como corretamente observa W. Griffith em uma das poucas contribuições úteis ao tema da coletânea *Revisionismo*, do Congresso para a Liberdade Cultural,[1] a direção efetiva dos eventos na Hungria durante aqueles dias agitados estava longe de qualquer espécie de leninismo. Em resumo, um estudo do "revisionismo", que é principalmente, como pretende a obra em questão, um conjunto de "ensaios sobre a história das ideias marxistas", provavelmente confundirá mais do que esclarecerá.

Isto não equivale a negar o interesse do estudo das ideias como tal, embora mesmo nesta atmosfera especializada e rarefeita devamos estar precavidos contra a deformação profissional dos teóricos e dos caçadores de heresias, que é a de superestimar a ausência de ambiguidade e a força impulsora dos conceitos intelectuais. Subestima-se facilmente a capacidade da mente humana de, dado o suficiente estímulo, encontrar fundamentação teórica para quase qualquer realização prática. Poderia parecer difícil transformar o marxismo ortodoxo, a proclamação específica da revolução por obra do proletariado, numa ideologia do gradualismo ou do liberalismo burguês. Mas muitos marxistas social-democratas do Ocidente fizeram o primeiro, argumentando que o momento para a revolução não chegara ainda porque o capitalismo não havia alcançado sua polarização final; os "marxistas legais" russos (que mal são mencionados nesta obra) fizeram o segundo, usando o argumento de Marx de que há uma fase do desenvolvimento histórico (isto

---

1 Leopold Labedz (ed.), *Revisionism, Essays on the History of Marxist Ideas*, Londres, 1962.

é, o presente momento) em que o capitalismo liberal é progressista e deve ser estimulado. Razões históricas explicam estes dois procedimentos aparentemente deturpados: a força da estrutura marxista nos movimentos operários do continente, que os gradualistas locais (ao contrário dos fabianos ingleses) eram relutantes em abandonar, e a ausência de qualquer tradição intelectual poderosa na Rússia, que permitiu aos empresários se sentirem confiantes e socialmente úteis, ainda que por um período histórico limitado. Entretanto, o fenômeno de que uma teoria, sem demasiada modificação aparente, se converta em fundamento de uma prática oposta deveria alertar o historiador entusiasta da doutrina pura, bem como os que creem no *post hoc ergo propter hoc*.*

É, evidentemente, perigoso confundir o contexto de uma ideia com suas consequências. Assim, sabemos que a herança "hegeliana" na análise marxista inicial ("alienação") atraiu fortemente os revisionistas da década de 1950. Permitiu-lhes desenvolver uma argumentação contra o capitalismo, a "sociedade alienante" que sobrevive aos confortos da era da afluência, ao mesmo tempo que enfatizou os aspectos humanistas de Marx, sua paixão moral e sua aspiração à liberdade. Entretanto, como observa Daniel Bell, este argumento é relativamente novo. Na década de 1930, a "alienação" teve um papel insignificante ou até mesmo esteve ausente da argumentação, tanto marxista ortodoxa quanto dissidente, e o afastamento em relação a Hegel, conservado como relíquia na *Pequena História do PCUS*, mereceu poucos comentários. Além disso, os poucos marxistas ou quase-marxistas hegelianos estavam fora da vida política e da luta partidária, como Ernst Bloch e o grupo de Frankfurt, ou eram comunistas stalinistas leais, como Lukács e Lefèbvre. Contrariamente, se o marxismo não ortodoxo ou "liberal" e "gradualista" tinha qualquer raiz filosófica, esta era (como no caso de Bernstein, dos "marxistas legais" e, ultimamente, de Kolakowski) kantiana, mais do que hegeliana, uma tendência raramente mencionada neste livro.

É, portanto, provável que o que atraiu os "revisionistas" para o Marx hegeliano não foi tanto o que eles encontrariam nele na década de 1950

---

* Em seguida a isto; logo por causa disto. Fórmula para designar o erro de tomar por causa o que é apenas um antecedente no tempo. [*N. T.*]

— as próprias deduções que Lukács tirava dele estavam longe de ser liberais — mas o fato de que ele era definido como heterodoxo e que seus defensores, expostos aos resmungos e excomunhões dos mercenários do partido, atraíam os jovens críticos. Atribuir as raízes do revisionismo ao Marx de 1844 ou ao Lukács de 1923 é um erro de enfoque em medida muito maior do que os ortodoxos ou os autores desta coletânea parecem perceber. É também simplificar excessivamente o processo pelo qual as ideias, algumas mais adequadas ao propósito e outras menos, são adaptadas a certas posições políticas, porque é a atitude que requer a ideia e não o inverso.

Tais procedimentos não são os únicos tendentes a confundir o leitor deste livro que busca descobrir, principalmente, o que representa o revisionismo como fenômeno histórico. Embora não se possa concluir tal coisa de uma coletânea de artigos que trata imparcialmente Bernstein e Trotsky, Bukharin e Otto Bauer, Luxemburg, Plekhanov, Deborin, Lukács e Tito, o "revisionismo" abarca, em termos históricos, dois períodos relativamente breves na história doutrinária do marxismo: um ao término do século passado e princípios do atual e outro a partir dos anos 1950. Ambos têm certas coisas em comum. Ambos ocorreram em períodos em que o curso dos acontecimentos — em particular a força e a prosperidade do capitalismo no mundo ocidental — parecia lançar sérias dúvidas sobre as previsões de seu desaparecimento iminente, no qual os marxistas acreditavam e, portanto, sobre a análise geral em que se considera que aquelas se baseavam. Ambos foram, portanto, associados a uma "crise do marxismo" (a expressão foi cunhada por T.G. Masaryk em 1897), isto é, a tentativas de revisá-lo ou complementá-lo e de buscar bases satisfatórias ou realistas para a ação socialista. Estes dois períodos de hesitação se provaram temporários, mas enquanto duraram estiveram limitados, sobretudo, aos países onde as perspectivas revolucionárias ao velho estilo do marxismo tornaram-se obscuras ou sem sentido. Aqueles países onde isto não ocorreu permaneceram, em grande parte, imunes ao fenômeno.

Assim como em 1896-1905 os russos, os poloneses, os búlgaros e os sérvios foram os mais tenazes defensores das antigas verdades da luta de classes e dos grandes avanços revolucionários, também nos anos 1950 a Ásia, a África e a América Latina permaneceram em grande parte à margem dos eventos que convulsionaram os partidos comunistas europeus. É nestes países que os chineses, agora defensores da velha verdade contra a sua nova diluição, procuraram ou encontraram a maioria de seus partidários no interior dos movimentos comunistas.

Em ambos os casos, além disso, o rótulo de "revisionismo" não foi nem deve ser aplicado, como sugere o editor deste volume, a todos os desvios não oficiais da ortodoxia marxista admitida, mas apenas a um tipo: aquele situado à direita na topografia política do socialismo. Isto foi evidente em 1900, quando o "revisionismo" era equivalente ao fabianismo marxista de Bernstein e foi justamente cunhado para designá-lo. Não foi assim tão claro nos anos 1950, quando os líderes comunistas ortodoxos apressaram-se a usar o termo, que claramente sugeria o abandono da luta de classes, da revolução e do socialismo contra todos os dissidentes a quem se o pudesse aplicar com alguma razão plausível. Paradoxalmente, tinham a este respeito muito em comum com os colaboradores da presente coletânea. Entretanto, também está claro nesse período que, a propósito dos temas globais que separavam os "revisionistas" de seus oponentes — a estabilidade e as perspectivas do capitalismo, gradualismo *versus* revolução ao velho estilo, as virtudes da democracia burguesa ou do pensamento burguês e coisas semelhantes —, os "revisionistas" eram aqueles que estavam à direita do espectro do comunismo.

Naturalmente, podia-se distinguir entre eles vários graus de moderação e seria desejável limitar a denominação àqueles que, na teoria ou na prática, abandonaram seu leninismo original para abraçar posições difíceis de distinguir da social-democracia ocidental ou do liberalismo, como, por exemplo, ao Sr. Djilas. Na prática é impossível manter claramente tal distinção, em parte porque muitos destes revisionistas do leste europeu preferem, por razões óbvias, a camuflagem da argumentação leninista, em parte também porque as distinções estáticas falsificam a natureza das ideias que estão ainda em evolução e, em parte, porque qualquer um gosta de ter um revisionista à sua direita de quem possa claramente distinguir-se. Entretanto, ela tem algum sentido. Gomulka, ainda que um direitista segundo os padrões do debate comunista clássico, era plenamente um comunista e provavelmente assim permanecerá. Este não é o caso de vários jovens revisionistas poloneses do círculo de *Po Prostu*.

Em um aspecto, naturalmente, os dois momentos são distintos. O revisionismo dos anos 1950 estava em grande parte preocupado com os problemas internos do socialismo — especialmente do stalinismo — que não existiam em 1900. Portanto, imbricou-se inextricavelmente com vários debates tradicionais no interior do movimento socialista, tal como aquele entre socialismo de Estado e libertário e com as controvérsias em torno dos *soviets* dos anos 1920. Estas não tinham qualquer conexão com o revisionismo de direita. Pelo contrário, estas questões eram frequentemente suscitadas pela esquerda utópica e não utópica, ou, em todo caso, por aqueles que, como Rosa Luxemburg e Trotsky, tinham credenciais incontrovertidas como revolucionários radicais e oponentes altissonantes do revisionismo original. Além disso, na reação contra o stalinismo, era natural que alguns comunistas buscassem precedentes e inspiradores entre os marxistas não stalinistas ou préstalinistas e, neste sentido, qualquer marxista esquecido ou divergente serviria. Consequentemente, isto originou uma confusão interminável. Assim, a eliminação de Trotsky por Stalin e a solidez de suas críticas a muitas tendências do regime soviético tornaram Trotsky popular entre alguns revisionistas. Ao mesmo tempo, a ala do movimento comunista que então mais claramente representava a abordagem trotskista da revolução mundial era, sem dúvida, a chinesa.

Nenhuma destas confusões é efetivamente dissipada pela coletânea de vinte e sete estudos sobre temas escolhidos muito arbitrariamente, vários dos quais já publicados de uma ou outra forma, que Leopold Labedz editou. Ela proporcionará ao leitor uma sinopse útil do trabalho de alguns pensadores relativamente pouco conhecidos, alguns argumentos interessantes (por exemplo, sobre Lukács) e alguma informação sobre escritores, revistas ou grupos de importância secundária no Ocidente. Salvo por dois capítulos menores sobre a Índia e o Japão, ela ignora inteiramente o mundo extraeuropeu, assim como, à exceção do capítulo de Galli sobre a Itália, dá pouca atenção à crise no interior dos partidos comunistas ocidentais, que constitui uma parte evidente do fenômeno do "revisionismo". O professor Coser, num ensaio sobre os Estados Unidos, conseguiu realizar a façanha de não mencionar sequer uma vez o PC norte-americano. Duvignaud, autor do mais paroquial de todos os capítulos do livro, deixa-nos inteiramente às escuras sobre a situação política francesa — por exemplo, sobre o papel da guerra argelina na cristalização do descontentamento no interior do PC — e omite até mesmo importantes dissidentes como Lucien Goldmann e Serge Mallet.

Algumas destas omissões se devem, sem dúvida, às dificuldades inevitáveis em editar uma coletânea, uma das maneiras mais rápidas mas também menos satisfatórias de fazer um livro. Outras, porém, são devidas às limitações gerais da abordagem histórica que esta obra parece representar. Continuamos aguardando a obra que situará o "revisionismo" dos anos 1950 em sua perspectiva própria como fenômeno histórico. A presente antologia de ensaios pode alimentar uma curiosidade passageira entre os "estudiosos do comunismo" não profissionais e entre os "sovietólogos", mas é duvidoso que deixe uma marca permanente e destacada na literatura sobre o comunismo moderno.

(1962)

14
O PRINCÍPIO DA ESPERANÇA

EM NOSSA ÉPOCA, os homens desconfiam do mundo ocidental e não esperam muito do futuro, salvo, talvez, a sorte de Robinson Crusoe — uma ilha individual à margem do caminho trilhado. Resistir aos assaltos das grandes máquinas feitas por e de homens e sobreviver às consequências da loucura humana coletiva são as ambições maiores dos intelectuais do Ocidente. Mesmo o sonho dos famintos, um continente repleto de comida farta e programas de televisão, transforma-se numa realidade de úlceras e degeneração gordurosa. Uma precaução moderada parece ser a melhor postura para o homem, e a ausência de paixões, o seu objetivo social menos nocivo.

Podemos, afinal, esperar algo melhor, argumenta-se, do que evitar que a raça humana faça explodir seu planeta, que as instituições políticas mantenham uma ordem tolerante entre homens insensatos ou pecadores — com um pouco, talvez, de melhorias aqui e ali —, que uma trégua tácita seja estabelecida entre ideais e realidades, indivíduos e coletividades? Não é provavelmente casualidade que os quatro principais Estados do Ocidente tenham sido, no final dos anos 1950, presididos por figuras paternais ou avunculares procedentes (na Europa, pelo menos) das memórias do último período de estabilidade que o nosso continente recorda, os anos anteriores a 1914.

Uma geração inteira foi educada nesta mediocridade emocional nas sociedades opulentas e inseguras do Ocidente do pós-guerra, e seus ideólogos foram aqueles do desespero ou do ceticismo. Felizmente, a educação foi ineficaz. Já os últimos produtos dos anos 1950, trabalhos como *End of Ideology*, de Daniel Bell, ou *High Tide of Political Messianism*, do professor Talmon, destoam singularmente da atmosfera passional, turbulenta, confusa mas esperançosa, desse fenômeno internacional que se conhece como a "nova esquerda" intelectual. É tempo, talvez, para *Das Prinzip Hoffnung*.[1] Pode ser que o historiador do futuro, ao considerar esta nobre e volumosa obra — cada uma de suas 1.657 páginas dando testemunho de seu tema — a veja sobressair nos umbrais dos anos 1960 como a arcada no exterior da estação de Euston: antecipando novas partidas, porém de maneira simbólica e não funcional.

A esperança é o tema do professor Bloch e o tem sido, de fato, desde que sua trajetória injustamente negligenciada como filósofo dos sonhos humanos começou com *Geist der Utopie [O Espírito da Utopia]* (1918) e *Thomas Münzer als Theologe der Revolution [Thomas Münzer como Teólogo da Revolução]** (1921). A esperança o manteve durante os anos de seu exílio americano, quando o presente trabalho foi escrito (1938-47). Hoje se nos oferece em edições das Alemanhas Oriental e Ocidental, revisadas em 1953 e 1959.

Trata-se de uma obra estranha, densa, às vezes absurda, mas, não obstante, soberba. O leitor inglês pode julgá-la quase inverossímil por que em nosso país o filósofo à moda antiga, como os nossos avós o conheceram, está desaparecendo como o bisão das planícies, caçado pelos lógicos matemáticos e os definidores de questões suscetíveis de indagação. O leitor alemão reconhecerá nele um esplêndido exemplar da tradicional filosofia romântica alemã, uma espécie de Shelling marxista, como um resenhista com justiça o chamou. Mas mesmo em seu país natal, filósofos como ele são agora raros. Sem dúvida, como vários outros aspectos da cultura tradicional alemã, torna-se mais fácil para eles sobreviverem na Alemanha Oriental sob uma camada de marxismo doutrinário do que no Ocidente americanizado. De qualquer modo, pareceu pelo menos a um crítico alemão ocidental como "irritante" que um fenômeno tão magnífica e arquetipicamente alemão como a filosofia do

---

1 Ernest Bloch, *Das Prinzip Hoffnung*, 2 vols., Frankfurt, 1959.

* Publicado no Brasil sob o título *Thomas Münzer, Teólogo da Revolução*, Ed. Tempo Brasileiro, Rio de Janeiro, 1973. [*N. T.*]

professor Bloch viesse de "mais além do Elba". Entretanto, ele permaneceu figura algo isolada desde sua transferência para a República Federal.

O ponto de partida da argumentação do professor Bloch é a observação empírica de que o homem, a despeito dos mais sombrios *littérateurs*, é um animal esperançoso. Estar insatisfeito, desejar vislumbrar um estado mais geral em que as coisas poderiam ser diferentes (isto é, melhores) do que são, é a forma mais elementar desse impulso humano fundamental. Sua forma mais elevada é a Utopia — a construção da perfeição que os homens procuram ou tentam realizar ou que, pelo menos, brilha sobre eles como um sol intelectual. Esta Utopia não se limita à ideia da construção de comunidades ideais. Há imagens de desejo em todos os lugares: em nossos sonhos de saúde e beleza corporais perfeitas, de afastar a doença, a velhice e mesmo a morte; nos sonhos de uma sociedade sem necessidades. Existem as imagens de um mundo transformado pelo controle técnico da natureza, as construções e as cidades de sonhos refletidos imperfeitamente em todas as arquiteturas, mesmo nas mais modestamente funcionais, da vida real. A Utopia de um Eden ou Eldorado perdidos ou não descobertos perseguia os exploradores; a paisagem sonhada da perfeição — "um mundo mais adequadamente ajustado ao homem" — assombra a poesia, a ópera e a pintura. Existem as perspectivas de sabedoria absoluta.

Mas, para o professor Bloch, a Utopia é mais ainda do que esta ampla gama de "antecipações, imagens do desejo, os conteúdos da esperança". Reside em todos os homens que lutam para "se realizarem", isto é, para realizar aqui e agora o ideal de plena humanidade que sabemos estar latente em nós mesmos. Reside no sonho de eternidade nesta vida, como na ânsia de Fausto por um momento de vida que será eterno: "Verweile doch, du bist so schön". Este sonho do presente intensificado até a eternidade encontra sua expressão, para Bloch, na arte da música. Reside, finalmente, na revolta contra os limites da vida e do destino do homem, nas imagens da esperança contra a morte, que encontram uma expressão mítica em nossas religiões.

Mas a esperança, o desejo de mudança, a Utopia, não são meramente aspectos fundamentais do comportamento humano. Representam a realidade porque, para o professor Bloch, expressam o fato fundamental da mudança na natureza, que, através deles, se orienta em direção ao futuro. A própria vida, por estar em permanente evolução, por ser "inacabada" e, portanto, mutável e perfectível, dá ao homem espaço para a Utopia e é sua contraparte objetiva. Para o professor Bloch há uma tradição materialista-utópica na filosofia, da qual ele afirmaria descender: a da "esquerda aristotélica", que tomou a doutrina da enteléquia do mestre como seu ponto de partida e desenvolveu um conceito de matéria semovente e autocriativa. Alguns dos últimos gregos, os aristotélicos islâmicos medievais e toda a corrente de pensamento cristão herético que culminou com Giordano Bruno pertencem a esta tradição, assim como, a despeito de seu deliberado idealismo filosófico, também Hegel, pelo menos parcialmente. E também a ela pertence Marx, que usou esta tradição para colocar o hegelianismo de cabeça para cima e no qual a tradição e a esperança utópicas alcançam sua primeira e realmente correta expressão prática e filosófica. Porque em Marx o hiato entre o desejo e a sua satisfação, o presente e o futuro, é finalmente superado.

A esperança é um fato, mas para o professor Bloch é também um fato desejável. A finalidade de seu trabalho não é meramente o seu estudo, mas a sua propagação: o filósofo deve ser não apenas analista, mas também entusiasta. Seu propósito primordial é ensinar aos homens esperar de forma correta e pelas coisas oportunas, a reconhecer o que implica esperar. Consequentemente, é essencial criticar o que nega a esperança, ou melhor, o que a obscurece e a desvia, porque o *desiderium* (o "sonho antecipativo") está tão profundamente arraigado no homem que mesmo as atitudes mais pessimistas (na verdade, especialmente as mais pessimistas) podem ser demonstradas como sendo meros desvios, mais do que negações do impulso utópico — mesmo *Angst** ou o conceito do "nada". Os que realmente negam a Utopia são aqueles que criam um mundo medíocre e fechado, do qual as grandes avenidas que se abrem para a perfeição estão excluídas: a burguesia.

---

* Angústia. [*N. T.*]

Porque o mundo burguês substitui a Utopia pela "adaptação" ou fuga — a sociedade sem necessidades, pela vida de ver vitrinas e anúncios no *New Yorker*, a vida antifilisteia por romances policiais; o Éden não descoberto pelas férias em Positano e garrafas de Chianti como pés de abajures. Em vez de esperança, há mentiras; em vez de verdade, uma máscara. (O professor Bloch tem respeito e um certo carinho pelo ideal da classe média do período anterior à industrialização, exemplificado na pintura holandesa do século XVII e nos interiores de *Bierdemeier*. Dificilmente pode se enquadrar isto no seu conceito ampliado de Utopia, porém ele o tenta — de Hooch pinta "aquelas minúsculas pinturas de contornos tão nítidos que carregam consigo saudades"; contudo, tinha claridade e honestidade, e nela, "a lojinha de felicidade da esquina foi feita para parecer com uma genuína câmara de tesouro".) E todavia, a natureza da esperança é tal que há verdade mesmo nas mentiras do capitalismo. O desejo de um "final feliz", embora comercialmente explorado, é o desejo do ser humano por uma vida boa; nosso otimismo, sempre frustrado e superior ao pessimismo incondicional, é a crença de que algo pode ser feito a seu respeito.

Os ataques do professor Bloch contra as teorias que obstaculizam o reconhecimento da esperança e, especialmente, seu desdém ao dissecar a psicanálise freudiana, assim como seu desdém ainda maior ao rejeitar a psicanálise adleriana e junguiana são, portanto, essenciais à sua argumentação. Entretanto, embora estes ataques coincidam às vezes com o que costumava ser a ortodoxia marxista, não devem ser confundidos com ela. Sua crítica das modas do Ocidente não é indiscriminada: se ele rejeita o pragmatismo filosófico ou o funcionalismo na arquitetura e menospreza D.H. Lawrence (não sem certa inconfessada simpatia por parte de alguns de nós) como um "poeta-fálico sentimental", ele aprecia Schönberg e respeita a pintura abstrata. Além disso, seus argumentos são estritamente seus, porque sejam quais forem suas conclusões, a origem filosófica do professor Bloch é não marxista, ou melhor, apenas um terço marxista.

Ele é, na verdade, um "filósofo natural" alemão, sobrevivente da época de Coleridge, que se tornou revolucionário; um rebelde espontâneo contra o racionalismo mecânico, um habitante natural daquele mundo de harmonias cósmicas meio místicas, de princípios vitais, de organismos vivos, de evolução, de interação de polos opostos etc., onde se moviam Herder, Schelling e até Goethe, para não mencionar Paracelsus e Jacob Boehme. (É muito característico do livro de Bloch que Paracelsus seja citado com maior frequência do que Descartes, Hobbes, Locke e Darwin juntos.) O marxismo tem, reconhecidamente, via Hegel, raízes mais profundas nesta tradição do que é comumente admitido. Em uma obra tão tardia como o *Anti-Dühring*, Engels escreve ainda uma passagem característica exaltando Kepler acima de Newton, assim como uma defesa concreta dos aspectos positivos da "filosofia da natureza". Contudo, os outros dois componentes reconhecidos do marxismo, o inglês e o francês, têm uma genealogia bem diferente e, de fato, sua força reside na combinação das tradições do pensamento "clássico" e "romântico", se o termo pode ser usado neste contexto. Mas o professor Bloch é quase totalmente um "romântico".

Daí, tanto a força quanto a fraqueza de seu trabalho. Suas posições sobre as ciências naturais parecerão aos leitores anglo-saxões intencionalmente absurdas, talvez porque vivemos numa época em que os principais avanços nas ciências são obra de matemáticos e de um sofisticado neomecanicismo. Mas se suas críticas podem parecer incompreensíveis aos olhos dos cientistas pela mesma razão que a rejeição da ótica de Newton por Goethe, nenhuma delas é aberração de loucos. Por outro lado, a abordagem do professor Bloch lhe confere grande penetração na lógica do que parece ser irracional — como o mundo das afirmações visionárias e simbólicas, um domínio para navegar os oceanos do coração humano, e uma profunda compreensão das aspirações humanas. Estes são os talentos do artista e, na verdade, o professor Bloch é um artista com a penetração psicológica de um escritor maior e com um estilo notável, onde concisos e gnômicos contrafortes flanqueiam vigorosas cordilheiras de prosa, quebradas por cascatas de nobre retórica e sobre as quais geleiras de sabedoria cintilam e reluzem.

Mas ele não é um artista que se extraviou para o terreno da filosofia. É um filósofo que também requer as técnicas do artista, para quem é igualmente essencial não apenas, por exemplo, fazer uma análise apurada dos preconceitos pequeno-burgueses de Freud, mas também expressar as aspirações de Spinoza de maneira metafórica, mas não vaga, como "ver o mundo como um cristal, com o sol no seu zênite de modo que nada projete uma sombra". O romantismo ensinou ao professor Bloch que existem coisas não facilmente expressáveis no momento, em quantidades ou proporções verificáveis, que, não obstante, "estão aí" e devem ser expressas. O que resta do amor, quando Kinsey contou seus orgasmos, quando questionários foram utilizados para mensurar seus comportamentos, fisiólogos descreveram seus mecanismos e lógicos analisaram as proposições que podem ser formuladas sobre ele, é ainda significativo, e não só subjetivamente, para os amantes.

Das Prinzip Hoffnung é um livro longo, discursivo e às vezes repetitivo. Tentar qualquer resumo de seu conteúdo, além da mais breve e da mais seca esquematização, é completamente impraticável porque se trata de um trabalho gigantesco e de alcance enciclopédico. (Quantos livros filosóficos, marxistas ou não, contêm análises da relação entre a música e a lógica escolástica medieval, discussões sobre o feminismo como uma variante da Utopia, sobre Dom Juan, Dom Quixote e Fausto como mitos, sobre o Direito Natural no século XVIII, a evolução do rosacruzismo, a história do planejamento urbano, a ioga, o barroco, Joachim de Fiore, os parques de diversão, Zoroastro, a natureza da dança, o turismo e o simbolismo dos alquimistas?) Provavelmente a maioria dos leitores apreciará o livro principalmente por sua variedade e pela síntese de várias partes muitas vezes profundamente brilhantes, às vezes peculiares e sempre estimulantes. Provavelmente haverá poucos leitores que acompanharão o autor do princípio ao fim, embora nenhum deixará de descobrir nele lampejos de notável discernimento ou os mais polidos aforismos, embebidos em parágrafos de uma página como flocos de mica em granito.

Entretanto, mesmo os mais propensos a críticas devem fazer a tentativa de acompanhá-lo até o fim de sua jornada, onde o homem "ein unterdrücktes und verschollenes Wesen",* descobre que "a verdadeira

---

* É um ser oprimido e desaparecido. [*N. T.*]

Gênesis não está no começo, mas no fim", onde Blake funde-se com Marx e a alienação termina com a descoberta, pelo homem, de sua situação verdadeira. Porque não é todo dia que somos lembrados, com tanta sabedoria, erudição, inteligência e domínio da língua, de que a esperança e a construção do paraíso terreno são o destino do homem.

(1961)

15

A ESTRUTURA D'*O Capital*

HÁ POUCOS ANOS, qualquer observador hábil e perspicaz do marxismo poderia sugerir que a história de sua evolução como teoria chegara virtualmente ao fim, ou, pelo menos, que se estagnara. Já não é possível, hoje, sustentar esta posição. O rompimento da superfície aparentemente homogênea e fortemente congelada do stalinismo na União Soviética e do movimento comunista internacional, unificado e aparentemente integrado, não apenas provocou ou revelou fraturas equivalentes no compêndio sistemático de dogmas elaborado nos anos 1930 e brilhantemente simplificado para fins pedagógicos na *Pequena História do PCUS*. O descongelamento da camada de gelo também regou, ao derreter-se, as numerosas plantas da heterodoxia, do cisma ou do simples desenvolvimento não oficial que sobreviviam à margem da geleira gigantesca ou sob sua superfície. As centenas de flores se abriram, as escolas começaram de novo a debater de uma maneira desconhecida de todos, com exceção dos veteranos que podiam reviver suas memórias da década de 1920, ou dos mais velhos que podiam recordar-se do período anterior a 1914. O marxismo, que aparentemente aspirou a converter- se — e que, por *force majeure*, em grande parte se convertera — em um sistema fechado, que se comunicava com o mundo exterior principalmente através de uma série de operações destinadas a demonstrar que não tinha nenhuma necessidade de fazê-lo, estava aberto de novo.

Se deixamos de lado, por ausência de grande interesse teó- rico, as tentativas de preservar inalterado algo semelhante à velha ortodoxia (como na China ou entre alguns grupos sectários de outros países) e os passos para aceitar as teorias e técnicas úteis procedentes do mundo "burguês", sem integrá-las ao sistema marxista, formalmente inalterado (como ocorreu em certa medida na União Soviética), o pensamento marxista renovado dos últimos dez anos seguiu, em termos gerais, quatro veredas. Primeiro, realizou algo como uma operação arqueológica, procurando identificar as diversas camadas do pensamento teórico que gradualmente se acumulara sobre as ideias originais de Marx, na tentativa de determinar a sua própria evolução através de etapas sucessivas. Segundo, procurou identificar e dar continuidade aos vários desenvolvimentos teóricos originais realizados intermitentemente com base no marxismo, mas, por várias razões, oficialmente excluídos ou mesmo nunca assimilados no corpo principal de suas ideias. Terceiro, tentou chegar a um acordo, onde parecia oportuno, com os vários desenvolvimentos intelectuais que tiveram lugar fora do marxismo e que também foram deliberadamente excluídos do seu seio no período stalinista. Por último, tentou retornar a uma análise do mundo (isto é, principalmente de seus desenvolvimentos sociais, econômicos e políticos), depois de um longo período em que a interpretação oficial se tornara cada vez mais distante da realidade.

Entre as correntes pré-stalinistas do marxismo, uma há muito se provou particularmente fecunda e atrativa aos que se empenharam em repensá-lo: a tendência centro-europeia, para usar o termo adequado de George Lichthein. A maior parte dos raros escritores comunistas que mantiveram qualquer reputação como espíritos independentes nos anos 1940 e princípios dos anos 1950 pertenceram a esta tradição, como, por exemplo, George Lukács, Henri Lefèbvre ou Gramsci, que se nutriu da versão italiana do hegelianismo mais do que da alemã. Os centro-europeus participaram dessa reação apaixonada contra o positivismo evolucionista e o determinismo mecanicista a que os líderes teóricos da Segunda Internacional tenderam a reduzir o marxismo e que, de uma forma ou de outra, constituiu a base intelectual para um retorno à ideologia revolucionária nos anos anteriores e seguintes à Revolução de Outubro. Por um breve período depois do colapso do sindicalismo (que absorvera parte desta reação de esquerda contra os Kautsky do período anterior a 1914), virtualmente todas as correntes rebeldes fluíram juntas para a única catarata do bolchevismo. Depois da morte de Lenin, recomeçaram a divergir; ou melhor, a construção gradual e sistemática de um único canal teórico oficial que veio a se chamar "leninismo" excluiu da corrente principal o restante. Entretanto, embora o próprio pensamento de Lenin fosse uma das formas dessa reafirmação da teoria revolucionária frente ao "revisionismo" e ao "reformismo", e de longe a mais importante na prática, não era, de modo algum, a única. Luxemburg e Mehring na Alemanha, os hegelianos centro-europeus e outros convergiram para Lenin na prática revolucionária, mas não eram, em qualquer sentido, leninistas em suas origens ou em seu procedimento intelectual.

Politicamente, a tendência centro-europeia era revolucionária, para não dizer ultraesquerdista. Socialmente, não era tanto um conjunto de intelectuais — todas as escolas ideológicas o são, de uma forma ou de outra — quanto de homens e mulheres inclinados à agitação, ao debate e à atividade literária mais do que à organização e à atividade prática (bolchevista). No que diz respeito à teoria, eram acima de tudo hostis às versões darwinistas e positivistas do marxismo ao estilo de Kautsky e receosas, inclusive, daqueles aspectos do Marx maduro e de Engels que poderiam fomentar o determinismo em detrimento do voluntarismo. Mesmo o jovem Gramsci, em Turim, reagiu à Revolução de Outubro proclamando uma "revolta contra *O Capital* de Marx". Filosoficamente, tendiam a enfatizar — contra os teóricos mais oficiais da social-democracia e os revisionistas — as origens hegelianas de Marx e seus escritos de juventude, conforme eram conhecidos então. A publicação dos *Frueshschriften*, por Landshut e Mayer em 1932, proporcionaria aos centro-europeus o que se tornou seu texto básico, os *Manuscritos de 1844*, e seu instrumento operacional básico, a "alienação". Por essa época, entretanto, a situação política havia mudado. Os centro-europeus não mais se situavam na extrema esquerda do movimento, ocupada agora pelos trotskistas (embora, no Ocidente, a maioria destes, como J.P. Nettl observou, era, na verdade, luxemburguistas). Seu voluntarismo apaixonado, seu próprio desprezo pela ciência burguesa e sua idealização da consciência proletária haviam sido seletivamente absorvidos e mesmo exagerados pela doutrina oficial soviética. A principal vantagem que os centro-europeus conservaram foi de um lado a capacidade para combinar a paixão pela revolução social e a facilidade em aceitar a disciplina jesuítica dos partidos comunistas com os interesses dos intelectuais ocidentais de meados do século XX — tais como a cultura *avantgarde* e a psicanálise — e, de outro, uma versão da teoria marxista que, frente à tendência aparente dos eventos na própria União Soviética, reafirmava a Utopia humanista de Marx. A guerra e a resistência lhes trouxeram o reforço político, especialmente na França, de intelectuais revolucionários para quem a descoberta da filosofia alemã (neste caso não mediada pelo marxismo) deu uma justificativa para a afirmação da liberdade humana, para o ato desta afirmação e luta e, portanto, para a função do intelectual "engajado". Através dos fenomenologistas, Sartre passou a ocupar algo semelhante a uma posição de centro-europeu honorário e, daí, um espaço que, de qualquer forma, ele considerava marxista. O colapso do stalinismo atenuou o que se tornara uma pressão cada vez mais intolerável sobre os centro-europeus no interior do movimento comunista — a teoria stalinista demonstrara uma tolerância decrescente em relação aos elementos anteriores a 1848 ou hegelianos em Marx — e os deixou como o núcleo ideológico mais natural para o desenvolvimento do pensamento comunista crítico. Paradoxalmente, uma linha de pensamento que começou na ultraesquerda terminou na direita do movimento revolucionário.

Mais cedo ou mais tarde, uma reação deveria ser esperada. Ela surgiu agora sob a direção de Louis Althusser, filósofo que abandonou as sombras da grande *École Normale Supérieure* da Rue d'Ulm para a ribalta da celebridade no quinto e sexto *arrondissements,* coisa ainda mais difícil de alcançar. Sua ascensão foi curiosamente rápida. Antes de 1965, era praticamente desconhecido mesmo para o público de esquerda, salvo como autor de um ensaio sobre Montesquieu e uma seleção de textos de Feuerbach. Em 1965, foram publicados nada menos do que três volumes de uma coleção intitulada *"Théorie",* sob a direção de Althusser: uma coleção de ensaios sob o título *Pour Marx*[1] e

---

1 Louis Althusser, *Pour Marx,* Paris, 1960. (Edição brasileira: *Análise Crítica da Teoria Marxista,* Zahar Editores, Rio de Janeiro, 1967. Reeditado pela mesma casa em 1979, sob o título *A Favor de Marx.*) [*N. T.*]

dois livros que, em essência, reuniam os trabalhos apresentados num seminário intensivo por Althusser e seus seguidores, intitulados *Lire le Capital*[2] (Os títulos lacônicos são um selo da marca althusseriana.) Seu êxito foi surpreendente. Não é demérito para os notáveis talentos do autor — dos quais é perceptível essa combinação tão francesa de inteligência, lucidez e estilo — observar que ele teve sorte no momento de seu surgimento. Na atmosfera do Quartier Latin althusseriano, todo garoto de escola secundária ou estudante universitário de esquerda que se preze é maoista ou, pelo menos, castrista; nesta atmosfera, Sartre e Henri Lefèbvre são antigos monumentos e as autolacerações dos intelectuais ex-comunistas de 1956 são tão incompreensíveis quanto o "oportunismo" de Waldeck-Rochet e Roger Garaudy. Uma nova geração de rebeldes requer uma nova versão da ideologia revolucionária, e Althusser é essencialmente um linha-dura da ideologia que desafia o relaxamento político e intelectual à sua volta. É característico que, embora membro do PCF, ele tenha escolhido como seu editor François Maspéro, o porta-voz da ultraesquerda.

Isto não o transforma em um "neostalinista", como insinuaram os seus detratores. As eloquentes e emocionantes páginas de autobiografia intelectual com as quais *Pour Marx* se inicia não mostram qualquer indulgência com o stalinismo, mas seu alvo não é tanto "le contagieux et implacable système de governement et de pensée (qui) provoquait ces délires"* — a prosa althusseriana pertence à tradição clássica — como as "condições de vazio teórico" em que o comunismo francês se desenvolveu e que o stalinismo ajudou a ocultar por trás da "primazia da política" tão própria, de qualquer modo, dos franceses. O que levou aqueles filósofos que não estavam satisfeitos em "se limitarem a comentários e pobres variações sobre o tema das Grandes Citações", numa atitude de pura autodefesa intelectual, a

---

2 Louis Althusser, Jacques Rancière e Pierre Macherey, *Lire le Capital* (vol. I); Louis Althusser, Étienne Balibar e Roger Establet, *Lire le Capital* (vol. II), Paris, 1960. (Edição brasileira: *Ler O Capital*, 2 volumes, Zahar Editores, Rio de Janeiro, 1979.) [*N. T.*]

* "O contagioso e implacável sistema de governo e de pensamento (que) provocou estes delírios". [*N. T.*]

negar a possibilidade de qualquer filosofia, ou ainda, a manter alguma espécie de diálogo com seus colegas profissionais "disfarçando-se — apresentando Marx com as roupagens de um Husserl, de um Hegel, ou do jovem Marx, humanista e ético — com o risco de, mais cedo ou mais tarde, confundir a máscara com a face". O fim do dogmatismo stalinista não "nos restituiu a filosofia marxista em sua integridade". Simplesmente nos revelou sua ausência. Entretanto — e aqui Althusser abandona um caminho relativamente bem trilhado e ao mesmo tempo se permite introduzir um número notável de inovações próprias —, sua ausência não era simplesmente devida aos defeitos da esquerda intelectual francesa. Foi assim porque a filosofia marxista, "fundada por Marx no próprio ato de fundar sua teoria da história, tem ainda que ser, em grande parte, construída" — o propósito ambicioso de Althusser é construí-la.

Esta posição tem, em um certo sentido, semelhança com algumas tendências do pensamento da era stalinista, porque uma das características daquele período era a afirmação sistemática da absoluta originalidade de Marx: o corte abrupto que o separava de Hegel e de sua própria juventude hegeliana, assim como dos socialistas utópicos (Roger Garaudy foi, com base nisto, obrigado a revisar o seu livro *Sources Françaises du Socialisme Scientifique*, em fins da década de 1940). Althusser também fala de *coupure* na evolução de Marx e, embora a situe, como a maioria dos estudiosos, por volta de 1845, parece relutante em aceitar que algo seja plenamente "marxista" antes da *Miséria da Filosofia* e o *Manifesto Comunista*.[3] Mas naturalmente as teorias stalinistas não tinham qualquer dúvida sobre o que era a filosofia marxista. Althusser está disposto a admitir que certos pensadores do passado começaram a fazer a pergunta crucial sobre o modo, por exemplo, em que o objeto de *O Capital* difere do da economia política — Lenin, Labriola, Plekanov, Gramsci e vários eruditos italianos seguidores do subestimado Galvano Della Volpe, os austro-marxistas (que caíram no

---

3 Althusser tem, desde então, empurrado constantemente as fronteiras do Marx "pré-marxista" ainda mais para a frente: até pouco antes de 1875, não se pode considerá-lo propriamente não hegeliano. Infelizmente, isto elimina a maior parte dos escritos de Marx.

neokantismo) e alguns críticos soviéticos (que não eram de todo conscientes a respeito das implicações de suas análises). Mas nega que se tenha dado até agora uma resposta satisfatória.

Porque não há resposta alguma no próprio Marx. Assim como a economia política clássica não percebeu bem o núcleo essencial do que ela mesma observou, de maneira que Adam Smith, por exemplo, deu respostas corretas a perguntas que não se colocara conscientemente, assim também Marx mesmo excedeu sua própria visão da realidade, deixando a gerações posteriores a tarefa de descobrir os pressupostos desta visão:

> O que a economia política não vê não é um objeto preexistente, que ela poderia ter visto e não viu — mas um objeto que a mesma produz em sua operação de conhecimento e que não lhe preexistia: precisamente essa produção mesma, idêntica a esse objeto. O que a economia política não vê é o que ela *faz*: sua produção de uma resposta nova sem questão, e ao mesmo tempo a produção de uma questão nova latente, trazida no vazio dessa resposta nova.[4]

O próprio Marx sofre da mesma fraqueza, que é inevitavelmente concomitante com o processo da compreensão. Era um homem de muito maior envergadura do que Adam Smith porque, embora incapaz de tomar plena consciência da própria novidade introduzida por ele, chega a colocar "sua" questão, formulando-a em um ou outro lugar de sua obra, talvez num contexto diferente, buscando a resposta "através da multiplicação das imagens adequadas à sua apresentação". Entretanto, podemos hoje saber o que lhe faltava: "le concept de l'Efficace d'une structure sur ses effets".[*] Ao descobrirmos essa lacuna, podemos não apenas começar a compreender a filosofia marxista — a filosofia que Marx fundou, porém, não construiu — mas também avançar além dela. Porque:

---

4 *Lire le Capital*, vol. I, pp. 25-26.

* Ibid., pp. 33-34. "O conceito de eficácia de uma estrutura sobre os seus efeitos." [N. T.]

uma ciência só progride, isto é, só vive mediante uma extrema atenção aos seus pontos de fragilidade téorica. Graças a isso ela deve sua vida menos ao que ela sabe do que ao que não sabe: sob a condição absoluta de circunscrever esse não-sabido, de estabelecê-lo no rigor de um problema.*

Está claro que o âmago da análise de Althusser é epistemológico. A natureza do seu exercício intelectual é a exploração do processo de compreensão de Marx, e seu principal método, uma leitura crítica e intensamente detalhada dos trabalhos deste, com a ajuda de todos os recursos da linguística, literatura e filosofia. A primeira reação de seus próprios leitores críticos pode ser a de que os métodos e conceitos que aplica não são necessariamente aqueles advindos do processo por ele tão apreciado de avanço epistemológico, a partir do próprio Marx. Dizer que "por outros caminhos, a teoria contemporânea em psicanálise, linguística e outras disciplinas como a biologia e talvez a física confrontou o problema sem perceber que Marx o havia 'produzido' muito antes", pode ser verdade; mas não é impossível que o problema tenha sido descoberto em Marx devido à nova e importante preferência francesa pelo "estruturalismo" linguístico e por Freud. (De fato, enquanto elementos estruturalfuncionalistas são facilmente reconhecidos em Marx, não é de forma alguma tão claro o que Freud tem a contribuir para a compreensão de *O Capital*.) Mas se, de fato, estas são, até certo ponto, percepções provenientes do exterior ("nous devons ces connaissances bouleversantes... à quelques hommes: Marx, Nietzsche et Freud"),** cabe questionar se o esforço crítico se limita simplesmente a "tornar manifesto o que está latente" em Marx.

Uma segunda reflexão é que o tipo de análise althusseriana encontra dificuldade, se não impossibilidade, de sair da estrutura formal do pensamento de Marx. Althusser está consciente desta característica ("Em nenhum ponto pisamos a fronteira absolutamente intransponível que separa o 'desenvolvimento' da especificação do conceito do desenvolvimento e a particularidade das coisas") e parece justificar isto mediante

---

* Cf. edição brasileira citada, vol. 1, pp. 29-30. [*N. T.*]

** "Devemos estes conhecimentos revolucionantes... a alguns homens..." [*N. T.*]

uma argumentação abstrata ("demonstramos que a validação de uma proposição científica como conhecimento numa determinada prática científica era assegurada pela interação de formas particulares que garantem a presença de cientificidade (*scientificité*) na produção do conhecimento; em outras palavras, através de formas específicas que conferem o caráter de conhecimento — verdadeiro — a um ato de conhecimento"). Entretanto, ainda que isto seja verdade e este método de validação possa ser aplicado tão facilmente a *O Capital* como às proposições matemáticas (o que não está claro), todos os matemáticos sabem que uma distância considerável ainda permanece entre suas demonstrações e os fenômenos da vida real — como, por exemplo, a evolução e o funcionamento do sistema capitalista — que podem corresponder às suas descobertas. Pode-se concordar com a profunda e persistente aversão de Althusser ao empirismo e ainda sentir-se preocupado por sua aparente recusa de qualquer critério exterior da prática, como o verdadeiro desenvolvimento histórico passado ou futuro ("nous considérons le résultat sans son devenir").* Porque, na verdade, Marx desceu ao difícil problema do concreto. Se não o tivesse feito, não teria escrito *O Capital*, mas teria permanecido na esfera da generalidade que domina aquela maravilhosa e subestimada *Introdução à Crítica da Economia Política*, que em muitos aspectos é a obra-chave do Marx althusseriano, como os *Manuscritos de 1844* são a obra-chave do Marx hegeliano-humanista, que ele rejeita.

Efetivamente, tão logo Althusser desce do nível em que o marxismo estabelece o que a história ou a economia pode ou não pode fazer ("a formalização matemática da econometria deve ser subordinada à formalização conceitual") e se volta para o seu verdadeiro tema, diz pouco de novo ou interessante. Faz uma crítica brilhante das concepções vulgares do marxismo sobre "base" e "superestrutura" e uma formulação satisfatória de sua interação. Mas tais aplicações práticas do princípio geral, que são usadas para ilustrá-lo, são tomadas de marxistas que utilizaram uma via mais direta e intelectualmente menos encerrada em si mesma.

---

* "Consideramos o resultado sem seu devir". [*N. T.*]

Enquanto estudiosos como Godelier[5] enfrentam os problemas concretos da periodização histórica levantados por Marx e assumem, por exemplo, um papel importante na redescoberta e reexame do "modo de produção asiático", um dos mais interessantes resultados intelectuais do renascimento do pensamento original entre intelectuais comunistas desde Stalin, a longa discussão de E. Balibar sobre o materialismo histórico (*Lire de Capital*, vol. 2) permanece definitivamente nas alturas do que se pode chamar meta-história.

Além disso, o tipo de abordagem de Althusser, ainda que valioso, reduz simplificadamente alguns dos problemas de Marx — por exemplo, o da transformação histórica. É correto mostrar que a teoria marxiana do desenvolvimento histórico não é "evolucionista" ou "historicista" no sentido do século XIX, mas se ergue sobre uma sólida base "estruturalista": o desenvolvimento é a totalidade de todas as combinações reais ou possíveis do número limitado dos diferentes elementos "da produção" que a análise define — aquelas efetivamente realizadas no passado constituem a sucessão das formações socioeconômicas. Entretanto, pode-se objetar a isto, como à concepção semelhante de Lévi-Strauss, que por si mesmo não explica como e por que uma formação socioeconômica se transforma em outra, mas simplesmente estabelece os limites fora dos quais não faz sentido falar de desenvolvimento histórico. É também correto mostrar que Marx dedicou uma extraordinária parte de seu tempo e energia tentando resolver estas questões. O trabalho de Althusser demonstra, se demonstração é ainda necessária, o notável poder teórico de Marx como pensador, sua envergadura e originalidade como "filósofo" no sentido técnico da palavra, e argumenta persuasivamente que ele está longe de ser um mero Hegel transposto do idealismo para o materialismo. Não obstante, mesmo que esta leitura de Marx seja correta, é apenas uma leitura parcial.

Isto não diminui a força de sua análise como um instrumento de crítica negativa. Qualquer que seja o nosso pensamento sobre a formulação polêmica de seus argumentos ("do ponto de vista da teoria, o marxismo

---

5 Maurice Godelier, *Rationalité et Irrationalité en Economie*, Paris, 1966. (Edição brasileira. *Racionalidade e Irracionalidade na Economia*, Editora Tempo Brasileiro, Rio de Janeiro, 1967.) [*N. T.*]

não é nem um historicismo nem um humanismo"), o vigor de suas ob jeções à interpretação de Marx baseada no hegelianismo deste ou nas ideias dos *Manuscritos de 1844*, é substancial, a agudeza de sua análise de certas fraquezas do pensamento de Gramsci (e de suas razões) ou de Sartre é impressionante, e a crítica da "construção de modelos", inclusive os tipos-ideais weberianos, é relevante. Isto se deve, até certo ponto, às habilidades individuais do homem a quem o *Le Monde* (informando sobre a sessão especial do Comitê Central do Partido Comunista Francês dedicada à discussão de seus pontos de vista e os de Garaudy) qualifica de "philosophe de grande qualité", uma qualidade revelada, entre outras coisas, pelo respeito intelectual que pensa dever a alguns daqueles que critica. Entretanto, deve-se também ao próprio pensador e à causa que tão evidentemente inspiram seu estudo apaixonado.

As pessoas o leem com atenção ou mesmo com fascínio. Não há dúvidas sobre sua capacidade de inspirar a juventude inteligente e, ainda que se possa temer que a escola althusseriana que certamente reunirá em torno de si venha ser mais escolástica do que brilhante, os resultados líquidos de seu surgimento no debate teórico marxista podem ser positivos. Porque seu procedimento é, quase por definição, o de perguntar mais do que responder questões, de negar que as respostas adequadas já existam e devam ser simplesmente restabelecidas, mesmo que através da referência mais rigorosa às fontes textuais de autoridade, porque elas ainda têm que ser elaboradas. Para Althusser, a relação entre Marx e seus leitores é de atividade em ambos os lados, de confrontação dialética que, como a realidade, não tem fim. É curioso e típico deste autor que, como filósofo (que também em um dos ensaios em *Pour Marx* fez as vezes de um crítico dramático), escolha a metáfora do teatro — desnecessário dizer a do teatro de Brecht — para descrever tanto o processo de Marx de expor o que se situa além dele (a *Darstellung* de "ce mode de présence de la structure dans ses effets, donc la causalité structurale ellemême")* como a relação dos leitores com ele:

---

* "Este modo de presença da estrutura em seus efeitos, logo a própria causalidade estrutural" [*N. T.*]

C'est alors que nous pouvons nous souvenir de ce terme hautement symptomatique de la "Darstellung", le rapprocher de cette "machinerie", et le prendre au mot, corame l'existence même de cette machinerie en ses effets: la mode d'existence de cette mis-en-scène, de ce théâtre qui est à la fois sa propre scène, son propre texte, ses propres acteurs, ce théâtre dont les spectateurs ne peuvent en être, d'occasion, spectateurs, que parce qu'ils en sont d'abord les acteurs forcés, pris dans les contraintes d'un texte et de rôles dont ils ne peuvent en être les auteurs, puisque c'est, par essence, un théâtre sans auteur.*

Mas o prazer de ler um pensador inteligente e original não nos deve vendar os olhos em relação às suas fraquezas. A abordagem de Marx por Althusser não é certamente a mais frutífera. Tal como a discussão acima insinuou discretamente, pode-se até mesmo duvidar de que seja propriamente marxista, uma vez que ela claramente não se interessa por muito do que Marx considerava fundamental — e está em desacordo com alguns dos mais apreciados argumentos de Marx, como seus escritos subsequentes, embora poucos, tornaram cada vez mais claro. Ela demonstra a recém-descoberta liberdade pós-stalinista, mesmo nos partidos comunistas, para ler e interpretar Marx com independência. Mas se este processo deve ser tomado seriamente, é necessário uma genuína erudição textual, que Althusser parece não possuir. Indubitavelmente, ele parece desconhecer, tanto em *Pour Marx* como em *Lire le Capital*, a existência dos famosos *Grundisse*, embora estivessem disponíveis em excelente edição alemã desde 1953, e pode-se mesmo suspeitar que sua interpretação antecedeu sua leitura de alguns dos textos que comenta. Ainda que seja vítima dos efeitos subsequentes do período stalinista, que estabeleceu um hiato entre a geração mais velha de cultíssimos

---

* *Lire le Capital*, vol. 2, p. 177. Nesse caso é que podemos ter em mente o termo Darstellung, compará-lo a essa maquinaria e tomá-lo literalmente, como a própria existência dessa maquinaria em seus efeitos: o modo de existência dessa encenação, desse teatro que é ao mesmo tempo a própria cena, o texto, os atores, esse teatro cujos espectadores só podem ser efetivamente espectadores porque são primeiramente os seus atores forçados, tomados nas constrições de um texto e papéis dos quais não podem ser os autores, dado que se trata, em essência, de um lexto sem autor. (Cf. ed. bras. cit., vol. II, p. 146.) [*N. T.*]

estudiosos de Marx de um lado e, de outro, os ativistas políticos e os neomarxistas mais jovens.

Além disso, o reflorescimento do marxismo requer uma disposição genuína para ver o que Marx procurava fazer, ainda que isto não implique em concordância com todas as suas afirmações. O marxismo, que é ao mesmo tempo um método, um corpo de pensamento teórico e um conjunto de textos considerados por seus seguidores fonte de autoridade, sempre sofreu com a tendência dos marxistas de começar por decidir o que pensam que Marx deveria ter dito e depois procurar a confirmação, nos textos, dos pontos de vista escolhidos. Tal ecletismo tem sido normalmente compensado por um estudo sério da evolução do próprio pensamento de Marx. A descoberta de Althusser de que o mérito de Marx se encontra não tanto em seus próprios escritos, mas em permitir que o próprio Althusser diga o que ele deveria ter dito, suprime esta compensação. É de se temer que ele não seja o único teórico a substituir o verdadeiro Marx por um outro, de sua própria criação. Se o Marx althusseriano, ou outra construção análoga, pode se tornar tão interessante quanto o Marx original, é uma questão completamente distinta.

(1966)

16

KARL KORSCH

A BUSCA DE UM MARXISMO pós-stalinista viável tendeu a ser, ao mesmo tempo, a recuperação de pensadores marxistas pré-stalinistas. Não há qualquer razão lógica por que devesse ser assim, mas os motivos psicológicos que levam os homens (especialmente os jovens) a buscar não apenas a verdade, mas também os que a ensinam, são muito fortes. De qualquer modo, devemos a esta tendência a redescoberta — pode-se quase dizer, a descoberta — de vários escritores interessantes. Karl Korsch (1886-1961) é o mais recente deles. Várias circunstâncias conspiraram para mantê-lo na obscuridade durante sua vida. Embora já fosse um comunista na primeira metade da década de 1920, seus escritos não foram vinculados a qualquer "desvio" importante ou foram, injustamente, associados, à época, às heterodoxias do Lukács de *Geschichte und Klassenbewusstsein*,* embora não sem alguma plausibilidade. Ele, dessa forma, não teve qualquer possibilidade de sobreviver à era stalinista como o guru de qualquer grupo marxista organizado, por pequeno que fosse. Os anarcossindicalistas espanhóis, dos quais ele se aproximou, não constituíam um grupo apto para divulgar, ou mesmo para entender, as ideias de um teórico de considerável complexidade e que pertencia a uma tradição acadêmica altamente desenvolvida. A vitória de Hitler enterrou seus escritos da década de 1920 e as bombas alemãs enterraram o estoque sobrevivente dos exemplares de seu *Karl Marx*, publicado em Londres em 1938, na série *Sociólogos Modernos*, de Chapman e Hall, que, de qualquer modo, tinha sido pouco notado na atmosfera do marxismo anglo-saxão daquela época.

---

* Há edição portuguesa: História e Consciência de Classe, Ed. Escorpião, Porto, 1978. [N. T.]

O ressurgimento inesperado do interesse pelo marxismo entre os intelectuais da Alemanha Ocidental na década de 1960 restituiu-o à vida. *Marxismus und Philosophie* (1923-31) foi publicado em 1966 com uma longa introdução de Erich Gerlach e alguns textos menores dos anos 1920;[1] e *Karl Marx*, em edição erudita completa de Goetz Langkau, foi publicado em 1967.[2]

À primeira vista, o interesse por Korsch parece residir no fato de que ele trouxe ao marxismo a combinação relativamente rara de um professor universitário alemão — alcançou a incômoda distinção de uma cátedra profissional na ultradireitista Universidade de Jena —, de um político ativo, ministro na Turíngia e deputado do *Reichstag*, e de um revolucionário apaixonado. Entretanto, o mais importante é sua participação naquela "esquerda centro-europeia", que foi formada nos anos anteriores à Primeira Guerra Mundial e no curso desta como um movimento de resistência teórica às ortodoxias kautskistas da Segunda Internacional, e que se fundiu, por um período mais ou menos curto, com o "bolchevismo" depois da Revolução de Outubro. Korsch dividia com a maioria desta geração de pensadores notavelmente talentosos a convicção de que a social-democracia alemã justificara sua passividade política com uma versão do marxismo que, de fato, o transformou numa forma de evolucionismo positivista do século XIX. A esquerda devia voltar-se do determinismo politicamente enganoso das ciências naturais para a filosofia (isto é, para o Marx filósofo da década de 40 do século XIX), ainda que fosse apenas porque a ortodoxia marxista a deixara de lado. A finalidade não era fechar o marxismo como um "sistema" metafísico, mas sim abri-lo. Era opor a constante — e até agora incompleta — crítica filosófica da realidade e da ideologia (incluindo a do próprio marxismo) às certezas estéreis do positivismo.

É objeto de controvérsia saber até que ponto este retorno a uma filosofia marxista foi alcançado ao preço de uma "re-hegelinização" sistemática de Marx, tal como era comum em toda parte na esquerda

---

1 Karl Korsch (ed. Erich Gerlach), *Marxismus und Philosophie*, Frankfurt, 1966 (edição inglesa, 1970). (Há edição portuguesa: *Marxismo e Filosofia*, Ed. Escorpião, Porto, 1977). [*N. T.*]

2 Karl Korscfh, *Karl Marx*, Frankfurt, 1967.

centro-europeia. De todos os modos, a convergência entre Korsch e Lukács provou ser apenas transitória. Porque, desde o começo, Korsch parece ter diferido de seus contemporâneos em alguns aspectos importantes. Sua crítica primitiva pré-marxista da ortodoxia, desenvolvida em Londres antes de 1914, havia reclamado não tanto por revolução quanto por um conteúdo positivo para o socialismo, tal como ele o descobrira no sindicalismo e, curiosamente, na Sociedade Fabiana, à qual havia então se filiado. Considerou o sindicalismo uma autêntica concepção proletária do socialismo, talvez a forma inevitável desta concepção. Os fabianos, ele pensava, introduziram um elemento voluntarista no socialismo por sua insistência na educação socialista do povo e uma "fórmula positiva para a construção socialista" mediante suas discussões sobre o controle da indústria.

Embora esta linha de pensamento diferisse daquelas de outros antikautskistas, convergia para elas. Todos os rebeldes de esquerda exigiam ativismo e planejamento e rejeitavam o determinismo histórico; todos eles negavam que a afirmação de Marx de que "a humanidade se coloca apenas as tarefas históricas que pode resolver" significasse que a solução dessas tarefas seria tão automática quanto sua colocação. Por outro lado, Korsch diferia do que poderíamos chamar de ala europeia-oriental desta nova esquerda, visto que ele se concentrou inteiramente nos problemas do capitalismo nos paí- ses industriais avançados. Na verdade, pode-se argumentar que sua redescoberta se deva a este fato porque nunca houve muita dificuldade em saber, ou pelo menos em propor, o que os marxistas devem fazer nos países subdesenvolvidos. O problema, desde fins do século XIX, tem sido sempre o de que eles devem fazer nos países de industrialização estável sem quaisquer perspectivas revolucionárias visíveis. Korsch se concentrou neste problema embora, infelizmente, não tivesse qualquer solução para ele.

A orientação "ocidental" de Korsch explica a coerência de sua crítica teórica ao bolchevismo, que o tornou, mesmo durante o seu período comunista, muito menos comprometido com a Revolução Russa (enquanto distinta da revolução desejável no Ocidente) do que, digamos, Rosa Luxemburg, e o levou rapidamente a abandonar qualquer juízo positivo sobre a União Soviética. Neste ponto, divergiu de seu amigo e admirador Bertolt Brecht e de muitos outros da esquerda centro-europeia. Para ele, o leninismo estava tão errado quanto o kautskismo, e pelas mesmas razões. De fato, Korsch observou de modo perspicaz que conceitos básicos do leninismo, como a ideia de que o socialismo penetra no movimento proletário através de intelectuais, poderiam ser derivados de Kautsky. Filosoficamente, as suas questões contra *Materialismo e Empirocriticismo* foram bem fundamentadas. Ao concentrar-se na defesa do "materialismo" (que não constituía uma questão séria), Lenin dirigiu seu fogo contra um falso inimigo — o "idealismo" — e deixou de atacar o verdadeiro perigo: uma "concepção materialista tingida pela ciência natural". Esta havia sido a corrente fundamental do pensamento burguês na filosofia, nas ciências naturais e sociais e havia constituído o principal modelo para a vulgarização do próprio marxismo. Portanto, o desejo perfeitamente sincero de Lenin de permanecer um hegeliano foi inútil; Lenin foi compelido a se apoiar numa visão simplificada, na verdade pré-hegeliana, da oposição entre materialismo e idealismo, que por sua vez levou-o a uma esquematização da concepção do que podia significar a afirmação marxiana de "colocar a dialética hegeliana de cabeça para cima", uma vulgarização do conceito de unidade entre teoria e prática. Em última instância, ele foi levado a uma posição que inibiria a capacidade do marxismo de contribuir para o desenvolvimento ulterior das ciências empíricas da natureza e da sociedade.

Korsch admitiu que Lenin não pretendera tanto fazer filosofia como criticar as tendências filosóficas que lhe pareciam nocivas, por várias razões, para a política do partido. Mas poderiam os marxistas ocupar-se da filosofia ou qualquer outro campo do pensamento exclusivamente em termos de sua utilidade ou nocividade para a política? Naturalmente, não.

A crítica a Lenin é justa em muitos aspectos, mas Korsch descartou os fatores que faziam do leninismo não apenas uma outra versão da teoria kautskista, mas um fenômeno histórico inteiramente distinto, uma teoria revolucionária para o mundo subdesenvolvido. Admitiu, embora relutantemente, que o leninismo era esta teoria. Negou que ela constituísse "uma expressão teórica adequada às necessidades práticas da fase atual da luta de classes". De fato, depois de sua expulsão do Partido Comunista Alemão, ele cada vez mais equiparou a União Soviética ao fascismo. Ambos eram aspectos da mesma contrarrevolução *étatiste** e totalitária que se seguiu ao efêmero fluxo do movimento revolucionário de 1917-23 e que procurou evitar sua recorrência. Uma concepção historicamente absurda como esta é plausível apenas na suposição de que o bolchevismo fora "uma fuga das exigências práticas e teóricas do proletariado industrial", reflexo da situação do "leste atrasado", que ainda enfrentava o problema de fazer sua revolução burguesa. Korsch fez esta suposição. Observou o movimento revolucionário do mundo subdesenvolvido e descartou-o como irrelevante para o proletariado industrial dos países industriais.

A dificuldade desta posição deixou-o sem uma alternativa revolucionária para o Ocidente depois que a onda de rebelião do pós-guerra regredira. Na verdade, deixou-o sem qualquer perspectiva política concreta depois do fracasso dos anarcossindicalistas espanhóis. Há indícios de que Korsch, como outros revolucionários desenganados e frustrados por longo tempo, começou a pensar que o futuro estava ligeiramente menos negro depois de 1956, mas, uma vez que não escreveu nada substancial em seus últimos anos, não devemos especular sobre como ele poderia ter modificado suas opiniões.

Inevitavelmente, à medida que a desilusão aumentava, o processo de "desenvolvimento" do marxismo tornava-se um processo de crítica, ou melhor, de eliminação de tantos de seus elementos que se tornava duvidoso, a despeito das negativas de Korsch, que o restante pudesse ser ainda chamado com propriedade de marxismo. A dialética, por exemplo, não era uma "superlógica" para ser tratada como a lógica comum — o que era razoável — mas sim a maneira pela qual, durante uma época revolucionária, as classes, os grupos e os indivíduos produzem novas ideias, dissolvem os sistemas de conhecimento existentes e "os substituem por sistemas mais flexíveis ou, melhor ainda, pela supressão

---

* Estatista. [*N. T.*]

de todo sistema, isto é, pelo uso totalmente irrestrito e livre do pensamento aplicado ao processo de transformação constante do desenvolvimento". Se combinamos isto com a rejeição da maioria das proposições efetivas de Marx sobre o mundo real como "dogmatização do resultado da pesquisa marxista" — como diz Gerlach — "que tem uma validade historicamente limitada e a derivação especulativa do desenvolvimento, no lugar da empírica", não resta muito do conjunto efetivo dos escritos de Marx. O que resta é um método para uma ciência social empírica, que herdou de Marx principalmente uma recusa bem-recebida de identificar-se com as ciências naturais, e um proletariado organizado como partido, capaz de usar este método para seus propósitos. Não havia qualquer razão evidente por que o marxismo devesse ser, ou tendesse a se tornar, a forma de consciência do proletariado e no futuro seria, na melhor das hipóteses, um dos elementos da teoria proletária, se de fato o movimento revolucionário, no seu ressurgimento, pudesse ficar limitado ao proletariado. O próprio Marx seria considerado "apenas mais um entre os muitos precursores, fundadores e estimuladores do movimento socialista da classe operária".

Podia parecer, pois, que, no período "contrarrevolucionário", Korsch se encontrou na mesma dificuldade que observou em Marx e Engels depois de 1848: a ausência de perspectivas revolucionárias realistas tornava impossível manter a "unidade de teoria e prática" e criava uma mudança inevitável da "prática" para a pesquisa empírico-teórica. Entretanto, é extremamente duvidoso que a adaptação korschiana a esta situação, ao contrário do caso de Marx, possa ser adequadamente caracterizada como "uma teoria ainda abrangente da revolução social". Seu lado prático fica reduzido à trivialidade e à esperança. Seu lado teórico estabelece uma ponte sistemática ligando o que a maioria dos anglo-saxões chamaria (talvez incorretamente) de metafísica ao método científico moderno, como na argumentação de que Hegel, cujo método não era de todo diferente dos procedimentos axiomáticos das ciências naturais modernas, não devia ser considerado em conflito com a pesquisa empírica, e na exploração, por parte de Korsch, de modelos matemáticos nas ciências sociais, como a "teoria do campo" de seu amigo Kurt Lewin em psicologia, e talvez a teoria dos jogos. Inquestionavelmente, lembrar que a mais comprometida das ciências sociais deve estar sujeita aos habituais critérios de comprovação da verdade é algo perfeitamente válido. Se isto tem relação muito concreta com o marxismo, salvo uma conexão biográfica, é uma outra questão.

É relevante enfatizar esta evolução em relação à análise política e teórica de Korsch porque ela constitui a base necessária para seus escritos e, embora razoavelmente explícito em *Marxismus und Philosophie* (ou melhor, na introdução polêmica à segunda edição deste trabalho), o tema está longe de ser explícito em *Karl Marx*, um trabalho que é, de qualquer modo, de acesso difícil ao não-especialista. Daí não se deduz que a postura extremada que expressou por volta de 1950 — uma fase acentuadamente desalentadora para mais de um pensador educado na tradição marxista — seja a mesma dos trabalhos escritos nos anos 1920 ou nos anos 1930. Entretanto, estes também seguem uma linha única de desenvolvimento. Isto não diminui o interesse dessas obras para os estudiosos de Marx e das transformações e modificações ulteriores do pensamento marxista. Korsch tinha um conhecimento crítico e erudito dos trabalhos do mestre, uma admirável consciência marxista das mudanças históricas subjacentes a seus desenvolvimentos teóricos e aos de seus seguidores e um ponto de vista que toma sua maneira de escrever muito diferente dos estilos predominantes na última geração e muito mais estimulante.

Portanto, é útil lembrar aos jovens educados com expressões etéreas sobre "alienação" ou "sociologia" que Marx é acima de tudo um economista, na medida em que a "crítica da economia política" foi constituindo, cada vez mais, a espinha dorsal analítica de sua teoria, enquanto os outros aspectos da análise foram se reduzindo cada vez mais a incidentais, embora profundos e brilhantes *aperçus*. Esta não é uma afirmação que marque época, mas é preciso dizê-lo num período em que *O Capital* pode ser considerado por alguns um tratado de epistemologia ou sociologia: "a ciência materialista da sociedade, de Marx, não é a sociologia, mas a economia". É igualmente útil submeter o processo histórico da "aceitação" do marxismo na Alemanha e na Europa do final do século XIX a uma análise fria, equilibrada e convincente. Korsch mostra que o "revisionismo" não foi a rejeição de uma teoria e prática anteriormente predominantes do marxismo revolucionário mas, de certo modo, a outra face de uma ortodoxia marxista formalizada que emergia na mesma época, cada qual uma resposta de uma teoria revolucionária a uma realidade não revolucionária, e assim sucessivamente.

Tais observações são úteis, porém não abalam o mundo. E embora Korsch evidentemente pensasse de outra forma, é difícil entusiasmar-se pelas proposições às quais ele próprio atribuía importância crucial. Não há dúvida de que a aplicação do materialismo histórico, nos anos 1920, ao estudo do próprio marxismo era rara, mas hoje já não o é:

> Uma vez que a base material da sociedade burguesa existente pode somente ser atacada e sacudida, mas não derrubada, pela luta revolucionária prática do proletariado, a teoria revolucionária do proletariado pode apenas criticar as formas socialmente arraigadas de pensamento da era burguesa, mas não pode, definitivamente, ir além delas.

O reconhecimento de que o marxismo é "incompleto" é em si mesmo insuficiente. A afirmação de Korsch permanece em um nível de vulgaridade, embora o tipo da vulgaridade que pode servir de estímulo àqueles não habituados a ela. É bastante razoável, mas para onde seguir depois? Em última análise, é a sua incapacidade de superar este nível que impede Korsch de fazer uma contribuição maior ao desenvolvimento do marxismo. Vale bastante a pena lê-lo porque é inteligente e culto. Escreveu com vigor e lucidez, comparado com o habitual estilo maçante dos teóricos marxistas centro-europeus, embora não seja fácil percebê-lo nas traduções inglesas. Vale a pena estar atento ao que ele diz, embora algumas de suas melhores ideias, como a do caráter essencialmente proletário do sindicalismo, precedam seu período marxista e não tenham relação necessária com ele. Mas, definitivamente, não há uma razão fundamental, hoje, pela qual devêssemos lê-lo.

Aplicando seus próprios critérios e os do marxismo a este fracasso, poderíamos, talvez, dizer que ele reflete a dificuldade essencial da corrente comunista "ocidental", à qual Korsch pertencia. Ela não foi uma alternativa política efetiva. Ser um revolucionário social entre as duas Guerras Mundiais significava, normalmente, de uma forma ou de outra, optar pelo bolchevismo, ainda que fosse sob alguma forma herética. Até inícios dos anos 1920, e na Espanha até fins da década de 1930, poderia parecer significar também a opção por algo como o sindicalismo, mas este era um cavalo que já visivelmente fraquejava sob o cavaleiro que desejava esporeá-lo em direção ao objetivo da revolução vitoriosa. Não havia outra opção para um revolucionário, embora o marxismo houvesse tolerado várias formas de adaptação e de desenvolvimento teórico que o tornaram apto para funções não revolucionárias. Por razões compreensíveis do ponto de vista emocional, Korsch rejeitou tais adaptações "revisionistas". E ao rejeitar também o bolchevismo, ficou isolado, estéril tanto prática quanto teoricamente e numa situação não pouco trágica, como um São Simão ideológico sobre seu pilar.

(1968)

IV
SOLDADOS E GUERRILHAS

17

O Vietnã e a dinâmica da guerra de guerrilhas

TRÊS FATORES GANHARAM as guerras convencionais neste século: maiores reservas de efetivo humano, maior potencial industrial e um sistema de administração civil razoavelmente funcional. A estratégia dos Estados Unidos nas duas últimas décadas tem sido baseada na esperança de que o segundo destes fatores (no qual eles são superiores) compensaria o primeiro, no qual se acreditava que a URSS tivesse uma pequena vantagem. Esta teoria era baseada num cálculo errôneo da época em que a única guerra previsível era contra a Rússia, uma vez que as potências do Pacto de Varsóvia não têm população maior do que as da OTAN. Simplesmente, ocorria que o Ocidente estava mais relutante em mobilizar seu efetivo nas formas convencionais. Entretanto, no presente, o argumento é provavelmente mais válido, porque alguns dos Estados ocidentais (como a França) quase certamente se manterão neutros em qualquer guerra mundial que venha a ocorrer, e a China, por si só, possui mais homens do que todas as potências ocidentais que provavelmente lutarão juntas. De qualquer modo, sejam os argumentos certos ou errados, os Estados Unidos desde 1945 têm apostado inteiramente na superioridade de seu poderio industrial, na sua capacidade de usar numa guerra mais máquinas e mais explosivos do que qualquer outro país.

Consequentemente, eles ficaram gravemente abalados ao descobrirem que um novo método de ganhar guerras foi desenvolvido em nossa época, e que este método supera a organização e o poder industrial das operações militares convencionais. Trata-se da guerra de guerrilhas, e o número de Golias que tem sido derrubado pelos estilingues dos Davi já é impressionante: os japoneses na China, os alemães na Iugoslávia na época da guerra, os ingleses em Israel, os franceses na Indochina e Argélia. Atualmente, os próprios Estados Unidos estão sendo submetidos ao mesmo tratamento no Vietnã do Sul. Daí as angustiadas tentativas de lançar bombas e mais bombas contra homens pequenos, escondidos atrás de árvores, ou de descobrir a mágica (por certo deverá haver uma...!) que permite aos poucos milhares de camponeses mal armados conter o maior poderio militar da terra. Daí também a simples recusa em acreditar que possa ser assim. Se os Estados Unidos estão frustrados, seguramente a causa deve residir em alguma outra razão mensurável e bombardeável: os agressivos norte-vietnamitas, que verdadeiramente simpatizam com seus irmãos do sul e contrabandeiam gota a gota suprimentos para eles; os terríveis chineses, que têm a ousadia de possuir uma fronteira comum com o Vietnã do Norte; e sem dúvida, eventualmente, os russos. Antes que o bom senso desapareça completamente (pela janela), vale portanto a pena examinar a natureza da guerra de guerrilhas moderna.

As operações do tipo guerrilha não são um fenômeno novo. Qualquer sociedade camponesa tem seu bandido "generoso" ou Robin Hood que "toma dos ricos para dar aos pobres" e escapa a todas as grosseiras ciladas de soldados e policiais até ser traído. Porque enquanto nenhum camponês o denunciar e enquanto o mantiverem plenamente informado sobre o movimento de seus inimigos, ele é realmente tão imune às armas e tão invisível aos olhos hostis quanto apregoam invariavelmente as lendas e canções a seu respeito.

Tanto a realidade quanto a lenda são encontradas em nossos dias, literalmente da China ao Peru. Assim como os recursos militares dos bandidos, os dos guerrilheiros são os óbvios: armamentos elementares reforçados por um conhecimento detalhado do terreno difícil e inacessível, mobilidade, resistência física superior à de seus perseguidores, mas acima de tudo uma recusa em lutar nos termos do inimigo, isto é, com força concentrada e frente a frente. Mas o principal recurso da guerrilha não é militar e sem ele torna-se indefesa: deve ter a simpatia e o apoio, ativo e passivo, da população local. Qualquer Robin Hood que os perca está morto, e assim também qualquer guerrilheiro. Todo livro-texto sobre guerra de guerrilhas começa assinalando isto, que é algo que a instrução militar "contrainsurrecional" não pode ensinar.

A principal diferença entre a forma antiga e, na maioria das sociedades camponesas, a forma endêmica de banditismo e a guerrilha moderna consiste em que o bandido social do tipo "Robin Hood" tem objetivos militares extremamente modestos e limitados (é geralmente apenas uma força muito pequena e localizada). A prova de fogo de um grupo guerrilheiro surge quando ele se propõe tarefas ambiciosas como a derrubada de um regime político ou a expulsão de uma força regular de ocupação, e especialmente quando se dispõe a fazê-lo não em algum canto remoto de um país (a "zona liberada"), mas em todo um território nacional. Até princípios do século XX, dificilmente quaisquer movimentos guerrilheiros enfrentaram esta prova; operavam em regiões extremamente inacessíveis e marginais — o exemplo mais comum são as regiões montanhosas — ou se opunham a governos nacionais ou estrangeiros relativamente primitivos ou ineficientes. As ações guerrilheiras desempenharam, algumas vezes, significativo papel em guerras modernas de envergadura, seja como fator exclusivo em condições excepcionalmente favoráveis, como no caso dos tiroleses contra os franceses em 1809, ou mais comumente como auxiliares de forças regulares — durante as guerras napoleônicas, por exemplo, ou, em nosso século, na Espanha e na Rússia. Entretanto, por si mesmas e durante muito tempo, elas quase certamente fizeram pouco mais do que molestar o inimigo, como no sul da Itália, onde os franceses de Napoleão nunca foram seriamente perturbados. Esta pode ser uma das razões por que elas não preocuparam muito os pensadores militares até o século XX. Uma outra razão, que pode explicar por que até mesmo os combatentes revolucionários não as levavam muito em consideração, é que praticamente todas as guerrilhas existentes foram ideologicamente conservadoras, ainda que socialmente rebeldes. Poucos camponeses haviam sido convertidos a posições políticas de esquerda ou haviam seguido líderes políticos da mesma tendência.

A novidade da moderna guerra de guerrilhas, portanto, não é tanto de natureza militar. Os guerrilheiros de hoje podem ter à sua disposição equipamento muito melhor do que tiveram seus predecessores, mas são ainda invariavelmente menos bem armados do que seus oponentes (uma grande parte de seu armamento deriva — nos estágios iniciais, provavelmente a maior parte — do que podem capturar, comprar ou roubar de seus adversários, e não, como o folclore do Pentágono pretende, de fornecimento estrangeiro). Até a fase final da guerra de guerrilhas, quando as forças guerrilheiras convertem-se em um exército e podem efetivamente enfrentar e derrotar seus adversários em batalha aberta, como em Dienbienphu, não há nada nas páginas puramente militares de Mao, Vo Nguyen Giap, Che Guevara ou em outros manuais de guerrilha que um *guerrillero* tradicional ou um chefe de bando veria como outra coisa que não simples bom senso.

A novidade é política e é de duas espécies. Primeiro, são mais comuns hoje as situações em que as forças guerrilheiras podem contar com o apoio de massas em áreas amplamente diferentes de seu país. Assim o faz, em parte apelando para o interesse comum dos pobres contra os ricos, dos oprimidos contra o governo e, em parte, explorando o nacionalismo ou o ódio aos invasores estrangeiros (frequentemente de uma outra cor). É, uma vez mais, apenas folclore dos especialistas militares dizer que "o único desejo dos camponeses é que os deixem em paz". Não é verdade. Quando não têm pão, querem pão; quando não têm terra, querem terra; quando são enganados pelos funcionários de uma remota capital, querem se ver livres deles. Mas, acima de tudo, querem gozar de seus direitos como seres humanos e, quando dominados por estrangeiros, querem se livrar deles. Deve-se acrescentar que uma guerra de guerrilhas eficiente só é possível em países em que tais apelos podem ser feitos com bom êxito a uma alta porcentagem da população rural numa grande proporção territorial do país. Uma das principais razões para a derrota da guerrilha na Malásia e no Quênia foi a inexistência destas condições: os guerrilheiros foram quase inteiramente recrutados entre os chineses ou os kikuyo, enquanto os malaios (que constituíam a maioria da população rural) e o resto da população do Quênia permaneceram em grande parte à margem do movimento.

A segunda inovação política é a ampliação, não apenas do apoio aos guerrilheiros, mas da própria força guerrilheira, através de partidos e movimentos de âmbito nacional e, às vezes, internacional. A unidade guerrilheira não é mais um produto puramente local; é um corpo de quadros permanentes e móveis em torno do qual se articula a força local. Estes quadros a unem a outras unidades até formar um "exército guerrilheiro" capaz de desenvolver uma estratégia de âmbito nacional e de ser transformado em um autêntico "exército". Também a vinculam geralmente com o movimento nacional não envolvido de maneira direta na luta armada, e particularmente com as cidades politicamente decisivas. Isto implica uma mudança fundamental no caráter de tais forças: significa que os exércitos guerrilheiros já *não* são compostos só de núcleos de revolucionários puros vindos de fora do território. Por numerosos e entusiastas que sejam os voluntários, o recrutamento exterior de guerrilheiros é limitado em parte por considerações técnicas e em parte porque muitos recrutas potenciais, especialmente os intelectuais e trabalhadores das cidades, simplesmente não são qualificados para esta luta — não possuem o tipo de experiência necessária que somente a ação guerrilheira ou a vida camponesa podem dar. As guerrilhas podem ser iniciadas por um núcleo de quadros, mas mesmo uma força totalmente exterior, tal como as unidades comunistas que se mantiveram por alguns anos depois de 1945 em Aragão (Espanha), cedo tem que começar um sistemático recrutamento entre a população local. Para alcançar êxito, a maior parte de qualquer força guerrilheira deve ser recrutada entre a população local, ou entre combatentes profissionais que foram, por sua vez, recrutados dentre a população local; as vantagens militares disto são imensas — como Che Guevara observou — porque o homem que procede da população local "tem seus amigos a quem pode fazer um pedido pessoal de ajuda; conhece o terreno e provavelmente tudo o que acontece na região; e contará também com o entusiasmo adicional do homem que está defendendo sua própria casa".

Mas se a força guerrilheira é um amálgama de quadros externos e recrutas locais, deverá sofrer, além disso, uma transformação completa. Terá não apenas coesão, disciplina e moral sem precedentes, desenvolvidos por uma educação sistemática (em leitura e escrita, bem como em técnicas militares) e formação política, como também mobilidade jamais vista sobre o terreno. A "Longa Marcha" levou o Exército Vermelho de Mao de uma ponta da China a outra e os guerrilheiros de Tito efetuaram migrações semelhantes depois de derrotas semelhantes. E aonde quer que o exército guerrilheiro vá, aplicará os princípios essenciais da guerra de guerrilhas que, quase por definição, se tornam inaplicáveis pelas forças convencionais: (a) pagar por tudo o que é fornecido pela população local; (b) não violentar as mulheres da região; (c) dar terra, justiça e escola aonde quer que vá; e (d) nunca viver melhor ou diferente do que os habitantes locais.

Tais forças, operando como parte de um movimento político de âmbito nacional e com o apoio popular, provaramse extraordinariamente poderosas. Quando em sua melhor forma, simplesmente não podem ser derrotadas através de operações militares convencionais. Mesmo quando estão em condições menos favoráveis, somente podem ser derrotadas — de acordo com os cálculos dos especialistas ingleses em contrainsurreição, na Malásia e em outros lugares — por um *mínimo* de dez homens no terreno para cada guerrilheiro; isto equivale a dizer, no Vietnã do Sul: por um *mínimo* de aproximadamente um milhão de americanos e fantoches vietnamitas. (Na verdade, os 8.000 guerrilheiros malaios mantiveram mobilizados 140.000 soldados e policiais.) Como os Estados Unidos estão agora descobrindo, os métodos militares ortodoxos são bastante irrelevantes, as bombas não funcionam a menos que haja alguma outra coisa além de arrozais onde fazer crateras. As forças "oficiais" ou estrangeiras logo percebem que a única forma de combater os guerrilheiros é atacando suas bases, isto é, a população civil. Foram propostas várias formas de fazê-lo, desde o antiquado método nazista de tratar todos os civis como guerrilheiros potenciais, através de massacre e tortura seletivos, até o estratagema atualmente popular de sequestrar populações inteiras e concentrá-las em locais fortificados nas aldeias, na esperança de privar os guerrilheiros de sua fonte indispensável de suprimento e informação. As forças americanas, com sua inclinação habitual para resolver os problemas sociais através de meios tecnológicos, parecem ter uma preferência por destruir tudo o que encontram em amplas áreas, presumivelmente na esperança de que todos os guerrilheiros da zona serão mortos juntamente com o restante da vida humana, animal e vegetal ou que, de algum modo, todas aquelas árvores e arbustos desapareçam, deixando os guerrilheiros sem proteção, de modo que possam ser bombardeados como verdadeiros soldados. O plano de Barry Goldwater de desfolhar as florestas vietnamitas através de bombas nucleares não foi mais grotesco do que o que está sendo atualmente executado segundo estes critérios.

A dificuldade de tais métodos consiste em que eles simplesmente ratificam o apoio da população local aos guerrilheiros e fornecem a estes um suprimento constante de recrutas.

Daí os planos antiguerrilha, tramados para combater o inimigo através do melhoramento das condições sociais e econômicas da população local, à maneira do rei Frederico Guilherme I, da Prússia, de quem se diz ter perseguido seus súditos em Berlim, golpeando-os com seu bastão e gritando: "Quero que gostem de mim!". Mas não é fácil convencer as pessoas de que as suas condições de vida estão sendo melhoradas enquanto suas mulheres e crianças são vítimas de bombas incendiárias, especialmente quando os incendiários vivem (pelo padrão vietnamita) como príncipes.

Os governos antiguerrilha são mais aptos a falar, digamos, sobre distribuição de terras para os camponeses do que realmente a fazê-lo, e mesmo quando realizam uma série de tais reformas, não ganham necessariamente a gratidão dos camponeses. Os povos oprimidos não desejam apenas melhorias econômicas. Os movimentos insurrecionais de maior envergadura (destacando-se o vietnamita) são aqueles que combinam elementos sociais e nacionais. Um povo que deseja pão e *também* independência não pode ser contentado meramente através de uma distribuição mais generosa de pão. Os ingleses enfrentaram a agitação revolucionária dos irlandeses sob Parnell e Davitt na década de 80 do século passado através de uma combinação de coerção e reformas econômicas, com algum êxito; mas isto não impediu o movimento revolucionário irlandês de expulsá-los em 1916-22.

Entretanto, há limitações na capacidade de um exército guerrilheiro ganhar uma guerra, embora tenha geralmente meios eficazes para evitar perdê-la. Em primeiro lugar, a estratégia de guerrilhas não é, de nenhum modo, aplicável em todos os lugares em uma escala nacional, e é por causa disto que ela fracassou, ou fracassou parcialmente, em vários paí- ses, como na Malásia e na Birmânia. As divisões e as hostilidades intestinas — racial, religiosa, etc... — no interior de um país ou de uma região podem limitar as bases da guerrilha a uma parte do povo, enquanto automaticamente fornecem uma base potencial para ação antiguerrilheira em outra. Para exemplificar com um caso evidente: a revolução irlandesa de 1916-22, basicamente uma operação de guerrilhas, teve êxito em vinte e seis condados, mas não na Irlanda do Norte, a despeito de uma fronteira comum e da ajuda passiva ou ativa do sul (o governo inglês, a propósito, nunca fez desta simpatia uma desculpa para bombardear a barragem de Shannon a fim de forçar o governo de Dublin a cessar sua agressão contra o mundo livre).

Por outro lado, pode haver povos tão inexperientes ou tão carentes de quadros adequados a ponto de permitir que uma guerrilha numerosa e amplamente implantada seja liquidada, pelo menos por algum tempo. Este é talvez o caso de Angola. Ou a geografia de um país pode facilitar a ação guerrilheira localizada, tornando a eclosão de uma guerra de guerrilhas coordenada notadamente difícil (como talvez em alguns países latino-americanos). Ou um povo pode ser simplesmente demasiado pequeno para conquistar sua independência através de ação direta sem contar com uma ajuda exterior importante frente a uma aliança de países ocupantes determinados a eliminá-lo. Este pode ser o caso dos curdos, orgulhosos e tenazes combatentes guerrilheiros do tipo tradicional, que jamais alcançaram sua independência.

Além destes obstáculos, que variam de país para país, há o problema das cidades. Por maior que seja o apoio para o movimento insurrecional nas cidades, e ainda que seja urbana a origem de seus líderes, as cidades e especialmente as capitais são o último reduto que um exército guerrilheiro irá conquistar ou atacar, a menos que muito mal assessorado. A rota dos comunistas chineses para Shanghai e Cantão passava por

Yenan. Os movimentos de resistência italiano e francês programaram suas insurreições urbanas (Paris, 1944; Milão e Turim, 1945) para os últimos momentos antes da chegada das forças aliadas, e os poloneses que não o fizeram (Varsóvia, 1943) foram derrotados. O poder da indústria, dos transportes e da administração modernos pode ser neutralizado por um período de tempo significativo apenas onde sua densidade é pequena. As hostilidades em pequena escala, como a interrupção de uma ou duas estradas e ferrovias, podem desarticular os movimentos militares e a administração em zonas rurais de difícil acesso, mas não na cidade grande. A ação guerrilheira ou seu equivalente é inteiramente possível na cidade — afinal, muitos assaltantes de bancos nunca são presos em Londres — e há alguns exemplos recentes, como em Barcelona no final da década de 1940 e em várias cidades da América Latina. Mas sua eficácia vai pouco mais além de uma simples perturbação e apenas serve para criar uma atmosfera geral de falta de confiança na eficiência do regime, ou para imobilizar as forças armadas e a polícia, que poderiam ser mais bem utilizadas em outros afazeres.

Finalmente, a limitação mais decisiva da guerra de guerrilhas é que ela não pode vencer até que se converta em guerra *regular*, caso em que deve enfrentar seus inimigos no campo em que são mais fortes. É comparativamente fácil para um movimento guerrilheiro amplamente apoiado eliminar o poder oficial da zona rural, exceto aqueles pontos mais fortes de fato ocupados fisicamente pelas forças armadas, ou deixar sob o controle do governo ou das forças de ocupação não mais do que as cidades e as guarnições isoladas e ligadas entre si por poucas estradas e ferrovias (e apenas durante o dia) e por avião e rádio. O verdadeiro problema é ultrapassar este ponto. Os manuais dedicam bastante atenção a esta fase final da guerra de guerrilhas, que os chineses e os vietnamitas desenvolveram com sucesso contra Chiang Kai-Shek e os franceses. Entretanto, estes êxitos não devem levar a generalizações equivocadas. A verdadeira força dos exércitos guerrilheiros não reside em uma habilidade de se transformarem em exércitos regulares, capazes de derrotar outras forças convencionais, mas em sua força política. A retirada total do apoio popular pode produzir o colapso de governos locais, frequentemente — como na China e no Vietnã — precedido por deserções em massa que passam a engrossar as forças guerrilheiras; uma vitória militar decisiva dos guerrilheiros pode precipitar este colapso. O exército rebelde de Fidel Castro não conquistou Havana: quando demonstrou que poderia não apenas controlar Sierra Maestra, mas também tomar a capital provincial de Santiago, o aparato governamental de Batista ruiu.

As forças invasoras estrangeiras são provavelmente menos vulneráveis e mais eficientes. Entretanto, até elas podem estar convencidas de que se envolveram numa guerra que não podem ganhar e de que mesmo seu domínio precário pode ser mantido apenas a um custo bastante desproporcional. A decisão de suspender o jogo devastador é naturalmente humilhante, e há sempre boas razões para adiá-la porque raramente acontecerá que as forças estrangeiras sofram uma derrota decisiva, nem mesmo em ações locais como em Dienbienphu. Os americanos ainda estão em Saigon, bebendo seu *bourbon* em um clima de aparente paz, exceto talvez pela explosão de uma bomba ocasional num bar. Suas colunas ainda atravessam o país em todas as direções, aparentemente à vontade, e suas baixas não são muito superiores às que ocorrem nos acidentes de trânsito em seu país. Seus aviões atiram bombas onde querem e ainda há alguém que ocupa o cargo de primeiro-ministro de um Vietnã "livre", embora possa ser difícil prever de um dia para o outro quem ele será.

Desta maneira, sempre se pode sustentar que apenas mais um esforço fará pender a balança: mais tropas, mais bombas, mais massacres e torturas, mais "missões sociais". A história da guerra argelina antecipa a do Vietnã a este respeito. Quando ela terminou, meio milhão de soldados franceses estavam lá (frente a uma população de 9 milhões de muçulmanos, isto é, um soldado para cada 18 habitantes, sem contar a população branca local pró-França) e o exército ainda pedia mais, inclusive a destruição da República Francesa.

É difícil, em tais circunstâncias, pôr fim às próprias perdas, mas há ocasiões quando nenhuma outra decisão faz sentido. Alguns governos podem tomá-la mais cedo do que outros. Os ingleses evacuaram a

Irlanda e Israel antes que sua posição militar se tornasse insustentável. Os franceses permaneceram por nove anos no Vietnã e por sete anos na Argélia, mas saíram, afinal. De fato, qual é a alternativa? As ações guerrilheiras locais ou marginais ao velho estilo, como as incursões fronteiriças de membros de tribos, podiam ser isoladas ou contidas através de vários ardis relativamente baratos que não interfeririam na vida diária de um país ou de seus habitantes. Algumas poucas esquadrilhas de aviões podiam ocasionalmente bombardear aldeias (um esquema favorito dos ingleses no Oriente Médio entre as duas guerras), uma zona fronteiriça militar podia ser estabelecida (como na antiga fronteira noroeste da Índia) e, em casos extremos, o governo tacitamente abandonava algumas regiões remotas e agitadas a sua própria sorte durante um certo tempo, cuidando apenas para que a agitação não se espalhasse. Mas numa situação como a do Vietnã, hoje, ou da Argélia no fim da década de 1950, tais procedimentos simplesmente não teriam o efeito previsto. Se um povo não deseja ser governado mais ao velho estilo, não há muito o que fazer. Naturalmente, se as eleições tivessem sido realizadas no Vietnã do Sul em 1956, como previsto no acordo de Genebra, as opiniões de seu povo poderiam ter sido conhecidas a um custo consideravelmente menor.

O que resta, em tal caso, aos contrainsurgentes? Seria absurdo pretender que a guerra de guerrilhas seja uma receita infalível para o triunfo revolucionário ou que suas esperanças de êxito, como agora, são realistas em mais do que um número limitado de países relativamente subdesenvolvidos. Os teóricos da "contrainsurreição" podem, portanto, se consolar com a convicção de que não estão *sempre* destinados a perder. Mas este não é o caso. Quando, por uma razão ou outra, uma guerra de guerrilhas chega a ser genuinamente nacional em caráter e em alcance territorial, e tenha expulsado a administração oficial de amplas extensões da zona rural, as chances de derrotá-las são nulas. O fato de os mau-mau terem sido vencidos no Quênia não é um consolo para os americanos no Vietnã; muito menos ainda quando lembramos que agora o Quênia é independente e que os mau-mau são considerados pioneiros e heróis da luta nacional. O fato de o governo birmanês nunca ter sido derrubado pelos guerrilheiros não foi, tampouco, um consolo para os franceses na Argélia. O problema do presidente Johnson é o Vietnã, não as Filipinas, e a situação no Vietnã está perdida.

O que permanece em tais situações são ilusões e terror. As racionalizações da política atual de Washington foram todas antecipadas na Argélia. Fomos informados pelos porta-vozes oficiais franceses que o argelino comum estava do lado da França, ou se não estava explicitamente, desejava apenas paz e tranquilidade, e que a FLN o aterrorizava. Fomos informados, praticamente uma vez por semana, que a situação tinha melhorado, que já estava estabilizada, que no mês seguinte veríamos as forças da ordem retomarem a iniciativa, que tudo de que se precisava eram alguns milhares a mais de soldados e alguns milhões a mais de francos. Fomos informados de que a rebelião em breve acabaria, logo que fosse privada de seus santuários estrangeiros e de suas fontes de suprimentos. Estes santuários (a Tunísia) foram bombardeados, e a fronteira, hermeticamente fechada. Fomos informados de que apenas com a eliminação do grande centro de subversão muçulmana no Cairo, tudo estaria bem. Os franceses, portanto, declararam guerra ao Egito. Nas últimas etapas, fomos informados de que poderia haver pessoas que *realmente* queriam livrar-se dos franceses, mas, uma vez que a FLN obviamente não representava o povo argelino, sendo apenas uma quadrilha de infiltrados ideológicos, constituiria uma deslealdade infame para com os argelinos negociar com ela. Fomos informados sobre as minorias que deviam ser protegidas contra o terror. A única coisa que não nos disseram foi que a França usaria, caso necessário, armas nucleares — porque os franceses não tinham, então, qualquer arma deste tipo. Qual foi o resultado de tudo isto? A Argélia é hoje governada pela FLN.

O meio pelo qual as ilusões tornam-se reais é o terror, principalmente o que se exerce — dada a natureza dos fatos — contra a população não-combatente. Há o terror antiquado exercido contra os civis por soldados amedrontados e desmoralizados porque, neste tipo de guerra, qualquer civil pode ser um combatente inimigo, e que culmina nas ominosas represálias em massa — a destruição de aldeias, tais como Lídice e Oradour, por parte dos nazistas. A antiguerrilha inteligente desaconselhará este tipo de atuação, uma vez que ela é capaz de tornar a população local totalmente hostil. Entretanto, terror e represálias acontecerão. Além disso, haverá a tortura mais seletiva de prisioneiros para a obtenção de informação. No passado, pode ter havido alguma limitação moral a este tipo de tortura, mas não em nossos dias. A verdade é que fomos tão longe no esquecimento dos reflexos elementares de humanismo que chegamos ao ponto de, no Vietnã, fotografarmos torturadores e vítimas e publicarmos as fotografias na imprensa.

Uma segunda espécie de terror é aquele que está na base de todas as guerras modernas, cujos objetivos hoje são essencialmente mais os civis do que os combatentes. (Ninguém teria desenvolvido armas nucleares para qualquer outro propósito.) Segundo a ortodoxia bélica, a finalidade da destruição indiscriminada em massa é de quebrar o moral da população e do governo e destruir as bases industriais e administrativas sobre as quais todos os esforços de guerra ortodoxa devem se apoiar. Nenhuma destas tarefas é tão fácil numa guerra de guerrilhas, porque dificilmente há cidades, fábricas, meios de comunicação ou outras instalações para destruir, e não há nada semelhante a uma vulnerável máquina administrativa central de um Estado avançado. Por outro lado, êxitos mais modestos podem valer a pena. Se o terror chegar a convencer mesmo uma única área a retirar seu apoio aos guerrilheiros e, portanto, empurrá-los para outras áreas, isto é um ganho líquido para a ação antiguerrilheira. Assim, a tentação de prosseguir bombardeando e queimando ao acaso é irresistível, especialmente para países como os Estados Unidos, que poderiam tirar a vida de toda a superfície do Vietnã sem consumir em demasia suas reservas de armamentos ou dinheiro.

Finalmente, há aquela forma mais inútil e desesperada de terror que os Estados Unidos estão presentemente aplicando: a ameaça de estender a guerra a outras nações, a menos que elas possam, de alguma forma, deter a ação guerrilheira. Isto não tem qualquer justificativa racional. Se a guerra vietnamita fosse realmente o que o Departamento de Estado imagina, a saber, uma agressão externa "indireta" sem "uma rebelião espontânea e local", então nenhum bombardeio seria necessário no Vietnã do Norte. O vietcong não teria mais qualquer importância na história do que as tentativas de organização de guerrilhas na Espanha depois de 1945, que desapareceram deixando poucos vestígios, com exceção de algumas histórias nos jornais locais e algumas poucas publicações de policiais espanhóis. Ao contrário, se o povo do Vietnã do Sul apoiasse realmente o general do momento que pretende encabeçar seu governo, ou se simplesmente desejasse ser deixado em paz, não haveria mais distúrbios naquele país do que nos seus vizinhos, Camboja e Birmânia, ambos os quais tiveram ou ainda têm movimentos guerrilheiros.

Mas está claro, neste momento, e deveria ter estado sempre, que o vietcong não se irá calmamente e nenhum milagre transformará o Vietnã do Sul em uma república anticomunista estável em um futuro previsível. Como a maioria dos governos no mundo sabe (embora um ou dois, como o inglês, seja dependente demais de Washington para admiti-lo abertamente), não pode haver qualquer solução militar no Vietnã sem, pelo menos, uma importante guerra terrestre convencional no Extremo Oriente, que provavelmente culminaria numa guerra mundial, quando, mais cedo ou mais tarde, os Estados Unidos descobrissem que não poderiam tampouco ganhar esta guerra convencional. E nela combateriam várias centenas de milhares de soldados americanos, porque os aliados dos Estados Unidos, embora sem dúvida dispostos a enviar um batalhão ou uma unidade de ambulâncias como prova de boa vontade, não são tão insensatos a ponto de se envolverem seriamente num conflito desta natureza. A pressão para aumentar a escalada da guerra crescerá um pouco mais, e assim também a crença do Pentágono na mais suicida de todas as numerosas ilusões vietnamitas: a de que, na luta final, os norte-vietnamitas e os chineses podem ser levados à derrota ou retirada mediante o terror provocado pela perspectiva de uma guerra nuclear.

Isto não acontecerá por três razões. Primeira, porque (não importa o que os computadores digam) ninguém acredita que um governo dos Estado Unidos, genuinamente interessado num mundo estável e pacífico, realmente desencadeie uma guerra nuclear no Vietnã. O Vietnã do Sul é uma questão de vital importância para Hanói e Pequim, do mesmo modo que a retirada dos mísseis soviéticos do Caribe foi considerada uma questão vital em Washington; por outro lado, os vietcongs são para os Estados Unidos meramente um caso de salvar a aparência, assim como as bases cubanas de mísseis não eram mais do que uma questão marginal para Khruschev. Os russos recuaram no caso de Cuba porque, para eles, não valia a pena qualquer espécie de guerra mundial, fosse nuclear ou convencional. Pela mesma razão, pode-se esperar que os Estados Unidos se retirem do Vietnã do Sul, desde que estejam interessados na paz mundial e que alguma espécie de fórmula para salvar as aparências possa ser encontrada.

Segunda, e na suposição de que os Estados Unidos realmente não estão preparados para qualquer acordo realista no Vietnã do Sul, sua ameaça nuclear não funcionará, no fim das contas, porque o Vietnã do Norte, a China (e muitos outros países) concluirão que nada pode ser esperado das concessões feitas, exceto exigências adicionais por parte dos Estados Unidos. Fala-se tanto de "Munique" em Washington, no momento, que é frequentemente esquecido o quanto a situação deve ser semelhante a Munique para o outro lado. Um governo que se considera livre para bombardear um país com o qual não está em guerra dificilmente pode ficar surpreso se a China e o Vietnã do Norte recusarem-se a acreditar que esta seja a última concessão que serão solicitados a fazer. Há hoje, como o governo dos Estados Unidos está ciente, situações em que alguns países estão dispostos a enfrentar os riscos de uma guerra mundial, até mesmo de uma guerra nuclear. Para a China e o Vietnã do Norte, o Vietnã do Sul é uma dessas situações e os chineses já o deixaram claro. É uma ilusão perigosa pensar de outra forma.

Terceira e última: a ameaça de uma guerra nuclear contra a China e o Vietnã do Norte é relativamente ineficaz, porque se trata de uma ameaça que pesa mais contra os países beligerantes industrializados. Ela pressupõe que, nas guerras modernas, há um momento em que um país ou um povo deve ceder porque sua espinha dorsal está destruída. Este é o resultado certo da guerra nuclear para Estados industriais pequenos e médios e um resultado provável para os grandes (inclusive os Estados Unidos), mas não é o resultado necessário para um Estado relativamente não desenvolvido, especialmente para um tão gigantesco quanto a China. É certamente verdade que a China (sem a URSS) não tem qualquer possibilidade de derrotar os Estados Unidos. A força de sua posição consiste em que tampouco ela pode ser derrotada em qualquer sentido realista. Suas bombas nucleares mais simbólicas do que reais podem ser destruídas assim como suas indústrias, cidades e muitos milhões de seus 700 milhões de cidadãos. Mas tudo isto não faria mais que retroceder o país ao nível em que estava na época da guerra da Coreia. Não há, simplesmente, americanos suficientes para conquistar e ocupar o país.

É importante para os generais americanos (e para qualquer pessoa que elabore previsões sobre a guerra, partindo de suposições derivadas de sociedades industriais) perceber que uma ameaça nuclear será considerada pelos chineses inverossímil ou inevitável, mas não decisiva. Não funcionará, portanto, *como uma ameaça*, ainda que, sem dúvida, os chineses não se lancem facilmente numa guerra importante, especialmente uma nuclear, mesmo que acreditem que ela não possa ser evitada. Como na Coreia, eles provavelmente não entrarão na guerra até serem agredidos ou ameaçados diretamente. O dilema da política americana, portanto, permanece. Ter três vezes mais bombas nucleares do que o resto do mundo impressiona muito, mas não impede os povos de fazerem revoluções que o Sr. McGeorge Bundy desaprova. Bombas nucleares não podem ganhar uma guerra de guerrilhas como a que os vietnamitas estão agora conduzindo, e sem tais armas é improvável que mesmo guerras convencionais possam ser ganhas naquela região. (A guerra da Coreia foi, no melhor dos casos, um empate.) Bombas nucleares não podem ser usadas como uma *ameaça* para ganhar uma guerra pequena que está perdida, ou mesmo uma guerra de tamanho médio porque, embora as massas possam ser dizimadas, o inimigo não pode ser levado a render-se. Se os Estados Unidos puderem admitir a realidade do Sudeste Asiático, eles se encontrarão exatamente no ponto onde se encontravam antes, isto é, a potência mais formidável do mundo, cuja posição e influência ninguém quer disputar, ainda que seja apenas porque ninguém pode, mas que, como todas as demais potências do passado e do presente, deve viver num mundo que não é plenamente de seu agrado. Se não puderem chegar a admiti-las, mais cedo ou mais tarde, farão explodir os seus mísseis. O risco é que os Estados Unidos, afetados pela conhecida doença das grandes potências jovens — um sonho de onipotência —, se deixem arrastar para a guerra nuclear em vez de enfrentar a realidade.[1]

(1965)

---

1 Embora a situação tenha se alterado desde que este artigo foi escrito, logo depois que os Estados Unidos decidiram proceder à escalada da guerra do Vietnã em 1965, preferi republicá-lo inalterado, em parte porque os argumentos gerais permanecem válidos, mas em parte também pelo prazer de registrar uma previsão que se cumpriu.

18
CIVIS X MILITARES NA POLÍTICA DO SÉCULO XX

DESDE A REVOLUÇÃO FRANCESA, todos os governos modernos têm enfrentado o problema das relações entre o poder civil e os militares. A maioria deles viveu, de tempos em tempos, a ameaça de um possível golpe militar. Foi Napoleão Bonaparte quem forneceu o primeiro exemplo moderno deste fenômeno e, durante longo tempo, sua denominação característica, o "bonapartismo". Naturalmente, os governos tiveram problemas com os seus soldados em épocas anteriores. Na Rússia do século XVIII os oficiais da guarda eram proverbiais fazedores de reis, ou melhor, assassinos de imperadores, como o haviam sido os janízaros no Império Otomano. Mas nos Estados feudais e absolutistas da Europa Cental e Ocidental, as forças armadas eram raramente separáveis da nobreza, da qual seus oficiais eram recrutados. Em casos extremos nenhum conflito político entre civis e militares poderia surgir, porque uns e outros procediam do mesmo grupo social: a aristocracia e a nobreza feudal. Ou melhor, os conflitos podiam surgir, mas apenas, por assim dizer, sobre linhas de demarcação. Era quase impossível para os rebeldes armados (isto é, os nobres) conceber qualquer outro governo que não o da dinastia hereditária legítima, ou de alguém que, pelo menos, se fizesse crer pertencer a ela. Podiam desafiar um membro particular da mesma, ou disputar sobre acordos particulares no interior do reino, mas constitucionalmente não ofereciam uma alternativa. Na verdade, como a Restauração Meiji no Japão mostra muito bem, em última instância, mesmo o mais inativo e nominal dos reis ou imperadores legítimos tinha, por este motivo, reservas impressionantes de poder político contra os nobres mais poderosos que governavam em seu nome, sempre que decidisse exercê-lo.

REVOLUCIONÁRIOS | 231

Não estamos, porém, considerando agora as sociedades aristocráticas e absolutistas tradicionais e sim as modernas, nas quais as forças armadas são um subdepartamento especial do poder público, diferente — por seu pessoal e, geralmente, pelo recrutamento social de seus oficiais — das outras partes do aparato do poder, e não necessariamente ligada às partes civis do mesmo por uma lealdade tradicional e quase ritual. Às vezes, encontramos sobrevivências da velha relação, como na Prússia do século XIX e na Alemanha imperial, onde o corpo de oficiais do exército (ainda que não o da Marinha) consistia, em grande parte, em *junkers*, que teriam considerado inimaginável a rebelião contra o rei — a pedra angular de sua classe —, pelo menos enquanto se comportasse como achavam que um rei deveria se comportar. Numa forma mais atenuada, nós a encontramos mesmo na Alemanha de Hitler, onde o fato de ter prestado juramento pessoal de lealdade ao chefe de Estado significava indubitavelmente muito para os oficiais. Mas tais fenômenos são crescentemente marginais nos Estados modernos, que tendem, cada vez mais, a serem repúblicas, onde a lealdade é formalmente devida não a uma dinastia ou mesmo a uma pessoa, mas a um conceito ("o povo", "a república", "a constituição" etc...) e a grupos particulares de indivíduos, tais como os governos, somente na medida em que representem estes conceitos. É bastante fácil decidir que se é leal à república, ao povo ou (se definida bem vagamente) à constituição, enquanto o governo não o é. Muitos soldados decidiram dessa forma, e em muitos países, notadamente os ibéricos e latino-americanos desde o princípio do século XIX, eles têm reivindicado para si um direito permanente ao golpe de Estado em razão de serem *ex-officio* guardiães do povo, da república, da constituição e dos valores ideológicos básicos, ou outros, do Estado.

Virtualmente, todos os Estados modernos adotaram o princípio, pelo menos desde Napoleão, de que a relação ideal entre os governos civis e os militares é a subordinação destes últimos aos primeiros. Muito esforço intelectual tem sido dedicado, em alguns países, para assegurar esta subordinação, e em nenhum outro lugar com maior vigor do que nos Estados surgidos mais diretamente da tradição revolucionária, aqueles sob o governo de partidos comunistas. Seu problema foi sempre particularmente agudo, uma vez que governos revolucionários surgidos da insurreição e luta armada são vulneráveis aos homens que a fazem. Como os debates da década de 1920 na Rússia Soviética testemunham, eram extremamente sensíveis aos possíveis perigos do "bonapartismo". Sua determinação de que o exército deve ser subordinado ao partido tem sido absoluta e mesmo os chineses, que durante a "Grande Revolução Cultural" se afastaram desta tradição, pareceram retornar a ela em 1971. Até agora, os regimes comunistas alcançaram com notável êxito a manutenção da supremacia civil — não precisamos nos aventurar em profecias —, embora possa ser arguido que ao concentrar-se unicamente nos perigos de um golpe militar eles, de alguma forma, negligenciaram outro perigo, pelo menos até 1956. Trata-se do risco de uma dominação *de facto* pela polícia, aberta ou secreta, contra a qual a história da Revolução Francesa não proporcionou exemplo acautelador. O termo "polícia" é aqui usado não para designar o aparato tradicional e relativamente modesto de ordem pública e espionagem interna, mas o fenômeno, para o qual o século XIX forneceu poucos precedentes, de amplos e cada vez mais poderosos centros paralelos de forças armadas, administração e poder, tal como a SS alemã. Entretanto, de modo geral, os Estados governados por comunistas têm sido apaixonadamente de inclinação civil, como descobririam até mesmo reconhecidos heróis nacionais, como o marechal Zhukov.

As democracias parlamentares ocidentais não renunciaram, em geral, ao valor publicitário da glória militar. Não foi apenas a República de Weimar que elegeu o seu general mais eminente para a presidência. O marechal MacMahon e o general De Gaulle na França, o duque de Wellington na Inglaterra, e a lista notavelmente extensa de generais-presidentes nos Estados Unidos, terminando (até o presente momento) com Eisenhower, dão testemunho do atrativo político de um uniforme altamente condecorado. E, incidentalmente, dão testemunho também da atitude de renúncia dos governos comunistas a este respeito. Em geral, entretanto, os Estados ocidentais típicos — o termo é suficientemente claro para não requerer uma definição pedante — não têm tido muitos problemas de tomada de poder pelos militares. Os militares têm neles exercido muita influência, e têm mudado governos ou fornecido as condições sob as quais os governos poderiam ser mudados, mas — e isto não é amplamente reconhecido — raramente governaram *eles mesmos* ou se consideraram possíveis rivais de governos civis, nem seus controladores.

Seu equivalente político tem sido o funcionalismo civil, um corpo de pessoas obrigadas, não importa quais sejam suas opiniões particulares, a executar as vontades de qualquer governo dotado de soberania formal e de responsabilidade para tomar decisões políticas. Isto não quer dizer que o funcionalismo civil não possa ser deliberadamente moroso em suas tarefas, entregar-se a formas levianas de sabotagem, ao *lobby* às escondidas em favor de suas políticas, ou interpretar a política oficial segundo suas próprias conveniências. Porém, significa que formalmente ele tem sido e é os *braços* do governo, não o próprio governo. O falecido A.B. Cobban apontou esta analogia no caso do exército francês. De fato, isto é verdade em grande medida, a despeito das várias intervenções desse exército na política, e do fato de que, durante longos períodos, as origens sociais de seus oficiais, sua ideologia e as suas opiniões políticas (católicas e monarquistas) conflitassem, quase que frontalmente, com aquelas de seus superiores políticos. O primeiro Napoleão foi a grande exceção, mas somente enquanto não tomou o poder. Depois foi um governante comum que partia, de tempos em tempos, para ganhar batalhas. O exército não era mais importante em seu regime do que sob qualquer outro em guerra. Napoleão III não era nem mesmo militar, e sua ascensão ao poder pouco deve aos militares; se eles o apoiaram em 1851, foi porque *já* era o governo efetivo. O exército que levou o marechal Pétain ao governo foi alemão e não francês. Com respeito ao general De Gaulle, ele se livrou dos conspiradores militares que o levaram ao poder tão logo pôde fazê-lo e submeteu o exército ao controle civil, na forma habitual e sem muitas dificuldades. Recorreu a ele outra vez em 1968; mas, evidentemente (até o presente), sem reavivar sua ambições políticas.

Contrariamente, as tentativas dos militares em tais países (como o caso da França) de coagir os políticos não tiveram, em geral, um êxito particularmente notável. Nos casos em que o exército francês não aceitou como legítimo o governo existente e atuante, fosse ele qual fosse — e mudou a sua lealdade sem pestanejar em 1830, 1848, 1851 e 1870 — provou-se mais fraco do que o governo. Durante a Terceira República, quando o exército confrontou-se com governantes civis, como no curso das crises com Boulanger e Dreyfus, os civis ganharam. Penso que se pode dizer com segurança que a recusa intimidada do exército inglês de executar a Lei da Autonomia Irlandesa, em 1914, foi o resultado não de sua própria determinação, mas das hesitações do pusilâmine governo liberal. Este não deu ordens firmes, e um exército baseado nos princípios da obediência encontrou-se sem nenhuma diretriz. Truman nunca foi seriamente ameaçado por MacArthur. No caso mais extremo de um exército conscientemente contrário ao governo estabelecido, a rebelião dos dirigentes militares alemães contra Hitler, o resultado foi claro. A verdadeira forma pela qual os exércitos dos países ocidentais têm intervindo nas questões de governo tem sido através de jogo político, e os generais mais bem-sucedidos neste terreno não são aqueles que conseguiram mobilizar seus companheiros de armas, mas os que conseguiram apoio nas cortes ou nos corredores dos parlamentos. De fato, uma das razões da força do general De Gaulle residia em sua rara combinação dos talentos de chefe militar e os de político excepcionalmente hábil, para não dizer ambíguo. Esta é uma combinação cuja eficácia um século e meio de história deveria ter ensinado a qualquer general francês desejoso de desempenhar um papel político, mas poucos têm sido capazes de aprender essa lição.

Tudo isto sugere que os exércitos são politicamente neutros, servindo a qualquer regime com igual obediência, embora não com igual lealdade. Esta é a situação de muitos policiais, e alguns deles têm sido conhecidos pelo orgulho que têm de sua presteza hobbesiana em servir a qualquer Leviatã que possa surgir, embora os revolucionários que se viram interrogados por um mesmo oficial tanto sob o regime capitalista como sob o comunista não tenham apreciado muito as virtudes desta teoria política. Entretanto, ainda que ambas sejam disciplinadas, hierarquizadas, em grande parte uniformizadas e armadas destinadas a executar e não a fazer política, as forças armadas e as forças policiais são bastante distintas em seu comportamento político. No que concerne aos exércitos, parece haver limites às suas lealdades. Aceitarão regimes sociais revolucionários? A resposta é que provavelmente não, embora o assunto seja, como de hábito, cercado de mitos. (Por exemplo, não sabemos com suficiente exatidão quantos membros das forças armadas da Espanha permaneceram leais à República em 1936; provavelmente mais do que é comumente imaginado. Nem tampouco sabemos que proporção de oficiais czaristas serviram ou teriam servido lealmente ao governo soviético.) Uma vez que a maioria das revoluções se torna vitoriosa porque os exércitos que deveriam contê-las deixaram de ser instrumentos confiáveis para manter a ordem e, portanto, se erguem sobre as ruínas (talvez temporárias) das forças armadas anteriores, poucos duvidam que os exércitos são tão fundamentalmente contra a revolução social. Certamente o são. De modo geral, a evidência mostra que os oficiais de exército nos países ocidentais são socialmente conservadores e que também o são, muito frequentemente, os militares de carreira, ao contrário dos recrutados.

O fato de que o Reichswehr, entre as duas guerras, estivesse preparado para ser leal à República de Weimar e depois a Hitler, regimes para com os quais seus generais não tinham qualquer simpatia, não prova que teria mostrado a mesma lealdade a um regime comunista. O mais provável é que não. Os exércitos que recusassem obediência a tal tipo de regime social revolucionário podiam muito bem justificar sua atitude com base no fato de que estes não representavam qualquer espécie de ordem, mas sim desordem e anarquia, ou que não eram verdadeiros "regimes", uma vez que seu poder e sua autoridade eram contestados (como pode muito bem ocorrer), mas fossem quais fossem as razões pretextadas, eles estariam, de fato, seguindo as inclinações de seus oficiais. Contrariamente, os governos resultantes de uma revolução social não têm confiado muito nos exércitos do velho regime. Aqueles que confiaram, como os social-democratas alemães de 1918, por este único critério podem ser qualificados com segurança como não sendo autênticos revolucionários.

Nos países desenvolvidos onde não ocorre um processo revolucionário (e são poucos aqueles onde ocorre) os exércitos, portanto, intervêm na política somente em condições muito excepcionais, e então — até agora — o fazem invariavelmente colocando-se na direita política. Sob que condições? Um colapso dos processos políticos normais parece ser normalmente necessário, sendo exemplo clássico o conflito entre a estrutura formal do sistema e as realidades políticas e sociais que ela já não pode absorver: um pequeno e oligárquico sistema partidário que ameaça ser submergido por forças de massa exteriores a ele (como parece ter sido o caso do Japão nos anos 1920-30), um bloco organizado de eleitores que deve ser admitido pelo sistema eleitoral mas que a estrutura partidária dominante impede, produzindo-se instabilidade permanente. Na Argentina, França, Itália, por exemplo, nenhum governo estável pode ser baseado em eleições livres e na soberania de uma assembleia eleita e, ao mesmo tempo, na exclusão dos peronistas e comunistas, respectivamente, do processo de formação de alianças governamentais. As consequências são: governos militares (como na Argentina) ou a imposição (através de um golpe militar) de uma nova constituição presidencial que diminui as atribuições do parlamento (como na França) ou a ameaça de golpes militares (como na Itália, desde meados dos anos 1960). Entretanto, é de se esperar que o exemplo italiano sirva para provar que, embora necessário, o colapso do sistema político não é causa suficiente para intervenção militar. Por outro lado, a introdução em tal crise endêmica de uma questão política que envolva fortemente o exército por razões profissionais, corporativas ou mesmo políticas, torna a situação indubitavelmente muito mais explosiva. Uma guerra controvertida, para a qual os militares pensam que não estão recebendo o suficiente apoio moral ou recursos materiais necessários, pode fazer irresistível a tentação de depor os governantes civis vacilantes ou traidores. Entretanto, os militares podem, inclusive, preferir substituir em tais casos um governo civil "ruim" ou "ineficiente" por um "bom" ou "eficiente", uma vez que nos países desenvolvidos estão profundamente imbuídos do sentimento de não serem "chefes" políticos do país, mas meros "servidores" e, de qualquer modo, são profundamente conscientes de sua falta de qualificação para a política. O Reichswehr na Alemanha de Weimar buscou qualquer solução que não a de assumir ele mesmo o poder, e pensou ter encontrado uma solução satisfatória na forte coalizão de direita nazi-nacionalista de 1933.

O termo "exército" neste contexto refere-se, por razões práticas, exclusivamente ao corpo de oficiais. Entre seus membros, os generais são teoricamente os que estão em melhores condições para a ação, uma vez que seu número é pequeno e geralmente se conhecem entre si — podendo, portanto, pôr-se de acordo mais facilmente em questões políticas — e, acima de tudo, porque têm sob seu comando tropas muito numerosas. Na prática, estão menos predispostos a agir (o que não é o mesmo que permitir a ação de outros), parcialmente devido às notórias rivalidades e ambições dos altos oficiais, conforme dá testemunho a literatura autobiográfica dos militares, e em parte porque sua sorte pessoal é diretamente dependente dos governos civis, isto é, depende do jogo político ortodoxo. Eles têm muito a ganhar no interior do sistema existente e mais a perder se decidirem abandoná-lo. Os oficiais menos graduados têm mais a ganhar, mas encontram dificuldades para planejar sua ação fora do âmbito limitado do regimento, da guarnição ou das pequenas forças expedicionárias, embora o fato de serem membros de alguma associação de ex-combatentes possa ajudá-los a ampliar seu raio de ação. Em geral, nos países desenvolvidos os golpes não organizados ou, pelo menos, respaldados por generais parecem pouco prováveis. As situações mais perigosas são quase certamente aquelas em que os oficiais mais jovens se organizam e mobilizam politicamente — por exemplo, em sociedades secretas nacionalistas — e tomam a iniciativa de golpes de Estado ou motins que, mesmo abortivos, forçam os generais a demonstrarem sua solidariedade com movimentos para os quais têm mais simpatia do que para com os governantes civis desacreditados. Torna-se desnecessário discutir o problema do papel especial de certos corpos e unidades de elite organizadas para ação rápida, tais como os paraquedistas e os comandos. De modo geral, nos países desenvolvidos, pode-se supor que os coronéis, que estão a meio caminho entre os generais e os oficiais de graduação inferior, constituem o grupo militar provavelmente mais perigoso do ponto de vista político.

De resto, golpes sob a liderança de oficiais não comissionados são raros mesmo em países subdesenvolvidos, independentemente da envergadura das forças armadas, e praticamente impossíveis nos desenvolvidos. Se os soldados rasos de qualquer exército participam do jogo político, já não se trata de política militar. Em tal caso, intervêm na política como civis. Sua arma mais poderosa é análoga à greve dos trabalhadores civis, isto é, a recusa em obedecer ordens. Em momentos cruciais, isto pode decidir a sorte dos governos. O exemplo mais recente é talvez a recusa dos recrutas franceses na Argélia de seguirem seus oficiais num golpe contra De Gaulle. Até certo ponto, os exércitos de conscritos têm uma resistência intrínseca a golpes militares, mas não se deveria especular muito sobre o possível alcance desta capacidade de resistência. Provavelmente não seria grande.

Isto se aplica tanto aos países ocidentais como aos países comunistas. Entretanto, resta uma parte muito extensa do mundo na qual a política militar desempenha um papel muito mais proeminente, especialmente em períodos de crise. Trata-se da maior parte do chamado "Terceiro Mundo" ou "mundo subdesenvolvido", isto é, os Estados ibéricos e latino-americanos, os Estados islâmicos, a parte da África ao sul do Saara e extensas superfícies da Ásia. O caso do Japão pertence mais ao mundo "desenvolvido" no sentido de que sua política militar aparece mais como expediente temporário que como probabilidade permanente. Entretanto, conheço muito pouco sobre esse país para falar com segurança a seu respeito.

E nesta vasta área, a própria existência de um exército parece induzir a governos militares — que têm sido a regra —, de forma que a eliminação destes parece exigir, frequentemente, a eliminação das próprias forças armadas.[1] Esta vulnerabilidade ao intervencionismo político dos

---

1 Isto não é tão impraticável quanto possa parecer. Embora apenas um Estado (Costa Rica) tenha abolido o exército, o México diminuiu suas forças armadas a algo como 70 mil homens — para um país de talvez 50 milhões — e conseguiu, assim, reduzir os golpes militares desde os anos 1930.

militares se fez patente por mais de 150 anos na América Latina, a única região do Terceiro Mundo que gozou de independência política na forma de regimes republicanos por tão longo período, e tornou-se do mesmo modo patente nos poucos anos da implantação da independência política na maioria dos países subdesenvolvidos restantes. É bastante fácil enumerar os países ocidentais que nunca estiveram sob domínio militar nos últimos 150 anos, ainda que, às vezes, como a Inglaterra e a Bélgica, tenham estado envolvidos em importantes guerras. Há no momento muito poucos países do Terceiro Mundo sob administração civil e existe grande probabilidade de que a situação assim se mantenha nos próximos 20 anos. É de se convir que a recente tendência à implantação de governos militares não tem sido de modo algum inteiramente espontânea.

A razão disso é uma questão que não pode ser respondida simplesmente através de uma análise da composição social ou dos interesses corporativos das forças armadas. Estes interesses corporativos não são, evidentemente, insignificantes, uma vez que os gastos militares podem chegar a absorver 20% ou mais do orçamento anual do governo, para citar uma estimativa para a América Latina no início dos anos 1960, e a pressão para manter esta participação desproporcional nos orçamentos envolve claramente as forças armadas (entre as quais os exércitos, geralmente, são de longe o grupo maior) na política nacional. A sua própria composição social não é tampouco suficientemente esclarecedora. O corpo de oficiais raramente é recrutado de modo predominante numa aristocracia e numa pequena nobreza tradicionais, proprietárias de terra como os *junkers* da Prússia, ou nos setores desta classe com tradicionais laços familiares com a vida militar. Estas camadas sociais ou não existem ou foram substituídas por oficiais de origem social distinta, como na Argentina, onde apenas 23% dos comandantes superiores do exército e da força aérea procedem de famílias "tradicionais". Deixando de lado os casos especiais, em que grupos importantes das forças armadas são recrutados em minorias nacionais determinadas, tribos ou outros grupos (como as "raças marciais", tão convenientemente usadas por antigos governos colonialistas e que, às vezes, sobreviveram à independência de seu país), a maioria dos oficiais no mundo subdesenvolvido pode ser classificada de uma forma ou de outra como pertencente à "classe média". Mas esta caracterização por si só significa muito pouco.

"Classe média" pode significar que oficiais são recrutados nas camadas acomodadas que possuem o poder econômico e político, como na Argentina, onde 73% dos generais do exército e da força aérea procedem da "burguesia abastada".[2] Neste caso, suas inclinações políticas, deixando de lado os interesses corporativos e os padrões específicos da vida militar, são provavelmente semelhantes àquelas de sua classe, isto é, são conservadoras. Ou, no caso mais típico, eles podem vir da classe média baixa ou da modesta burguesia provinciana, para cujos filhos o exército é uma das carreiras mais promissoras para promoção social. Um corpo de oficiais composto em grande parte de membros ambiciosos e em ascensão de uma classe média militar, cada vez mais profissionalizados e tecnicamente treinados, terá menos propensão a identificar- se com a classe alta já estabelecida, onde ela existir. Podem ser politicamente mais radicais (ou "modernizadores") no sentido civil (por exemplo, no século XIX, "liberais"), ou em algum sentido militar específico (como, no século XX, o "nasserismo"). Há, naturalmente, também os dirigentes militares que genuinamente se fizeram com seu próprio esforço, tendo começado suas carreiras como soldados rasos. Eles são comuns durante e depois das revoluções, assim como durante os longos períodos de desordem política, como na América Latina do século XIX, onde o *caudilho* era, às vezes, um simples soldado que conseguira ascender à posição de comandar uma força suficientemente grande para sitiar o palácio presidencial mais próximo. Hoje, os chefes que se fizeram por si mesmos e se autopromoveram dessa forma são provavelmente comuns apenas em ex-colônias que, antes da independência, não possuíam sequer unidades armadas nativas especificamente ligadas ao território do que viria a ser o Estado independente, ou nem mesmo possuíam um número significativo de oficiais nativos. Isto é o que ocorreu na maior parte da África ao sul do Saara.

---

2 José Luis Imaz, *Los Que Mandan*, Buenos Aires, 1968, p. 58.

Qualquer que seja a composição social de tais corpos de oficiais, a tendência para governos militares reflete não tanto suas características próprias como a ausência de uma estrutura política estável no país. Por que isso é menos frequente nos Estados comunistas, alguns dos quais eram igualmente "atrasados" antes da revolução? Essencialmente, porque as revoluções sociais genuínas estabelecem uma legitimação convincente do poder civil — o próprio movimento de massas e as organizações (partidos etc...) em cujo nome afirmam falar — e também porque imediatamente se dedicam a construir uma máquina governamental que desce até as bases da sociedade. O exército que surge delas, portanto, tende a ser não o criador mas a criação do regime ou do partido, e é apenas uma entre as muitas instituições criadas por ele. E, além disso, tem duas funções primárias as quais o mantêm ocupado: a defesa e a educação das massas. Isto não elimina inteiramente o perigo. Há casos especiais, como o da Argélia, onde o "movimento" não era o principal, ou melhor, onde o "exército" coexistiu com ele, independentemente, durante longos períodos antes da independência; ou na Bolívia, onde o "movimento", que destruíra em grande medida o velho exército na revolução de 1952, não pôde manter o controle de seu próprio exército, talvez principalmente porque ambos dependiam grandemente dos Estados Unidos. Mas, no conjunto — e isto se aplica a regimes como o mexicano que, embora não comunistas, são o resultado de revolução social autêntica — o exército é ou torna-se subordinado ao partido ou à organização civil.[3]

A maior parte do Terceiro Mundo, entretanto, não alcançou independência política por meio de movimentos de massas ou revoluções sociais. Uma grande parte dele não tinha sequer as bases iniciais de um Estado moderno e, de fato, como ocorreu em tantos países da África, a principal função do novo aparato estatal foi a criação de uma burguesia

---

3 O caso mexicano é particularmente interessante porque a revolução foi em grande medida conduzida por generais insurretos virtualmente independentes, que foram somente eliminados como uma força política importante no curso de aproximadamente vinte anos, dando ao México, incidentalmente, a vantagem de um orçamento militar de menos de 1% do PIB do país na década de 1960 um percentual menor ainda do que o do Uruguai.

ou uma classe dirigente nacional que previamente mal existia. Em tais países a legitimação do Estado é incerta. Na América Latina do século XIX, como na África de meados do século XX, pode ocorrer que nem sequer se saiba claramente que território pertence ao Estado, posto que suas fronteiras foram determinadas por acidente histórico — tais como as divisões administrativas do antigo governo colonial —, pelas antigas disputas imperialistas ou acidentes econômicos, como a distribuição de grandes propriedades. Somente o poder militar é real, porque o mais ineficaz e inexperiente dos exércitos é eficaz o bastante para sitiar o palácio presidencial e ocupar a estação de rádio e o aeroporto sem apelar a qualquer outra força; além disso, raramente há outra força à qual apelar ou, caso exista, o governo pode hesitar em fazê-lo. Mesmo esse poder frequentemente não é muito real. Como mostram os golpes fracassados em áreas da antiga África francesa e inglesa, uma força europeia muito pequena pode neutralizá-lo. (Contrariamente, muitos golpes nos últimos anos têm sido devidos ao estímulo oficial ou não de potências estrangeiras.) Mas, em termos gerais, pode-se dizer que o Terceiro Mundo é golpista porque não teve revoluções autênticas e é hoje mais golpista do que nunca porque tanto as forças internas quanto as estrangeiras desejam evitar as revoluções. Os casos muito mais raros em que os militares assumem o poder porque há uma base para a revolução, mas nenhuma força civil apta para realizá-la, serão examinados mais a seguir.

A política militar, tanto em países avançados como no Terceiro Mundo, não é, portanto, um tipo particular de política, mas algo que preenche o vazio deixado pela ausência de política no sentido comum. Pode estabelecer ou restabelecer o curso normal da vida política quando, por uma razão ou outra, esta foi interrompida. Na pior das hipóteses impede a revolução social, sem substituí-la por nada, exceto a esperança de que, mais cedo ou mais tarde, se produza uma solução alternativa. Este é o caso de muitos regimes militares latino-americanos — como o argentino e o brasileiro, ou dos "coronéis" poloneses entre as guerras e dos gregos no presente. Se os golpes militares tiverem sorte, as engrenagens da economia se movimentarão, os motores da administração funcionarão e os generais vitoriosos poderão escolher um retiro aprazível ou manter seus prolongados mandatos como presidentes, benfeitores ou libertadores de sua pátria. Se não tiverem tanta sorte, pode haver uma queda nos preços das matérias-primas e as engrenagens da economia podem deter- se, isto é, os impostos deixam de ser pagos, os débitos não podem ser saldados. Isto custou o cargo a muitos governantes militares em sua época, como em meados dos anos 1950. Se os militares tiverem menos sorte ainda e não existir nem economia nem aparato institucional que os sustente, os seus governos não terão mesmo qualquer estabilidade. Durarão até que o próximo coronel creia ter chegado a sua oportunidade para especular na grande corrida. Os países mais atrasados e dependentes são os que têm tido a história mais repleta de regimes militares efêmeros.

Uma das razões do caráter negativo da política militar consiste em que oficiais militares raramente desejam governar eles mesmos, ou poucas vezes têm competência para atividade que não seja a militar e, às vezes, nem mesmo para ela. A crescente profissionalização e tecnificação das forças armadas modernas não tem alterado isto substancialmente. Sua qualificação e treinamento como grupo são inadequados para o exercício do governo. Para prová-lo, basta um rápido exame da confusão que os oficiais brasileiros fizeram depois de 1964, quando efetivamente se puseram a administrar ou a expurgar a administração. O curso normal da política dos militares consiste, portanto, em decidir quem deve ser o governo e encontrar logo alguns civis para efetivamente exercê- lo, reservando-se o direito de expulsá-los no momento em que já não cumprirem sua função satisfatoriamente, e de nomear, talvez — com toda a probabilidade, devo dizer — o chefe do golpe de Estado militar para o cargo de presidente ou primeiro-ministro. Mas pode haver situações em que um papel mais positivo lhes seja imposto.

Estas são comparativamente raras. O "nasserismo" — isto é, golpes militares que têm o efeito de autênticas revoluções ou pelo menos de importantes movimentos de reformas sociais fundamentais — não deve ser confundido com a frequente simpatia que mostram os jovens oficiais de países atrasados por movimentos de esquerda — radicais, nacionalistas, anti-imperialistas, anticapitalistas, antilatifundistas etc. — ou mesmo com sua disposição para estabelecer alianças políticas com diversas alas da esquerda. A opinião amplamente difundida nos Estados Unidos nas últimas décadas de que os militares — do ponto de vista imperialista — são mais confiáveis do que os civis, assim como formam governos mais estáveis nos Estados satélites, está baseada parcialmente na crença oriunda da experiência ocidental de que formam um grupo conservador e, parcialmente, na crença de que o envio de conselheiros militares estrangeiros e treinamento não apenas proporcionam formação técnica mas também doutrinação política efetiva; mas talvez, acima de tudo, se funda na capacidade dos Estados imperialistas para suborná-los com suprimentos, tais como equipamento e tecnologia modernos que satisfazem o amor-próprio das forças armadas. Na verdade, esta opinião não se justifica. Alguns dos elementos mais revolucionários nas forças armadas nativas realmente vieram, na América Latina, da elite militar local treinada pelos norte-americanos (como por exemplo, os *rangers* contrainsurgentes). Esse foi o caso na Guatemala em meados dos anos 1960.[4] Na medida em que os militares são uma força para a "modernização" e a renovação social, são pró-ocidentais somente enquanto o modelo ocidental se mostra capaz de resolver os problemas de seus países, o que está cada vez menos claro na maioria destes.

Não obstante, a crença contrária que, às vezes, alguns movimentos de esquerda relativamente fracos sustentaram (ocasionalmente no Brasil e na Venezuela, por exemplo), segundo a qual podiam contar com o exército, ou parte dele, para levá-los ao poder, é igualmente imprudente. As revoluções raramente triunfam (a menos que sejam o resultado de guerras de guerrilhas prolongadas) sem a desintegração, abstenção ou apoio parcial das forças armadas, mas os movimentos revolucionários que confiam em golpes militares para levá-los ao poder se arriscam a amargos desenganos.

Resta-nos, ainda, examinar uns poucos exemplos de regimes militares genuinamente inovadores — o Egito de Nasser, o Peru desde 1960 e, talvez, a Turquia de Ataturk. Podemos conjecturar que tais tipos de regimes sobrevivem em países onde a necessidade de uma revolução

---

4 Turcios Lima, o chefe militar das guerrilhas do PC naquele país, começou sua carreira como um oficial dos *Rangers*.

social é evidente e onde várias das condições objetivas para sua realização estão presentes, mas também onde as bases sociais ou instituições da vida civil são muito frágeis para levá-la a cabo. As forças armadas, sendo em alguns casos a única força existente com capacidade para tomar e implementar decisões, podem ver-se obrigadas a substituir as forças civis ausentes, mesmo ao ponto de transformar seus oficiais em membros de uma administração civil. Naturalmente, apenas tomarão este caminho se o seu corpo de oficiais consistir em jovens radicais ou membros "modernizadores" procedentes de uma camada social média descontente, e se entre estes existir um número suficientemente grande de homens instruídos e tecnicamente qualificados. Existem ainda hoje forças armadas que seriam tão incompetentes para dirigir os negócios de um Estado moderno (que não é o mesmo que dirigir aqueles que o fazem) como o foram os guerreiros ostrogodos com respeito aos assuntos do Império Romano. Entretanto, embora seja raro, ocorrem casos em que as forças armadas procuram proceder como fator revolucionário. Daí não se conclui que as forças revolucionárias civis receberão bem seus esforços. E embora os resultados líquidos de seus esforços possam ser substanciais — é virtualmente impossível pensar que Egito, Peru e Turquia retrocedam a seus respectivos antigos regimes — é muito improvável que deem lugar a mudanças radicais como as que resultam das revoluções sociais genuínas. O radicalismo das forças armadas continua sendo uma segunda melhor opção, aceitável apenas porque é melhor preencher um vazio político do que não fazê-lo. Não há, além disso, qualquer evidência no presente que demonstre que ele possa apresentar soluções políticas permanentes.

Para resumir, a intervenção militar na política é sintoma de fracasso social ou político. Nos países desenvolvidos, é sintoma de colapso — temporário, nos casos mais favoráveis — do processo normal da vida política ou sinal de que o *status quo* já não pode mais resistir às pressões que conduzem a rupturas ou revoluções. Se tal coisa ocorresse em países comunistas, seria também sintoma de uma crise análoga, mas há muito pouca evidência para estimar até que ponto a estrutura política destes países poderia resistir a ela. No Terceiro Mundo, é um sintoma razoavelmente seguro de revolução incompleta ou abortada.

Há duas possíveis matizações a este juízo negativo. É possível, em países não revolucionários, que a intervenção militar ganhe tempo, permitindo que um sistema econômico e uma administração relativamente eficazes se livrem da ruptura que uma crise política pode provocar. Em países subdesenvolvidos, os militares podem substituir, pelo menos temporariamente, o partido ou o movimento revolucionário. Entretanto, se o fazem com êxito, devem mais cedo ou mais tarde deixar de ser uma força militar e constituir eles mesmos — ou parte deles — um partido, um movimento ou uma administração. Tais casos são raros. Em todos os demais casos, os resultados da ação política dos militares são negativos. Eles podem impedir revoluções e derrubar governos sem substituí-los por nada; nem mesmo — a despeito de muita conversa entre oficiais tecnocratas — por "modernização" e "desenvolvimento econômico". Podem estabelecer a ordem, mas contrariamente ao lema brasileiro que inspirou muitas gerações, "ordem", neste sentido, é geralmente incompatível com o "progresso". É possível que ela nem mesmo sobreviva ao general ou ao grupo de oficiais que a restabeleceu porque o que uma conspiração de oficiais consegue pode servir de tentação a uma série sucessiva de outras conspirações.

A tragédia do mundo subdesenvolvido nos anos 1950 e 1960 foi que os Estados Unidos e seus aliados, no momento oportuno, preferiram sempre a "ordem" ao "progresso" — Mobutu a Lumumba, Ky e Thieu a Ho-Chi-Minh, qualquer general latino-americano a Fidel Castro. É possível que as limitações desta política tenham agora se tornado óbvias, embora dificilmente se possa dizer que tenha deixado de tentar os governos que temem o comunismo acima de qualquer outra coisa. Mas, neste meio-tempo, uma grande parte do mundo foi convertida no equivalente contemporâneo das velhas "repúblicas bananas" da América Latina, e provavelmente permanecerá nesta infeliz situação ainda durante muito tempo.

(1967)

19

GOLPE DE ESTADO

DESDE MAQUIAVEL, OBSERVADORES INTELIGENTES têm explorado um dos recursos estilísticos mais eficazes da não ficção: o contraste entre as versões oficiais da vida política e a realidade. Trata-se de um recurso eficiente por três razões: porque é fácil (tudo o que se tem a fazer é abrir bem os olhos), porque a realidade política está notoriamente em discrepância com o artifício moral, constitucional ou legalista que envolve as ações políticas e porque, surpreendentemente, o público pode ser ainda facilmente escandalizado por ele. O Sr. Luttwack é obviamente um observador inteligente e muito bem informado.[1] Pode-se suspeitar que, como o próprio Maquiavel, ele aprecie a verdade não apenas por ser verdade, mas também porque choca os ingênuos. Por isto apresentou seu talentoso livrete sobre o golpe de Estado como manual para *putschistas* potenciais.

De certa forma, isto é lamentável porque desvia a atenção do verdadeiro interesse da obra, além de condicionar sua argumentação. Embora não haja dúvida de que sua leitura será recomendada em cursos organizados pela CIA ou outros organismos com interesse na rápida e eficiente deposição de governos indesejáveis, o livro não ensina aos especialistas no assunto — que em muitos países incluem todo oficial do exército ou da polícia, de tenente para cima — mais do que já sabem na prática, exceto talvez a aplicação de certa racionalidade econômica à repressão posterior ao golpe (cf. o útil apêndice A). Os conspiradores com inclinações literárias podem também se beneficiar da análise concisa, arrasadora e muito cômica que o autor faz dos diferentes tipos

---

1 Edward Luttwack, *Coup d'État, a Practical Handbook*, Londres, 1968.

REVOLUCIONÁRIOS | 249

de comunicados que anunciam estar o país prestes a ser salvo. Mas, no conjunto, a informação de Luttwack, que tem poder de escandalizar em Londres ou em Washington, é coisa corriqueira em Buenos Aires, Damasco, ou mesmo Paris, onde a reação popular ante o aparecimento de carros blindados nas ruas é baseada na experiência. Aqueles que têm mais probabilidade de dar golpes de Estado não precisam, evidentemente, que o Sr. Luttwack lhes diga como fazê-lo.

Quem são eles? *Coup d'État* deixa bem claro — e o seu autor conhece o assunto — que pertencem a um grupo bastante restrito, uma vez que os golpes são obra das forças armadas e, praticamente, de ninguém mais. Isto impõe limitações tanto políticas quanto técnicas que excluem a maioria de nós. A despeito da insinuação de Luttwack em sentido contrário, os golpes não são politicamente neutros. Embora a oficialidade — e portanto os golpes — possa ocasionalmente favorecer a esquerda, as circunstâncias em que o faz são comparativamente raras, e não são de nenhum modo universais, mesmo no mundo subdesenvolvido. Infelizmente, o autor omite a discussão dessas condições. A tendência geral, tanto dos oficiais quanto dos golpes, é em direção oposta. O "bonapartismo" normalmente tende a ser uma mudança política para o lado conservador ou, na melhor das hipóteses, uma autoafirmação de direitos corporativos das forças armadas como grupo particular de pressão econômica e profissional no interior do *status quo*.

Os regimes surgidos de revoluções sociais, amplamente conscientes disto desde a época de Napoleão I, têm sido sempre, portanto (de qualquer modo, até Mao Tse-Tung) os mais firmes partidários de revoluções civis e da supremacia civil na política — até mesmo ao ponto de sacrificarem o poderoso valor publicitário de generais vitoriosos, de que há muito são provas as eleições presidenciais nos Estados Unidos e em outros lugares. O papel ideal do exército nas revoluções sociais clássicas é negativo: deveria, no momento crucial, negar-se a obedecer o velho regime e depois, de preferência, desintegrar-se. A esquerda que deposita sua confiança em militares progressistas (como em Cuba, na época do jovem Batista, e no Brasil até 1964) tem frequentemente se desapontado. Mesmo os autênticos exércitos vermelhos são tradicionalmente vistos com cautela. Quando os regimes revolucionários necessitaram de marechais no passado, preferiram vestir uniformes em seus líderes políticos civis.

A limitação técnica dos organizadores de golpes consiste em que há muito pouca gente que ocupa a posição apropriada para subverter o grupo necessário de oficiais. (Os suboficiais são menos promissores e a subversão de soldados produz revoluções e não golpes.) Praticamente os únicos civis que podem fazer isto já estão no governo — seja no do próprio país ou no de algum poder estrangeiro dominante ou influente, ou no de alguma grande organização internacional que possa ocupar posição análoga em relação a um Estado pobre e atrasado. Tais pessoas podem organizar um golpe de maneira relativamente simples e com bastante eficácia, e talvez por esta razão o processo careça de interesse para atrair a atenção de Luttwack, embora tenha provavelmente produzido mais golpes efetivos do que qualquer outro. Também, naturalmente, oferece poucas perspectivas para o líder golpista nativo que se fez através de seu próprio esforço, a menos que primeiro tenha galgado o topo da vida política de seu país.

Qualquer outra pessoa que o tente, como o autor mostra de forma convincente, deve ter laços poderosos de solidariedade com seus recrutas potenciais para que possa confiar na sua discrição mesmo se recusarem a aderir. A melhor maneira de estabelecer tais laços com eles é: (a) ser um oficial e (b) compartilhar com os demais possíveis conspiradores alguma forte ligação emocional como: pertencer à mesma família, tribo, seita (geralmente uma seita minoritária), irmandade, ritual etc... ou a camaradagem de um regimento, academia militar, clube ou mesmo uma ideologia. Naturalmente, em países com longa tradição de golpes, todos os oficiais considerarão os planos para um golpe potencialmente vitoriosos e, portanto, hesitarão em revelá-los. Uma vez que, como no clássico *pronunciamento* ibérico, a convenção tácita tenha estabelecido que os homens do lado perdedor não serão severamente punidos (afinal, eles podem estar no lado vencedor algum dia), os riscos de se comprometer com uma aventura incerta diminuem ainda mais.

Entretanto, o número daqueles que, em qualquer país, podem iniciar o planejamento de um golpe com alguma possibilidade de sucesso é quase tão limitado quanto o número daqueles que podem se tornar importantes banqueiros. O melhor para o resto da população é dedicar-se a diferentes tipos de atividades políticas.

Mas se podemos descartar *Coup d'État* como manual para conspiradores, podemos apreciá-lo como uma contribuição ao estudo da estrutura do poder político. Um golpe é um jogo com três jogadores (omitimos a potência ou empresa estrangeira dominante que pode ter os trunfos ou um efetivo poder de veto): as forças armadas, que podem levá-lo a cabo; os políticos e os burocratas, cuja disposição em aceitá-lo o faz viável; e as forças políticas, oficiais ou não, que podem detê-lo ou derrotá-lo totalmente. Porque o êxito de um golpe depende essencialmente da passividade do aparato estatal existente e do povo. Se um dos dois ou ambos resistem, ele ainda pode ser vitorioso, mas já não como um golpe. O regime de Franco fracassou como um *putsch* militar, mas foi vitorioso depois de uma guerra civil. Luttwack tem casos interessantes a contar sobre cada um desses três agentes.

Ele provavelmente é melhor ao tratar dos soldados profissionais, membros daquele curioso mundo esotérico que mantém tão escassos contatos com o mundo civil e que funciona de maneira tão diferente. O militar não profissional, o oficial alistado ou temporário ou, na maioria dos casos, o policial, por mais fortemente armado que esteja, tende a rea- gir de maneira muito mais semelhante à dos civis aos quais ele retornará ou entre os quais desenvolve sua atividade. Separados do resto da sociedade por uma vida consistindo (em tempo de paz) em uniformes enfeitados, instrução e prática, jogos e fastio, organizados na suposição de que seus membros, em todos os níveis, são geralmente obtusos e sempre dispensáveis, reunidos pelos valores cada vez mais anômalos de bravura, honra, desdém e suspeição em relação aos civis, os exércitos profissionais tendem quase por definição à excentricidade ideológica.

Como Luttwack nos recorda corretamente, as atitudes políticas dos corpos de oficiais são frequentemente muito diferentes das de seus superiores civis, sendo, geralmente, mais reacionárias e mais românticas.

Além disso, não estão preparados nem acostumados a enfrentar situações fora do normal e, portanto, procuram naturalmente assemelhá-las às que lhe sejam habituais. Como o autor não deixa de apontar, um dos mecanismos mais convenientes para explicar satisfatoriamente situações fora do normal consiste em vê-las apenas como mais um exemplo da confusão que os políticos estão sempre fazendo. A situação dos oficiais profissionais é, na verdade, paradoxal: combina o poder coletivo com a insignificância individual. Depois de trinta e cinco anos, a Alemanha ainda não se recuperou bem da transferência de algumas poucas centenas de cientistas do país para laboratórios e universidades estrangeiras. Entretanto, repetidas vezes, os exércitos praticamente viram aumentar sua eficácia mediante a emigração em massa, expulsão ou outro tipo de eliminação de seus oficiais superiores — de tal modo que se é tentado a acreditar que poucas guerras podem ser ganhas a menos que a liderança militar seja previamente depurada. Mas o poder político dos cientistas é negligenciável, enquanto, em circunstâncias adequadas, meia dúzia de coronéis pode derrubar um governo.

Já se escreveu muito mais sobre as burocracias, e a maioria de nós tem uma experiência mais permanente com elas. As observações de Luttwack a este respeito, portanto, provavelmente trarão mais o prazer do reconhecimento do que o da descoberta. Entretanto, dois de seus pontos merecem ser aqui lembrados. O primeiro é que os únicos métodos já descobertos para controlar a tendência parkinsoniana das burocracias, públicas e privadas, de crescer ao infinito, são eles mesmos burocráticos. Um destes métodos consiste em criar um outro departamento "que satisfaz seus instintos opondo-se ao crescimento de todas as organizações burocráticas restantes", um papel geralmente desempenhado pela burocracia financeira; um outro confia em que cada departamento encarregado da construção de impérios dê o melhor de si para manter seus rivais potenciais sob controle.

A segunda observação é a de que as burocracias são essencialmente instituições hobbesianas, nas quais não se pode confiar para defender os regimes existentes quando percebem a provável vitória de um novo regime. Isto se aplica à polícia tanto quanto a todos os outros componentes do aparelho de Estado, embora com algumas matizações. Entretanto, Luttwack deixa de observar que isto não os torna politicamente neutros. Nem o exército nem a polícia opuseram qualquer resistência à derrubada do fascismo na Itália, mas, como os recentes eventos naquele país demonstram, a persistência do aparato da era fascista torna quase impossível a solução dos problemas fundamentais da Itália após o fascismo. As observações de Marx de que as revoluções não podem simplesmente "tomar a máquina estatal tal como existe e usá-la para seus próprios fins", por mais ansiosa que ela esteja para ser tomada, tem ainda maior sentido hoje do que em 1872.

Finalmente, os comentários do autor sobre as organizações e movimentos políticos são originais e instrutivos. Essencialmente, ele argumenta, devemos distinguir os movimentos voltados para a ação real daqueles resignados com a ação simbólica, tal como a organização de eleições, o ritual das negociações institucionalizadas ou o conflito político verbal. Confrontados com um golpe de Estado, o Partido Trabalhista Inglês, com toda segurança, e a Central Sindical Inglesa,* quase certamente, nada fariam, embora a União Nacional dos Estudantes saísse às ruas, ainda que sem eficácia. Por outro lado, não seria de esperar que a principal federação sindical italiana, ligada ao Partido Comunista, com uma longa tradição de greves políticas e, o que é mais importante, à libertação do fascismo através da ação direta de massas, permanecesse passiva. Nem tampouco os partidos insurrecionais, embora evidentemente muitas organizações outrora insurrecionais tenham se transformado em máquinas de distribuição de favores e empregos ou, como alguns partidos comunistas, permitiram que uma longa estabilidade política atrofiasse sua capacidade para uma ação rápida. Além disso, os partidos insurrecionais reúnem as desvantagens bem como as vantagens da centralização: uma vez decapitados, drástica e muito rapidamente perdem sua eficácia.

No que concerne ao caso específico de golpes de Estado, é suficiente a distinção entre os movimentos políticos que são ativos e os que não

---

* *Brilish Trade Union Congress* (TUC). [*N. T.*]

o são. Porque, nos casos mais favoráveis, um golpe pode ser derrotado por *qualquer* sinal de resistência organizada que imediatamente revele a fragilidade dos que buscam o poder, e que pode também dar tempo ao resto do aparato civil e militar para decidir que não há razão para mudar de lado. Em casos muito menos favoráveis, pode-se ainda mobilizar uma resistência efetiva para enfrentar um novo regime fraco, inseguro ou de origem ilegítima. Mas o interesse das observações de Luttwack vai muito além disso. Vivemos em um período em que várias formas de ação política direta ganham, uma vez mais, significação nos países desenvolvidos. Nestes países, tanto as doutrinas políticas oficiais como os conhecimentos práticos do povo em assuntos públicos excluem o recurso ao poder extralegal. Os velhos se esqueceram que os governos podem ser derrubados, ou rejeitaram a perspectiva de uma tal possibilidade, enquanto os jovens simplesmente acreditam que podem fazê-lo, mas não têm a menor ideia de como proceder. Nestas circunstâncias, qualquer obra que discuta de modo realista a tomada do poder como uma operação é particularmente útil.

O pequeno livro de Luttwack há de ser, portanto, de grande utilidade para a atualização da educação política de pes- soas de todas as idades. Os estudiosos de temas internacionais, e especialmente do Oriente Médio, o qual o autor parece conhecer muito, também apreciarão suas excelentes informações. O livro pode ser lido com prazer tanto pelo seu estilo direto como, sobretudo, porque demonstra que os grandes problemas podem ser satisfatoriamente tratados em livros pequenos, se o autor usar palavras para expressar pensamentos e não para substituí-los.

(1968)

V
REBELDES E REVOLUÇÕES

20

HANNAH ARENDT E A REVOLUÇÃO

A REVOLUÇÃO SOCIAL É UM FENÔMENO com o qual todos nós devemos ajustar contas num século em que ocorreram mais e maiores revoluções do que em qualquer outro da história escrita. Entretanto, devido à própria natureza de seus efeitos, é muito difícil analisar satisfatoriamente as revoluções, pois estão envoltas — e devem estar — em nuvens de esperança e desilusão, de amor, ódio e medo, de seus mitos próprios e daqueles da contrapropaganda. Afinal, poucos são os historiadores da Revolução Francesa anteriores ao primeiro centenário de sua eclosão lidos ainda hoje, e a verdadeira historiografia da Revolução Russa, a despeito de certa acumulação de material preliminar, está apenas começando. O estudo científico das revoluções não significa estudo desapaixonado. É razoavelmente certo que as principais realizações neste campo estarão "comprometidas" em geral com a simpatia pelas revoluçõcs, se considerarmos a historiografia da Revolução Francesa um exemplo. Um estudo comprometido não é necessariamente mera panfletagem — como o demonstraram Mommsen e Rostovzeff. Mas é natural que, nas primeiras etapas da investigação das revoluções sociais, o mercado tenda a ser inundado de panfletos, às vezes sem disfarce, às vezes dissimulados como trabalhos históricos e sociológicos competentes e, por isso, demandando uma séria crítica. Seu público, normalmente, não é o dos especialistas nem dos estudiosos sérios. Daí ser talvez significativo o fato de que os quatro elogios impressos na capa do livro de Hannah Arendt, *Sobre a Revolução*,[1] sejam não de historiadores ou sociólogos, mas de personalidades literárias. Porém, tais trabalhos podem naturalmente despertar grande inte-

---

1 Hannah Arendt, *On Revolution*, Nova York e Londres, 1963.

resse para o especialista. A questão a ser posta à obra de Hannah Arendt é se realmente ela desperta tal interesse.

A resposta, no que concerne aos estudos da Revolução Francesa e da maioria das outras revoluções modernas, deve ser não. Não estou em condições de julgar sua contribuição ao estudo da Revolução Americana, embora suspeite que não seja grande. O livro, portanto, sobrevive ou sucumbe não pelas descobertas da autora ou por sua percepção em relação a certos fenômenos históricos específicos, mas pelo interesse de suas ideias e interpretações gerais. Entretanto, como estas não se baseiam em um estudo adequado da matéria que pretendem interpretar, e de fato, por seu próprio método parecem quase que excluir tal tipo de estudo, carecem de fundamentação sólida. A autora tem méritos que não podem ser desprezados: um estilo lúcido, algumas vezes tocado pela retórica intelectual, mas sempre transparente o bastante para que se possa perceber a genuína paixão da escritora; uma inteligência vigorosa; uma vasta cultura e percepções ocasionais sumamente penetrantes, embora mais adequadas, ao que parece, ao terreno difuso que existe entre a literatura, a psicologia e o que, na falta de uma palavra melhor, poderia chamar-se profecia social, do que às ciências sociais como são atualmente estruturadas. Entretanto, é mesmo possível dizer de suas percepções o que Lloyd George observou de Lord Kitchener, isto é, que seus raios ocasionalmente iluminam o horizonte, mas deixam o cenário escuro entre um e outro lampejo.

A primeira dificuldade encontrada em Hannah Arendt pelo historiador ou sociólogo dedicado ao estudo das revoluções é um certo matiz metafísico e normativo do seu pensamento, que se combina com um antiquado idealismo filosófico às vezes plenamente explícito.[2] Ela não considera suas revoluções tal qual ocorrem, mas constrói ela própria um tipo ideal, definindo seu tema de estudo em função deste e excluindo o que não se coaduna com suas especificações. Podemos observar

---

2 Cf.: "Que existiam homens no Velho Mundo a sonhar com liberdade pública, que existiam homens no Novo Mundo que haviam experimentado a felicidade pública estes foram, em última instância, os fatos que levaram o movimento... a evoluir para uma revolução em ambos os lados do Atlântico" (Ibid., p. 139).

também, de passagem, que ela exclui tudo que não esteja situado na zona clássica da Europa Ocidental e do Atlântico Norte, pois seu livro não contém nem mesmo uma referência superficial — os exemplos surgem à mente — à China ou a Cuba; nem poderia ter feito certas afirmações, se tivesse refletido o mínimo sobre aqueles casos.[3] Sua "revolução" é uma grande mudança política em que os protagonistas estão cônscios de iniciar uma época totalmente nova na história humana, que inclui (mas apenas incidentalmente, por assim dizer) a abolição da pobreza e que se expressa em termos de uma ideologia secular. Seu tema é "a emergência da liberdade", segundo sua própria definição.

Parte desta definição permite à autora, após uma rápida contenda imaginária, excluir do estudo todas as revoluções e todos os movimentos revolucionários anteriores a 1776, mesmo à custa de tornar impossível um estudo sério do fenômeno atual da revolução. O restante lhe permite avançar no exame da parte principal de seu trabalho, que consiste numa extensa comparação entre a Revolução Americana e a Francesa, com grande vantagem para a primeira. A segunda é considerada o paradigma de todas as revoluções subsequentes, embora pareça que a autora pense, principalmente, na Revolução Russa de 1917. A "liberdade" para cuja instituição se fazem as revoluções é um conceito essencialmente político. Embora não muito claramente definida — ela emerge gradualmente no curso da discussão da autora — esta liberdade é bastante distinta da abolição da pobreza (a "solução do problema social"), que Arendt considera o fator que corrompe toda revolução, sob qualquer forma que ocorra, inclusive a capitalista.[4] Daí, pode-se concluir que qualquer revolução em que os elementos social e econômico desempenhem um papel mais destacado foge ao interesse da autora, o que elimina em maior ou menor grau toda revolução suscetível de interessar ao estudioso do tema. Podemos deduzir ainda que, com a

---

3 Por exemplo: "As revoluções sempre parecem triunfar com surpreendente facilidade em sua etapa inicial" (Ibid., p. 112). Na China? Em Cuba? No Vietnã? Na Iugoslávia ao tempo da guerra?

4 "Como [os Estados Unidos] nunca estiveram dominados pela probreza, foi 'a paixão fatal pela riqueza fácil', mais que a simples necessidade, que se pôs no cainho dos fundadores da república" (Ibid., p. 134).

exceção parcial da Revolução Americana que, como ela afirma, teve a sorte de irromper em um país sem uma população livre muito pobre, nenhuma revolução foi ou teria sido capaz de instituir a liberdade, e que, inclusive nos Estados Unidos do século XVIII, a escravidão situou-a em um dilema insolúvel. A revolução não poderia "instituir a liberdade" sem abolir a escravidão, mas — de acordo com os argumentos da autora — ela não poderia instituí-la, mesmo que tivesse abolido a outra. O problema fundamental das revoluções, em outros termos — em suas próprias palavras — é, portanto, o seguinte: "Embora todas as experiências das revoluções passadas demonstrem, sem margem a dúvidas, que toda tentativa para resolver a questão social através de meios políticos leva ao terror, e que é o terror que as conduz à sua perdição, dificilmente se pode negar que evitar esse erro fatal é quase impossível quando uma revolução irrompe sob condições de pobreza generalizada".

A "liberdade", para cuja instituição se fazem as revoluções, é mais do que a simples ausência de repressões sobre a pessoa ou garantias para as "liberdades civis", pois nenhuma dessas (como Hannah Arendt observa corretamente) requer qualquer forma particular de governo, mas somente a ausência de tirania e despotismo.[5] Ela parece consistir no direito e na possibilidade de participação ativa nos assuntos da coletividade, nas alegrias e recompensas da vida pública, tal e como se concebiam talvez originalmente na *polis* grega.[6] Entretanto — embora aqui a afirmação da autora deva ser reconstruída ao invés de seguida —, a "liberdade pública" neste sentido permanece um sonho, ainda que os pais da constituição americana tenham sido inteligentes o bastante e se tenham visto livres da presença inoportuna dos pobres para instituir um governo dotado de garantias razoáveis contra o despotismo e a tirania. O ponto essencial da genuína tradição revolucionária

---

5 Entretanto, a autora esquece esta sua distinção quando observa, posteriormente (Ibid., p. 111), que "também sabemos, para nossa tristeza, que a liberdade tem sido melhor preservada em países onde jamais houve revolução, não importa quão abusivas sejam as circunstâncias dos poderes constituídos, do que naqueles onde triunfaram os movimentos revolucionários". Aqui, "liberdade" parece ser usada em um sentido que ela já havia rejeitado. A afirmação é, de qualquer forma, suscetível de objeção.

6 Ibid., pp. 123-124.

é que conserva esse sonho vivo e o tem conseguido por meio de uma tendência constante para gerar órgãos espontâneos capazes de realizar a liberdade pública, a saber, as assembleias ou conselhos locais ou regionais, eletivos ou diretos (*sovietes, Räte*), que emergiram no curso de revoluções somente para serem eliminados pela ditadura do partido. Estes conselhos deveriam ter uma função puramente *política*. Sendo o governo e a administração coisas distintas, a tentativa de usá-los, por exemplo, para a administração dos assuntos *econômicos* ("controle operário") é indesejável e destinada ao fracasso, mesmo quando não é parte de um complô do partido revolucionário o "afastamento [dos conselhos] do domínio da política e seu retorno às fábricas". Sou incapaz de descobrir as opiniões de Hannah Arendt relativas a quem deva dirigir a "administração das coisas no interesse público", tal como a economia, ou como esta deva ser dirigida.

O argumento da autora nos diz muito sobre o tipo de governo que ela considera adequado, e mais ainda sobre seu estado de ânimo. Seus méritos como afirmação geral sobre ideais políticos não estão em discussão aqui. Por outro lado, é relevante observar que a natureza de suas afirmações não só impossibilita sua utilização na análise das reais revoluções — pelo menos em termos que tenham algum significado para o cientista social ou o historiador —, mas também elimina a possibilidade de um diálogo significativo entre ela e aqueles interessados nestas revoluções. Na medida em que Hannah Arendt escreve sobre história — sobre revoluções, tal como elas podem ser observadas contemporaneamente, avaliadas retrospectivamente ou estimadas prospectivamente —, sua ligação com ela é tão incidental como a dos teólogos e astrônomos medievais. Ambos falavam sobre planetas, e ambos se referiam, pelo menos em parte, aos mesmos corpos celestes mas seu contato nunca foi muito além disso.

O historiador ou o sociólogo, por exemplo, ficarão irritados, diferentemente do que ocorre com a autora, por uma certa ausência de interesse pelos simples fatos. Isto não pode ser atribuído a ignorância ou descuido, pois que a autora é suficientemente culta e ilustrada para dar-se conta de tais inadequações, quando opta, de preferência, pela construção metafísica ou prefere o sentimento poético à realidade. Quando observa que "mesmo velho, em 1871, Marx ainda era bastante revolucionário para apoiar, entusiasticamente, a Comuna de Paris, embora essa insurreição contradissesse todas as suas teorias e previsões",[7] ela deve saber que a primeira parte de sua proposição é falsa (Marx tinha, na verdade, cinquenta e três anos), e a segunda, no mínimo, é muito controvertida. Sua afirmação não é, realmente, de natureza histórica, mas, por assim dizer, um fragmento ilustrativo de um drama intelectual, que seria tão injusto julgar por padrões históricos como *Dom Carlos* de Schiller. Ela sabe que a fórmula de Lenin para o desenvolvimento russo — "sovietes mais eletrificação" — não pretendia eliminar o papel do partido ou a construção do socialismo, como ela argúi.[8] Mas sua interpretação acrescenta um elemento de convicção à sua suposição de que o futuro da revolução soviética deveria ter permanecido na linha de tecnologia politicamente neutra e de um sistema político de base, "desvinculado de todos os partidos". Objetar que "não era isto o que Lenin queria dizer" equivale a introduzir questões pertencentes a uma ordem de discurso distinta da sua.

E, entretanto, estas questões podem ser deixadas inteiramente de lado? Não, na medida em que ela afirma não estar discutindo apenas a ideia de revolução, mas também determinados eventos e instituições identificáveis. Já que a tendência espontânea para criar órgãos como os sovietes é claramente muito importante para a autora, e lhe propicia provas para sua interpretação, caberia, por exemplo, esperar que mostrasse algum interesse pelas formas efetivas que tais órgãos populares adotam. Na verdade, a autora manifesta claramente não estar interessada neles. É até difícil descobrir exatamente o que ela pensa, porque fala ao mesmo tempo a respeito de organizações politicamente muito distintas. Os precursores dos sovietes (que constituíam assembleias de delegados, principalmente de grupos funcionais de pessoas, tais como fábricas, regimentos ou aldeias), argumenta, foram as seções parisienses da Revolução Francesa (as quais eram

---

7 Ibid., p. 58.

8 Ibid., p. 60.

essencialmente formas de democracia direta de todos os cidadãos em assembleia pública) ou as sociedades políticas (que eram órgãos voluntários de tipo conhecido). Possivelmente uma análise sociológica pudesse mostrar a semelhança dessas formas, mas Hannah Arendt abstém-se disso.[9]

Além disso, evidentemente *não* é "a verdade histórica da questão... que os sistemas de partidos e de conselhos sejam quase contemporâneos; ambos eram desconhecidos antes das revoluções e ambos são consequências do princípio moderno e revolucionário de que todos os habitantes de um dado território têm o direito de serem admitidos na esfera pública, política".[10] Mesmo admitindo que a segunda parte da sentença seja sustentável (contanto que definamos a esfera pública em termos que se apliquem aos grandes Estados modernos territoriais ou nacionais, mas não às outras formas historicamente mais difundidas de organização política), a primeira parte não o é. Os conselhos, mesmo na forma de delegações eleitas, são mecanismos políticos tão óbvios em comunidades acima de um determinado tamanho que antecipam, consideravelmente, os partidos políticos, que estão, pelo menos no sentido usual do termo, distantes de serem instituições óbvias. Os conselhos como instituições revolucionárias são conhecidos bem antes de 1776, quando começam as revoluções da autora — como, por exemplo, no soviete geral do Novo Exército Modelo, nos comitês da França e dos Países Baixos do século XVI e, inclusive, na vida política da cidade medieval. Um "sistema de conselhos", sob este nome, é certamente contemporâneo ou mesmo posterior aos partidos políticos da Rússia de 1905, já que foram estes que reconheceram as possíveis implicações

---

9 Se ela não o fez, deveria estar menos segura de que os delegados dos soviets "não eram nomeados de cima nem apoiados pelas bases" mas "se haviam escolhido a si mesmos". (Ibid., p. 282). Em relação aos soviets de camponeses, poderiam ser selecionados institucionalmente (como, por exemplo, por nomeação automática do mestre-escola ou dos chefes de algumas famílias), exatamente como nos sindicatos ingleses de trabalhadores rurais, o ferroviário do local independente dos camponeses e proprietários constituía frequentemente a escolha automática como secretário. É certo também que as divisões de classes no local tendiam *a priori* a favorecer ou inibir a seleção de delegados.

10 Ibid., p. 275.

dos sovietes para o governo revolucionário das nações, mas a ideia de governo descentralizado mediante órgãos comunais autônomos, talvez ligados por uma estrutura piramidal de organismos superiores de delegados, é, por razões práticas, extremamente antiga.

Tampouco é verdade que os conselhos tenham "sido sempre primordialmente políticos, em que as reivindicações sociais e econômicas desempenharam um papel secundário".[11] Não o foram porque os operários e camponeses russos não faziam e na verdade de acordo com a argumentação da autora não poderiam fazer[12] — uma nítida distinção entre política e economia. Além do mais, se é que cabe fazer uma distinção de atividades mais econômicas do que políticas, os conselhos operários da Rússia, como os dos delegados sindicais de fábrica* ingleses e alemães durante a Primeira Guerra Mundial ou os Conselhos Sindicais (*Trades Councils*) — que, às vezes, assumiram funções de quase sovietes nas grandes greves —, eram consequência da organização sindical e grevista.[13] Em terceiro lugar, equivoca-se a autora porque a tendência imediata dos sovietes mais efetivos, isto é, os urbanos, em 1917, era a de se transformar em órgãos de administração, iniciando uma vitoriosa rivalidade com as municipalidades e, como tais, evidentemente, ir mais além do campo de deliberação política. De fato, foi esta capacidade dos sovietes de se converterem em órgãos de execução bem como de debate que sugeriu aos pensadores políticos a ideia de que poderiam constituir a base para um novo sistema político. Mais ainda, a sugestão de que reivindicações como a de "controle operário", em certo sentido, são um desvio da linha espontânea de evolução dos conselhos e órgãos similares não resiste nem mesmo a um exame superficial. Os lemas "a mina para os mineiros", "a fábrica para os operários" — em outras palavras, a exi-

---

11 ibid., p.278.

12 Uma vez que os pobres são, em sua opinião, primordialmente determinados pela "necessidade" mais do que pela "liberdade", isto é, por motivos econômicos mais do que políticos. Na verdade, isto é igualmente falso.

* *Shop stewards*, no original. [*N. T.*]

13 A Sra. Arendt está confundida pelo fato de que nos momentos culminantes de uma crise revolucionária todas as organizações dedicam a maior parte do tempo para discutir política.

gência de uma forma de produção democrática e cooperativa, ao invés de capitalista — retroagem aos primeiros estágios do movimento operário. Desde então, constituíram sempre um elemento importante no pensamento popular espontâneo, fato que não nos obriga a considerá-lo distinto da utopia. Na história da democracia popular, a cooperação nas unidades comunais e sua exaltação, a "comunidade cooperativa" (que foi a primeira definição de socialismo entre os operários), desempenham um papel essencial.

Portanto, não há praticamente qualquer ponto em que o exame do que Hannah Arendt considera a instituição básica da tradição revolucionária tenha contato com os fenômenos históricos reais que se propõe descrever, instituição sobre cuja base elabora generalizações. E o estudioso das revoluções, seja historiador, sociólogo ou ainda analista de sistemas e instituições políticas, se sentirá igualmente frustrado pelo restante de sua obra. Sua inteligência penetrante, às vezes, lança luzes sobre a literatura, incluindo-se nela os clássicos da teoria política. A autora demonstra notável percepção sobre as motivações e os mecanismos psicológicos dos indivíduos — sua discussão de Robespierre, por exemplo, pode ser uma leitura proveitosa — e tem lampejos ocasionais de clarividência, isto é, às vezes faz afirmações que, embora particularmente não sejam bem assentadas em evidência ou argumentos, impressionam o leitor como verdadeiras e reveladoras. Mas isto é tudo. E não basta. Haverá leitores, sem dúvida, que acharão a obra de Hannah Arendt interessante e proveitosa, mas é, improvável que entre eles se incluam os estudiosos das revoluções, sejam eles historiadores ou sociólogos.

(1965)

21
As regras da violência

DE TODAS AS PALAVRAS EM VOGA nos últimos anos da década de 1960, a palavra "violência" é provavelmente a mais corrente e a mais carente de significado. Todos falam a seu respeito, mas ninguém reflete sobre ela. Conforme assinala o relatório recém-publicado da Comissão Nacional de Causas e Prevenção da Violência dos Estados Unidos, a *International Encyclopedia of the Social Sciences*, publicada em 1968, não tem verbete sob este título.

Tanto a moda quanto a imprecisão são significativas, porque a maioria das pessoas que provavelmente leem livros com títulos como *A Era da Violência* (não precisamente a respeito de poesia simbolista) ou *Filhos da Violência* (que trata de vidas fisicamente mais tranquilas) está consciente da violência mundial, mas sua relação com ela é inédita e enigmática. A maioria, a não ser que deliberadamente a procure, pode passar toda sua vida adulta sem experiência direta com o "comportamento destinado a causar dano físico à pessoa ou prejuízo à propriedade" (para usar a definição da mencionada comissão americana) ou mesmo com a "força", definida como "emprego efetivo ou simples ameaça de violência para compelir outros a fazer o que, em outras condições, não fariam".

Normalmente, a violência física põe-se às pessoas de uma maneira direta e de três maneiras indiretas. Diretamente, ela está onipresente na forma de acidente de trânsito — casual, involuntário, imprevisível e incontrolável para muitas de suas vítimas e que, praticamente, constitui a única contingência em tempo de paz que leva a maioria das pessoas que trabalham em casa e escritórios a ter contato efetivo com sangue e mutilação. Indiretamente, está onipresente na comunicação de massas e nos espetáculos. Provavelmente não há um dia sem que espectadores e leitores se deparem com a imagem de um cadáver, cena das mais raras na vida real inglesa. Mesmo de uma maneira mais remota, estamos informados tanto da existência, em nossa época, de fenômenos de vasta destruição de massas, concretamente inimagináveis, para os quais há símbolos adequados ("a bomba", "Auschwitz" e outros), assim como da existência de setores e situações da sociedade em que a violência física é fato comum e está provavelmente crescendo. A tranquilidade e a violência, portanto, coexistem.

Estas são experiências curiosamente irreais e, por isso, torna-se muito difícil compreender a violência como um fenômeno histórico ou social, como o evidencia a extraordinária desvalorização de termos como "agressão" na linguagem psicossociológica popular ou da palavra "genocídio" em política. As ideias predominantes do pensamento liberal não tornam as coisas mais fáceis, já que adotam uma dicotomia totalmente irreal entre "violência" ou "força física" (má e retrógrada) e "não violência" ou "força moral" (boa e resultado do progresso). Evidentemente, há quem simpatize com esta e outras simplificações pedagógicas na medida em que desencorajam as pessoas a agredir umas às outras, coisa que todas as pessoas sãs e civilizadas aprovam. Porém, como ocorre com aquele outro produto da moralidade liberal, a afirmação de que "a força nunca resolve nada", chega um momento em que o estímulo para o bem se torna incompatível com a compreensão da realidade — isto é, com a construção de sólidos alicerces para o estímulo à bondade.

Isto porque o essencial a respeito da violência, como fenômeno social, é que ela somente existe sob uma grande variedade de formas. Há ações de diversos graus de violência que supõem diferentes manifestações qualitativas da mesma. Todos os movimentos camponeses são manifestações de pura força física, embora alguns sejam excepcionalmente parcimoniosos no derramamento de sangue e outros degenerem em verdadeiros massacres, porque seu caráter e objetivos diferem. Os camponeses ingleses do princípio do século XIX consideravam legítima a violência contra a propriedade, assim como justificável a violência moderada contra pessoas em certas circunstâncias, mas sistematicamente se abstinham de matar, embora em circunstâncias particulares (como nas rixas entre caçadores ilegais e os guardas florestais) os mesmos homens não hesitassem em lutar até a morte. É de todo inútil tratar estes vários tipos e graus de ação violenta como essencialmente indistintos, exceto como uma justificativa legal para a repressão ou como um ponto de controvérsia sobre o tema "jamais ceder à força". Além disso, ações do mesmo grau de violência podem diferir fortemente em sua legitimidade ou justificativa, pelo menos frente à opinião pública. O grande bandido calabrês Musolino, quando solicitado a definir a palavra "mau", disse que significava "matar cristãos sem uma razão muito profunda".

As verdadeiras sociedades violentas são sempre e acentua- damente conscientes destas "regras", precisamente porque a violência privada é essencial ao funcionamento de sua vida diária, embora possam não ser tão perceptíveis para nós, pois parece-nos por demais intolerável a alta quantidade de derramamento de sangue em condições normais em tais sociedades. Nos países — como nas Filipinas — onde as casualidades fatais em cada campanha eleitoral se contam às centenas, parece pouco relevante que, pelos padrões filipinos, algumas delas estejam mais sujeitas a condenações do que outras. Porém *há* regras. Nas montanhas da Sardenha, elas constituem um verdadeiro código de direito consuetudinário, que foi descrito formalmente em termos jurídicos por observadores exteriores.[1] Por exemplo, o furto de uma cabra não é um "delito", salvo se o leite da cabra for consumido pela família do ladrão, ou se houver intenção clara de "ofender" ou magoar a vítima. Neste caso, a represália é progressivamente mais séria até chegar à morte.

Por mais obrigatório que seja o dever de matar, os membros de famílias rivais engajadas em mútuo massacre ficarão sinceramente consternados se, por algum infortúnio, um espectador ou pessoa estranha à rixa for morta. As situações de violência em que a natureza desta pode causar danos a terceiros tendem a ser claramente negadas, pelo menos em teoria, como na pergunta proverbial do irlandês: "essa é uma briga particular ou qualquer um pode entrar?" De modo que o risco efetivo para estranhos, embora sem dúvida maior do que em nossas sociedades,

---

1 Cf. A. Pigliaru, *La Vendetta Barbaricina Come Ordimamento Giuridico*, Milão, 1959.

é calculável. Provavelmente, as únicas utilizações incontroláveis de força são as daqueles de posição social superior contra seus inferiores sociais (os quais, quase que por definição, não têm direitos contra os primeiros), e mesmo neste caso é provável que haja algum tipo de regra.

Na realidade, algumas regras sobre a violência ainda nos são familiares. Por que, por exemplo, os abolicionistas, que presumivelmente acreditam na desvantagem de todas as execuções, baseiam uma parte importante de sua campanha no argumento de que a pena de morte, às vezes, tira a vida de inocentes? Porque, para muitos de nós, incluindo provavelmente a maior parte dos abolicionistas, a morte do "inocente" evoca uma reação qualitativamente diferente daquela do "culpado".

Um dos maiores perigos das sociedades em que a violência direta não mais desempenha papel relevante para regular as relações cotidianas entre pessoas e grupos, ou nas quais a violência tem se tornado despersonalizada, é que elas perdem o sentido de tais distinções. Ocorrendo isto, também desmantelam certos mecanismos sociais de controle do emprego da força física. Isto não teve grande importância na época em que as formas tradicionais de violência nas relações sociais, ou pelo menos as mais perigosas, estavam diminuindo visível e rapidamente. Mas hoje pode ser que estejam mais uma vez em ascensão, enquanto novas formas de violência social vão adquirindo maior importância.

As formas mais antigas de violência podem estar aumentando porque os sistemas vigentes para a manutenção da ordem pública, criados na era liberal, estão cada vez mais sob tensão e tais formas de violência política, como ação física direta, terrorismo etc., são mais comuns do que no passado. O nervosismo e a perturbação das autoridades públicas, o ressurgimento dos guardas de segurança das empresas privadas e os movimentos de defesa civil são evidências suficientes. Em um sentido, as autoridades já foram levadas a certa redescoberta da violência controlada, como o retorno de tantas forças policiais a um curioso medievalismo — capacetes, escudos, armaduras e todo o resto — e o desenvolvimento de vários gases que provocam incapacidade temporária, balas de borracha etc., refletindo a sensata opinião de que há vários graus de violência necessária ou desejada numa sociedade, opinião que o antigo direito consuetudinário da Inglaterra jamais abandonou.[2] Por outro lado, as próprias autoridades públicas se acostumaram a usar certas formas horripilantes de violência, notadamente a tortura, a qual, até algumas décadas atrás, era considerada bárbara e totalmente inaceitável nas sociedades civilizadas, enquanto uma opinião pública "respeitável" exige, histericamente, a aplicação de um terror indiscriminado.

Isto é parte de uma nova *espécie* de violência, que hoje emerge. A violência mais tradicional (inclusive as formas que ressurgem) pressupõe que a força física deva ser empregada na medida em que não há outros métodos disponíveis ou eficazes e, consequentemente, que as ações violentas têm normalmente uma finalidade específica e identificável, sendo o uso da força proporcional à mesma. Mas grande parte da violência privada contemporânea pode se permitir ser — e de fato é — não operacional, de modo que a violência pública é consequentemente atraída para a ação indiscriminada.

A violência privada não consegue nem pode conseguir muito contra os detentores realmente importantes e institucionalizados da força, mantenham eles ou não sua violência em reserva. Onde isto ocorre, tende, portanto, a transformar a ação em sucedâneo desta. As insígnias e as cruzes de ferro do exército nazista tinham um objetivo prático, embora não o aprovemos. Os mesmos símbolos, no caso dos Anjos do Inferno e grupos semelhantes, têm apenas uma justificação: o desejo de certos jovens, de outro modo fracos e desamparados, de compensar suas frustrações com atos e símbolos de violência. Algumas formas nominalmente políticas de violência (como os sequestros e alguns atentados a bomba neo-anarquistas) são igualmente irracionais, já que na maior parte dos casos seu efeito político é insignificante ou, o que é mais comum, contraproducente.

---

2 Entre as guerras, a Real Força Aérea da Inglaterra resistiu a todos os planos para utilizá-la na manutenção da ordem pública, baseando-se em que suas armas eram por demais indiscriminadas e que poderia, por isso, estar sujeita a ser processada de acordo com o direito consuetudinário. Este argumento não foi aplicado quando bombardearam as aldeias tribais da Índia e do Oriente Médio...

Os ataques violentos às cegas não são necessariamente mais perigosos para a vida e a integridade física (em termos estatísticos) do que a violência das sociedades tradicionalmente "sem lei", embora provavelmente causem mais danos a coisas, ou melhor, às suas companhias seguradoras. Por outro lado, tais atos são talvez justificadamente mais ameaçadores porque são, ao mesmo tempo, fortuitos e cruéis na medida em que seu fim não é outro que a violência mesma. Como mostrou o caso do assassinato dos Moor, o terrível da fascinação pela indumentária nazista que empolga atualmente os vários submundos e subculturas ocidentais não é simplesmente sua nostalgia pelos Himmler e Eichmann, burocratas de um aparato cujos propósitos eram insanos. É o fato de que, para os marginalizados sem orientação, para os pobres fracos e abandonados, a violência e a crueldade — às vezes sob a forma sexual socialmente mais ineficaz e personalizada — são os substitutos do êxito pessoal e do poder social.

O que é assustador a respeito das grandes cidades americanas modernas é a combinação de velhas formas renascidas e formas emergentes de violência em situações de tensão e crise social. E estas são as situações que a sabedoria convencional das ideias liberais é incapaz de enfrentar, mesmo conceitualmente; daí a tendência a recair em uma reação conservadora instintiva, que é pouco mais do que uma imagem refletida da desordem que ela procura controlar. Para dar o exemplo mais simples: a tolerância e a liberdade de expressão liberais contribuem para saturar a atmosfera com aquelas imagens de sangue e tortura que são tão incompatíveis com o ideal liberal de uma sociedade baseada no consenso e na força moral.[3]

Estamos, provavelmente, uma vez mais, entrando em uma era de violência social, que não deve ser confundida com a natureza crescente destrutiva dos conflitos entre sociedades. Por isso, é melhor que entendamos os empregos sociais da violência aprendendo, uma vez mais, a

---

3 O argumento de que não se pode provar que estas imagens afetam a ação de alguém não é mais do que um mero intento de racionalizar esta contradição, e não resiste a um exame criterioso; tampouco valem os argumentos de que a cultura popular sempre se divertiu com imagens de violência, ou que tais imagens atuam como uma espécie de substituição para o real.

distinguir entre os diferentes tipos de ação violenta e, acima de tudo, a construir ou reconstruir regras sistemáticas para a mesma. E nada é mais difícil para um povo educado numa cultura liberal, com sua crença de que qualquer manifestação de violência é pior que a não violência, supondo que todo o restante não varie (coisa que não ocorre). Evidentemente é pior, mas infelizmente tal generalização moral abstrata não proporciona orientação para os problemas práticos da violência em nossa sociedade. O que uma vez foi um princípio útil de aperfeiçoamento dos hábitos sociais ("resolver os conflitos pacificamente e não através de brigas", "autorrespeito não requer derramamento de sangue" etc.) se transforma em simples retórica e contrarretórica. E deixa sem regras a crescente área da vida humana em que a violência ocorre e, paradoxalmente, a deixa também sem sequer princípios morais aplicáveis na prática; seu testemunho é o renascimento universal da prática da tortura pelas forças do Estado. A abolição da tortura foi uma das poucas realizações do liberalismo que pode ser exaltada sem qualquer restrição, embora hoje a tortura seja, uma vez mais, quase que universalmente praticada, aceita pelos governos e difundida pelos meios de comunicação de massa.

Os que acreditam que toda a violência é má por princípio não podem fazer qualquer distinção sistemática entre diferentes tipos de violência na prática, nem perceber seus efeitos tanto sobre quem a sofre como em quem a emprega. O mais provável é que meramente provoquem, por reação, a atitude de considerar toda forma de violência boa, seja do ponto de vista conservador ou revolucionário, quer dizer, a atitude de reconhecer o alívio psicológico subjetivo proporcionado pela violência sem ter em conta sua eficácia. Nesse sentido, os reacionários que exigem o retorno dos disparos, açoites e execuções indiscriminadas se assemelham àqueles cujos sentimentos foram sistematizados por Fanon e outros, para quem a ação com armas ou bombas é, *ipso facto,* preferível à ação não violenta.[4] O liberalismo não estabelece distinção entre ensinar

---

4 Os revolucionários racionais sempre mediram a violência inteiramente em função de seus fins e seus resultados prováveis. Quando Lenin soube, em 1916, que o secretário da social-democracia austríaca havia assassinado o primeiro- ministro austríaco como um gesto de protesto contra a

as formas mais amenas de judô e as formas potencialmente mais assassinas de caratê, enquanto a tradição japonesa é perfeitamente consciente de que elas só devem ser aprendidas por quem tenha o suficiente juízo e formação moral para usar seu poder de matar de maneira responsável.

Há indícios de que tais distinções estão sendo aprendidas uma vez mais, lenta e empiricamente, mas numa atmosfera geral de desorientação e histeria que dificulta o uso racional e limitado da violência. É tempo de colocarmos este processo de aprendizagem em bases mais sistemáticas através da compreensão dos usos sociais da violência. Supondo que os demais fatores não variem, podemos pensar que qualquer violência é pior do que a não violência. Mas a pior violência é a que escapa ao controle humano.

(1969)

---

guerra, limitou-se a perguntar por que um homem em sua posição não tomara uma decisão menos dramática, ainda que mais efetiva, de difundir através dos ativistas do partido um apelo contra a guerra. Era evidente para ele que uma ação enfadonha e não violenta, mas eficaz, era preferível a uma outra romântica, porém ineficaz. Mas isto não o fez abster-se de recomendar a insurreição armada quando necessária.

22
REVOLUÇÃO E SEXO

CHE GUEVARA FICARIA SURPRESO e profundamente irritado se soubesse que sua fotografia é agora capa do *Evergreen Review,* sua personalidade é tema de um artigo na revista *Vogue,* e seu nome, a excusa ostensiva de certo exibicionismo homossexual em um teatro de Nova York.[1] Podemos deixar a *Vogue* de lado. Sua finalidade é dizer às mulheres o que está na moda para vestir, conhecer e conversar; seu interesse por Che Guevara não tem mais implicações políticas que o do editor de *Quem é Quem.* Os outros dois, entretanto, refletem uma crença amplamente difundida de que existe uma espécie de relação entre os movimentos revolucionários sociais e a permissividade no comportamento sexual público ou quaisquer outras formas de comportamento pessoal. Já é tempo de se assinalar o fato de que não há bases sólidas para esta crença.

Em primeiro lugar, deveria estar evidente agora que as convenções sobre o comportamento sexual permitido em público não têm quaisquer conexões específicas com os sistemas de poder político ou de exploração social e econômica. (Uma exceção é a dominação dos homens sobre as mulheres e a sua exploração pelos homens, o que implica limitações mais ou menos rígidas para o comportamento público do sexo feminino.) "Liberação" sexual tem relações somente indiretas com qualquer outra espécie de liberação. Os sistemas de dominação e exploração de classes podem impor severas convenções de comportamento pessoal (por exemplo, sexual) em público ou na vida privada, mas também podem não fazê-lo. A sociedade hindu não era, em qualquer sentido, mais livre ou igualitária do que a comunidade não conformista galesa, pelo simples

---

1 cf. *Observer,* de 8 de maio de 1969.

fato de que a primeira utilizava os templos para demonstrar, da maneira mais atraente, uma grande variedade de atividades sexuais, enquanto a segunda impunha restrições rígidas a seus membros, pelo menos em teoria. Tudo o que se pode deduzir desta diferença cultural específica é que os devotos hindus que quisessem variar sua rotina sexual poderiam aprender a fazê-lo muito mais facilmente do que os devotos galeses.

Sem dúvida, se é possível alguma generalização simplista sobre a relação entre domínio de classe e liberdade sexual, é a de que os dominadores consideram conveniente estimular a permissividade ou lassidão sexuais entre seus súditos apenas para conservar seu pensamento afastado do estado de sujeição em que se encontram. Ninguém jamais impôs o puritanismo sexual aos escravos — ao contrário. As sociedades em que a pobreza é estritamente mantida em seu lugar estão acostumadas a certas explosões de massa regulares e institucionalizadas de sexo livre, como os carnavais. De fato, como o sexo é a forma mais barata de divertimento, bem como a mais intensa (como dizem os napolitanos, a cama é a ópera do pobre), é politicamente muito vantajoso, sendo iguais os demais fatores, levar o povo a praticá-lo tanto quanto possível.

Em outras palavras, não há conexão necessária entre a censura social ou política e a censura moral, embora frequentemente se suponha que haja. Exigir que algumas formas de comportamento não permitidas sejam publicamente admitidas só é um ato político se implicar uma mudança das relações políticas. Conquistar o direito de fazer amor entre brancos e negros na África do Sul seria um ato político, não porque amplie o âmbito do que é permitido sexualmente, mas porque ataca a opressão racial. Conquistar o direito de publicar *Lady Chatterly* não traz tais implicações, embora possa ser bem aceito por outras razões.

Isto deveria ser óbvio em função da nossa própria experiência. Nos últimos anos, as proibições oficiais ou convencionais sobre o que pode ser dito, ouvido, feito e mostrado em público a respeito de sexo — como também na vida privada — têm sido abolidas virtualmente em vários países ocidentais. A crença de que uma moralidade sexual rígida é um baluarte essencial do sistema capitalista já não é mais sustentável, assim como também não o é a crença de que a luta contra tal moralidade é muito premente. Há, ainda, alguns cruzados anacrônicos que podem se imaginar vigorosos combatentes contra uma fortaleza puritana, mas a realidade é que suas muralhas já foram praticamente demolidas.

Não há dúvida de que ainda existem coisas que não podem ser publicadas ou mostradas, mas estas são cada vez mais difíceis de encontrar e de escandalizar alguém. A abolição da censura é uma atividade unidimensional, como a ousadia dos decotes e o comprimento das saias das mulheres, e se essa ousadia é excessiva e esse comprimento vai demasiado longe em uma única direção, a gratificação revolucionária dos cruzados diminui consideravelmente. O direito dos atores de manter relações sexuais em pleno palco é concretamente um avanço menos importante, mesmo em termos de emancipação pessoal, do que representou o direito das jovens da época vitoriana de andar de bicicleta. Atualmente vem se tornando bastante difícil até mesmo movimentar as campanhas contra a obscenidade, nas quais os editores e produtores se apoiaram por tanto tempo para obter publicidade gratuita.

Para fins práticos, a batalha pela publicidade do que se relaciona a sexo já foi ganha. Mas isto aproximou mais a revolução social ou mesmo acarretou qualquer mudança, fora da cama, da página impressa e do divertimento público (mudança que pode ou não ser desejável)? Não há qualquer sinal disso. Tudo o que trouxe, obviamente, foi uma abundância de manifestações públicas de sexo em uma ordem social que permaneceu inalterada.

Mas, embora não haja conexão intrínseca entre permissividade sexual e organização social, há, em troca — e devo dizê-lo com um certo pesar —, uma persistente afinidade entre revolução e puritanismo. Não conheço qualquer movimento ou regime revolucionário sólido e organizado que não tenha desenvolvido acentuadas tendências puritanas — incluindo os movimentos ou regimes marxistas, cujos fundadores elaboraram uma doutrina nada puritana (que, no caso de Engels, era ativamente antipuritana); e, entre aqueles, países como Cuba, cuja tradição nativa é o oposto do puritanismo, assim como a maioria dos movimentos oficialmente anarquistas e libertários. Qualquer um que acredite que a moralidade dos velhos militantes anarquistas era livre e fácil não sabe do que está falando. O amor livre (no qual acreditavam apaixonadamente) significava não beber, não usar drogas e praticar a monogamia sem um casamento formal.

O componente libertário, ou mais exatamente, antinomiano* dos movimentos revolucionários, embora às vezes poderoso e dominante no momento mesmo da liberação, nunca foi capaz de resistir ao puritano. Os Robespierre sempre acabam vencendo os Danton. Os revolucionários para quem a absoluta liberdade sexual ou cultural, que neste caso significam a mesma coisa, são realmente questões centrais da revolução, são mais cedo ou mais tarde marginalizados por ela. Wilhelm Reich, o apóstolo do orgasmo, começou realmente — como a Nova Esquerda nos faz lembrar — como um revolucionário marxista-freudiano muito talentoso, a julgar por sua obra *Psicologia de Massas do Fascismo* (que tinha por subtítulo *A Economia Sexual da Reação Política e a Política Sexual Proletária*). Mas podemos realmente nos surpreender pelo fato de tal homem terminar concentrando sua atenção no orgasmo e não na organização? Nem os stalinistas nem os trotskistas sentiam qualquer entusiasmo pelos surrealistas revolucionários que batiam às suas portas pedindo para serem admitidos. Os que sobreviveram em política não o fizeram como surrealistas.

Por que as coisas se passam deste modo é uma pergunta obscura e importante, mas que não pode ser respondida aqui. Saber se é ou não necessariamente assim é uma questão ainda mais importante pelo menos para os revolucionários que consideram o puritanismo oficial dos regimes revolucionários excessivo e frequentemente fora de propósito. Mas dificilmente se pode negar o fato de que as grandes revoluções do nosso século não se entregaram à permissividade sexual. Fizeram avançar a liberdade sexual (e fundamentalmente) não pela abolição das proibições sexuais, mas mediante um ato transcendente de emancipação social: a liberação das mulheres de sua opressão. E também está fora de questão que os movimentos revolucionários consideraram a liberdade

---

* Referência às doutrinas luteranas de J. Schnitter (1492-1566), que afirmavam ser a fé, e não os atos, a única condição da salvação. [*N. T.*]

pessoal absoluta um inconveniente. Entre os jovens rebeldes, aqueles que mais se aproximam do espírito e das aspirações da revolução social ao velho estilo (maoistas, trotskistas e comunistas) também tendem a ser os mais hostis ao consumo de drogas, à exibição indiscriminada de sexo ou outros estilos e símbolos de dissidência pessoal. As razões invocadas são, frequentemente, que "os trabalhadores" não entendem nem simpatizam com tal comportamento. Seja ou não assim, o que não se pode negar é que este comportamento consome tempo e energia e dificilmente é compatível com a organização e a eficiência.

Todo o tema é, na realidade, parte integrante de uma questão muito mais ampla: qual o papel que desempenha na revolução ou em qualquer mudança social essa revolução cultural que hoje constitui uma vertente tão visível da "nova esquerda" e que, em alguns países, como os Estados Unidos, é seu aspecto dominante? Não há revolução social importante que não seja combinada, pelo menos perifericamente, com tal dissidência cultural. Talvez hoje, no Ocidente, onde a força motriz básica da rebeldia é a "alienação" mais que a pobreza, nenhum movimento que também não ataque o sistema de relações pessoais e de satisfações privadas pode ser revolucionário. Mas, em si mesmas, a rebelião cultural e a dissidência cultural são sintomas, não forças revolucionárias. Politicamente não são importantes.

A Revolução Russa de 1917 reduziu a *avant-garde* contemporânea e os rebeldes culturais — muitos dos quais simpatizavam com ela — a suas reais proporções políticas e sociais. Quando os franceses entraram em greve geral em maio de 1968, os acontecimentos no Teatro Odeon e aquelas maravilhosas inscrições ("É proibido proibir", "Quando faço revolução, sinto-me como se fizesse amor", etc.) poderiam ser vistos como formas menores de literatura e teatro, marginais aos eventos principais. Quanto mais visíveis estes fenômenos, mais certeza podemos ter de que os acontecimentos realmente decisivos não estão ocorrendo. Chocar a burguesia é, infelizmente, mais fácil do que derrubá-la.

(1969)

23
CIDADES E INSURREIÇÕES

As CIDADES, ENTRE OUTRAS COISAS, são ao mesmo tempo um lugar habitado por uma aglomeração de gente pobre e, na maioria dos casos, a sede do poder político que afeta suas vidas. Historicamente, uma das coisas que as populações urbanas têm feito a este respeito é manifestar-se, amotinar-se, sublevar-se ou exercer, sob outras formas, pressão direta sobre as autoridades que operam dentro de seu âmbito. Não interessa muito ao cidadão comum que o poder da cidade seja às vezes de alcance somente local, visto que, em outros momentos, pode sê-lo também regional, nacional ou mesmo internacional. Entretanto, afeta os cálculos, tanto das autoridades quanto dos movimentos políticos que aspiram a derrubar governos, se as cidades são ou não capitais (ou cidades-estado independentes, o que dá no mesmo) ou sede de grandes companhias nacionais ou internacionais, porque, sendo-o, os motins e as insurreições urbanos podem ter, obviamente, implicações muito mais amplas que se a autoridade urbana for unicamente local.

O tema do presente trabalho é indagar como a estrutura das cidades tem afetado os movimentos populares desta espécie e, inversamente, que efeitos tem tido sobre a estrutura urbana o temor a tais movimentos. O primeiro ponto é de significação muito mais geral que o segundo. O motim, a insurreição ou a manifestação populares são fenômenos urbanos quase universais e, como sabemos agora, ocorrem mesmo nas megalópoles afluentes do mundo industrial de fins do século XX. Por outro lado, o temor a tais movimentos é intermitente. Podem ser considerados um fato inerente à vida urbana na maioria das cidades pré-industriais, ou um tipo de intranquilidade que periodicamente irrompe e depois acalma sem produzir qualquer consequência importante sobre a estrutura do poder. É possível que sejam subestimados porque durante longo tempo não tem havido qualquer motim ou insurreição ou porque há alternativas institucionais, como os sistemas de governo local através de eleição popular. Afinal, há poucas cidades constantemente em agitação. Mesmo Palermo, que seguramente ostenta o recorde europeu com doze insurreições entre 1512 e 1866, teve longos períodos em que sua população permaneceu relativamente calma. Por outro lado, uma vez que as autoridades decidam alterar a estrutura urbana devido à intranquilidade política dominante, os resultados provavelmente serão substanciais e duradouros, como os *boulevards* de Paris.

A eficácia de um motim ou insurreição depende de três aspectos da estrutura urbana: a facilidade de mobilizar os pobres, a vulnerabilidade dos centros de autoridade a estes e a facilidade com que podem ser reprimidos. Estes aspectos são determinados parcialmente por fatores sociológicos, por fatores urbanísticos e por fatores tecnológicos, embora os três não possam sempre se manter dissociados. Por exemplo, a experiência demonstra que entre as formas de transporte urbano, os bondes são, quer seja em Calcutá ou em Barcelona, extraordinariamente convenientes para os insurretos; em parte porque o aumento de suas tarifas, que tende a afetar todos os pobres simultaneamente, é um precipitador muito natural dos distúrbios e em parte porque estes enormes veículos, quando incendiados ou virados, podem facilmente bloquear ruas e interromper o tráfego. Os ônibus não parecem ter desempenhado um papel tão importante em agitações e os metrôs parecem ser totalmente irrelevantes (exceto para transportar os insurretos), enquanto os carros podem, no melhor dos casos, ser usados como barricadas ou obstáculos improvisados e, a julgar pela recente experiência de Paris, não são muito eficazes. Aqui a diferença é puramente tecnológica.

Por outro lado, as universidades nos centros das cidades são evidentemente centros mais perigosos de agitações potenciais do que as universidades nos arredores da cidade ou atrás de algum cinturão verde, fato que é muito conhecido dos governos latino-americanos. As concentrações de pobres são mais perigosas quando ocorrem perto ou nos centros das cidades, como é o caso dos guetos negros nas muitas cidades norteamericanas do século XX, do que quando ocorrem em algum subúrbio relativamente longínquo, como na Viena do século XIX. Em tais casos, a diferença é urbanística e depende do tamanho da cidade e do padrão de especialização funcional no seu interior. Entretanto, um centro de agitação estudantil potencial nos arredores de uma cidade, como Nanterre em Paris, é muito mais apto a criar problemas na cidade do que as favelas de argelinos no mesmo subúrbio, porque os estudantes têm mais mobilidade e seu universo social é mais metropolitano do que o dos operários imigrantes. Neste caso, a diferença é primordialmente sociológica.

Suponhamos, então, que se construa a cidade ideal para motim ou insurreição. Como será ela? Deverá ser densamente habitada e não possuir uma superfície muito extensa. Por suas dimensões, deverá ser ainda possível atravessá-la a pé, embora outras experiências de agitações em sociedades plenamente motorizadas possam modificar esta apreciação. Talvez não devesse ser dividida por um grande rio, não só porque as pontes podem facilmente ser tomadas pela polícia, mas também porque é um fato comprovado pela geografia ou psicologia social que as duas margens de um rio parecem olhar em direções opostas uma a outra, como pode verificá-lo quem mora ao sul de Londres ou em Paris à margem esquerda.

Sua população pobre deverá ser relativamente homogênea do ponto de vista social ou racial, embora, evidentemente, devamos lembrar que, nas cidades pré-industriais ou nos gigantescos reservatórios de subempregos do Terceiro Mundo de hoje, o que à primeira vista parece uma população muito heterogênea pode ter um grau considerável de unidade, como o provam certos termos comuns na história como "o povo trabalhador", *"le menu peuple"*,* ou "a plebe". Deveria ser centrípeta, quer dizer, suas várias partes deveriam ser naturalmente orientadas para as instituições centrais da cidade — quanto mais centralizada, melhor. A cidade-república medieval, cuja estrutura consistia em um sistema de fluxos circulatórios de e para o local principal de assembleia, que também podia ser o principal centro ritual (catedral), o mercado principal e a sede do governo, era ideal para a insurreição por esta razão. O padrão

---

* "A arraia-miúda". [*N. T.*].

REVOLUCIONÁRIOS | 285

de especialização funcional e de segregação residencial deveria ser razoavelmente rígido. Consequentemente, o modelo pré-industrial de subúrbio, que se baseava na exclusão de vários indesejáveis de uma cidade nitidamente delimitada — indesejáveis frequentemente necessários à vida da cidade —, como os imigrantes carentes de cidadania, ofícios ou grupos proscritos etc., não rompia muito a coesão do complexo urbano: Triana se unia a Sevilha, como Shoreditch à cidade de Londres.

Por outro lado, o padrão de subúrbio do século XIX, que rodeava um núcleo urbano com quarteirões residenciais de classe média e bairros industriais, geralmente nas duas extremidades opostas da cidade, afeta fundamentalmente a coesão urbana. A "Zona Leste" e a "Zona Oeste" estão física e espiritualmente distantes uma da outra. Os que vivem a oeste da *Concorde*, em Paris, pertencem a um mundo distinto dos que vivem a leste da *Republique*. Para ir um pouco mais longe, o famoso "cinturão vermelho" de subúrbios operários que cercam Paris foi politicamente significativo, mas não teve importância insurrecional destacável. Ele simplesmente já não pertencia a Paris, nem tampouco formava com ela uma unidade, exceto para os geógrafos.[1]

Todas estas considerações afetam a mobilização dos pobres das cidades, mas não sua eficácia política. Isto naturalmente depende da facilidade com que os agitadores ou revoltosos podem se aproximar das autoridades e da facilidade com que podem ser dispersados. Na cidade ideal para insurreições, as autoridades — os ricos, a aristocracia, o governo ou administração local — deverão, portanto, estar mesclados com as concentrações centrais de pobres, tanto quanto possível. O rei francês residirá no Palais Royal ou no Louvre e não em Versailles, o imperador austríaco no Hofburg e não em Schoenbrunn. De preferência, as autoridades serão vulneráveis. Os governantes que possam contemplar uma cidade hostil de alguma fortaleza isolada, como a prisão-fortaleza de

---

1 Uma pergunta interessante é saber até que ponto tais subúrbios operários podem ser separados do centro urbano e ainda permanecer um fato direto nas revoltas. Em Barcelona, o bairro de Sans, o grande bastião do anarquismo, não desempenhou qualquer papel importante na revolução de 1936, enquanto Floridsdorf, em Viena, bastião igualmente sólido do socialismo, pôde fazer pouco mais do que resistir isoladamente quando o restante das revoltas da cidade já haviam sido vencidas em 1934.

Montguich em Barcelona, podem agravar a hostilidade popular, mas estão tecnicamente em condições de enfrentá-la. Afinal, a Bastilha poderia ter resistido em julho de 1789 se alguém tivesse realmente pensado que seria atacada. As autoridades municipais são naturalmente vulneráveis quase que por definição, já que sua sorte política depende da crença de que representam os cidadãos e não um governo exterior ou seus agentes. Daí provém, talvez, a tradição francesa clássica segundo a qual os revoltosos investem mais contra a prefeitura do que contra o palácio real ou imperial e, como em 1848 e 1871, proclamem ali o governo provisório.

As autoridades locais, por isso, criam relativamente poucos problemas para os sublevados (pelo menos até que comecem a fazer planejamento urbano). É evidente que o desenvolvimento da cidade pode mudar a prefeitura de um local no centro para outro bem mais longínquo: hoje em dia há uma longa distância entre o bairro do Brooklyn e a prefeitura da cidade de Nova York. Por outro lado, a presença de governos nas capitais, que favorece a eficácia das agitações, é compensada pelas características especiais das cidades onde príncipes ou outros governantes importantes residem, nas quais existe uma intrínseca estrutura anti-insurreicional. Isto advém tanto das necessidades de relações públicas dos estados como, talvez em menor grau, das necessidades de segurança.

De modo geral, os habitantes de uma cidade comum desempenham um papel de participantes nas atividades públicas, enquanto nas cidades principescas ou sede de governos constituem uma audiência que aplaude e admira. Amplas avenidas retas, próprias para desfiles, com vistas para o palácio, a catedral ou a sede governamental, larga praça frente à fachada oficial de preferência com uma sacada apropriada de onde se possa dirigir às multidões ou abençoá-las — talvez a arena ou um lugar para paradas: estes formam o conjunto cerimonial de uma cidade imperial. Desde o Renascimento, as principais capitais e residências oficiais do Ocidente têm sido construídas ou modificadas segundo este padrão. Quanto maior o desejo de impressionar do governante ou quanto maior sua *folie de grandeur*,* tanto mais amplo, reto e simétrico o seu traçado

---

* "Mania de grandeza". [*N. T.*]

urbano preferido. Podem ser imaginados poucos locais menos adequados a agitações espontâneas que Nova Deli, Washington, São Petersburgo, e também o Mall e o Palácio de Buckingham. Não é meramente a divisão entre uma zona leste popular e de classe média e uma zona oeste oficial que fez dos Champs Elysées o cenário do desfile militar e oficial de 14 de julho, enquanto as demonstrações não oficiais de massa pertencem ao triângulo Bastille-Republique-Nation.

Tais locais de cerimônias implicam uma certa separação entre governantes e governados, uma confrontação entre uma majestosa e remota suntuosidade e pompa de um lado e um público que admira do outro. É o equivalente urbanístico do cenário de teatro clássico; ou, melhor ainda, da ópera, invenção característica da monarquia absoluta ocidental. Felizmente, para os revolucionários potenciais, esta não é ou era a única relação entre governantes e governados nas capitais. Frequentemente, de fato, era a própria capital que evidenciava a grandeza dos governantes, enquanto seus habitantes, incluindo os mais pobres, desfrutavam de uma modesta fração dos benefícios e da suntuosidade do soberano e da cidade. Governantes e governados viviam, em uma espécie de simbiose. Em tais circunstâncias, as grandes rotas cerimoniais passavam pelo centro das cidades, como em Edimburgo ou Praga. Os palácios não necessitavam, assim, de se separar das favelas. O Hofburg de Viena, que oferece uma ampla área cerimonial para o mundo exterior, incluindo os subúrbios vienenses, separa-se apenas por uns poucos metros de rua ou de praça do núcleo antigo da cidade, à qual visivelmente pertence.

Este tipo de cidade, onde se combinavam as formas das cidades comuns e das principescas, era um excelente convite a agitações, pois nelas os palácios e residências da alta nobreza, os mercados, as catedrais, as praças públicas e as favelas eram interligadas, e os governantes estavam à mercê da multidão. Em época de distúrbio, poderiam retirar-se para suas casas de campo, mas isso era tudo. Sua única salvaguarda consistia em mobilizar os pobres respeitáveis contra os não respeitáveis depois de uma insurreição vitoriosa — por exemplo, as corporações de artesãos contra a "multidão", ou a Guarda Nacional contra aqueles sem propriedades. Seu único consolo era saber que o motim e a insurreição incontrolados raramente duravam muito tempo e ainda mais raramente se dirigiam contra a estrutura da riqueza e do poder estabelecidos. Não obstante, tratava-se de um consolo substancial. O rei de Nápoles ou o duque de Parma, para não mencionar o Papa, sabiam que se seus súditos provocavam tumultos, era porque estavam excessivamente famintos e o faziam para lembrar ao soberano e à nobreza seus deveres, isto é, prover o mercado com alimentos suficientes a preços razoáveis, e proporcionar trabalho, esmolas e divertimento público de acordo com suas necessidades já por demais modestas. Sua lealdade e devoção religiosa dificilmente vacilavam e, inclusive quando faziam verdadeiras revoluções (como em Nápoles em 1799), o mais provável era que as fizessem em defesa da Igreja e do Rei contra os estrangeiros e as classes médias ateístas...

Daí a crucial importância, na história da ordem pública urbana, da Revolução Francesa de 1789-99, que estabeleceu a moderna equação entre insurreição e revolução social. Qualquer governo prefere, naturalmente, evitar agitação ou revolta, como prefere manter um baixo índice de assassinatos, mas na ausência de verdadeiro perigo revolucionário, as autoridades não estão dispostas a perder sua calma. A Inglaterra do século XVIII era uma nação notoriamente agitada e com um dispositivo claramente insuficiente para a manutenção da ordem pública. Não só as cidades menores como Liver- pool e Newcastle, mas grandes áreas de Londres podiam permanecer em mãos dos revoltosos por dias a fio. Como não se arriscava nada decisivo em tais desordens, salvo alguns bens fáceis de repor em um país rico, a reação geral entre as classes superiores era fleumática e até de satisfação. A nobreza *whig* se orgulhava do estado de liberdade que negava aos déspotas potenciais a possibilidade de empregar tropas para reprimir seus súditos e uma força policial para persegui-los. Até a Revolução Francesa, não se desenvolveu o gosto para multiplicar os quartéis nas cidades, e até a época dos radicais e cartistas da primeira metade do século XIX as virtudes da força policial não pesavam mais que as da liberdade inglesa. (Como nem sempre se podia confiar na democracia popular, a Polícia

Metropolitana foi posta diretamente sob a ordem do Ministério do Interior, onde se conserva até hoje.)

De fato, três principais métodos administrativos de oporse às revoltas e agitações se insinuavam: medidas sistemáticas para o emprego de tropas, desenvolvimento das forças policiais (que raramente existiam em sua forma moderna antes do século XIX) e a remodelação de cidades de tal maneira que minimizasse as possibilidades de revolta. Os dois primeiros não tiveram maior influência na forma e estrutura efetivas das cidades, embora um estudo da construção e localização dos quartéis urbanos no século XIX possa fornecer alguns resultados interessantes, assim como um estudo da distribuição dos distritos policiais nos bairros. O terceiro, por outro lado, afetou substancialmente o panorama urbano, como em Paris e Viena, cidades onde é sabido que as necessidades da contrainsurreição influenciaram na remodelação urbana depois das revoluções de 1848. Em Paris, o objetivo militar principal desta reconstrução parece ter sido abrir avenidas amplas e retas onde a artilharia pudesse disparar e as tropas avançar, ao mesmo tempo dispersando — presumivelmente — as principais concentrações de insurgentes potenciais nos bairros populares. Em Viena, a reconstrução tomou, sobretudo, a forma de duas amplas avenidas circulares concêntricas: o círculo interior (ampliado por um cinturão de áreas abertas, parques e edifícios públicos bem espaçados) isolou a cidade velha e o palácio dos subúrbios interiores (principalmente de classe média), enquanto o círculo exterior isolava ambos dos subúrbios exteriores (ocupados por um número cada vez maior de operários).

Tais reconstruções podem ou não ter feito sentido em termos militares. Não o sabemos, já que o tipo de revoluções que pretendiam dominar virtualmente terminou na Europa Ocidental depois de 1848 (contudo, é um fato que os principais centros de resistência popular e de lutas de barricadas na Comuna de Paris de 1871, Montmartre e o nordeste da cidade, por um lado, e a margem esquerda do Sena, por outro, estavam isolados um do outro e ambos do resto da cidade). Mas, sem dúvida, influíram nos cálculos dos possíveis insurgentes. Nas discussões entre os socialistas da década de 80 do século passado, os especialistas em temas militares entre os revolucionários, liderados por Engels, coincidiam em que o tipo clássico de levante tinha agora poucas possibilidades de triunfo e mantinham dúvidas sobre o valor de algumas inovações tecnológicas, tais como os potentes explosivos que faziam rápidos avanços à época (dinamite etc.). De qualquer forma, as barricadas que haviam dominado as táticas de revolta entre 1830 e 1871 (elas não haviam sido usadas em grande escala na Grande Revolução Francesa de 1789-99) estavam agora, em todo caso, menos acreditadas. Ao contrário, as bombas de um ou outro tipo se converteram no artefato favorito dos revolucionários, embora não dos marxistas, e não para propósitos insurrecionais autênticos.

A remodelação urbana, entretanto, teve outro efeito — provavelmente involuntário — sobre as rebeliões potenciais, já que as novas e amplas avenidas proporcionavam um espaço ideal para o que se tornou um aspecto cada vez mais importante dos movimentos populares: as manifestações de massas, ou melhor, as passeatas. Quanto mais sistemáticas eram estas avenidas radiais e circulares e mais efetivamente isoladas ficavam das áreas habitadas ao seu redor, mais fácil se tornou transformar tais aglomerações em marchas rituais em vez de preliminares de uma insurreição. Londres, onde elas não existiam, sempre teve dificuldades em evitar distúrbios incidentais no curso das concentrações de massas realizadas na Trafalgar Square e, sobretudo, na sua dispersão. A praça é muito próxima a pontos nevrálgicos como Downing Street, ou a símbolos de riqueza e poder como os clubes Pall Mall, cujas janelas eram destruídas pelos desempregados nas demonstrações da década de 80 do século XIX.

Evidentemente, pode-se exagerar a importância desses fatores primordialmente militares no processo de renovação urbana. De qualquer forma, eles não podem se distinguir nitidamente de outras mudanças nas cidades durante os séculos XIX e XX, que também diminuíram consideravelmente seu potencial de insurreição. Três deles são particularmente relevantes.

O primeiro é, simplesmente, o tamanho. O crescimento das cidades as reduz a uma abstração administrativa e a um conglomerado de comunidades ou distritos separados. Ela simplesmente se tornou grande demais para constituir o cenário de um único movimento insurrecional. Londres, que além de tudo carece visivelmente de um símbolo de unidade municipal como a figura de um prefeito (o *Lord Mayor* da Cidade de Londres é uma figura cerimonial que tem tanta relação com Londres enquanto cidade como a que tem o *Lord Chancellor*), é um exemplo excelente. Deixou de ser uma cidade de agitações aproximadamente à época em que cresceu de um milhão para dois milhões de habitantes, isto é, na primeira metade do século XIX. O cartismo em Londres, por exemplo, mal existiu como um fenômeno genuinamente metropolitano por mais que um ou dois dias seguidos. Sua verdadeira força se concentrava nas "localidades" onde estava organizado, isto é, em comunidades e bairros como Lambeth, Woolwich ou Marylebone, cujas relações recíprocas eram, no máximo, de caráter federativo. De modo semelhante, os radicais e ativistas de fins do século XIX tinham bases essencialmente locais. Sua organização mais característica era a Federação Radical Metropolitana, uma aliança de clubes operários de importância exclusivamente local em bairros que tinham uma tradição de radicalismo — Chelsea, Hakney, Clerkenwell, Woolwich etc. A tendência, comum em Londres, de construir prédios baixos e, assim, de dispersar e espalhar a cidade, tornava as distâncias entre estes focos de distúrbio demasiado grandes para que houvesse uma propagação espontânea das insurreições. Qual o nível de contato que Battersea ou Chelsea (então ainda um setor que elegia homens de esquerda para o Parlamento) teriam com a turbulenta Zona Leste dos portuários grevistas de 1889? Qual o nível de contato, neste sentido, que haveria entre Whitechapel e Canning Town? A verdade é que as amorfas aglomerações de edifícios que surgiam tanto da expansão de uma cidade grande como da fusão das comunidades próximas em vias de crescimento, maiores ou menores em tamanho, para as quais nomes artificiais tiveram que ser criados (conurbação, as "Grandes" Londres, Berlim ou Tóquio), não eram cidades no sentido tradicional, ainda que algumas estivessem administrativamente unificadas.

O segundo é o modelo cada vez mais aplicado de segregação funcional nas cidades dos séculos XIX e XX, o que quer dizer, de um lado, o desenvolvimento de espaços abertos ou centros especializados para indústria, comércio e administração pública e, do outro, a separação geográfica de classes. Também neste caso Londres foi pioneira, por ser a combinação de três unidades separadas — o centro governamental de Westminster, a City comercial de Londres e o bairro popular de Southwark, na outra margem do rio. Até certo ponto, o crescimento desta complexa metrópole incentivou os insurretos potenciais. Os extremos norte e leste da City de Londres e de Southwark, onde a comunidade comercial limitava com os distritos operários e de artesãos e com o porto — todos, à sua maneira, igualmente predispostos à insurreição, como os tecelões de Spitalfield ou os radicais de Clerkenwell —, formavam focos naturais de erupção revolucionária. Esta foi a área onde irromperam muitos dos grandes motins do século XVIII. Westminster tinha sua própria população de artesãos e uma variedade de pobres que se converteram, devido à proximidade do rei e do Parlamento e pela existência de um direito de voto excepcionalmente democrático em seu distrito eleitoral, em um formidável grupo de pressão durante várias décadas em fins do século XVIII e no século XIX. A área entre a City e Westminster — que estava ocupada por uma aglomeração extraordinariamente densa de favelas habitadas por trabalhadores, imigrantes e os socialmente marginais (Drury Lane, Covent Garden, St. Giles, Holborn) —, aumentava a ebulição da vida pública metropolitana.

Entretanto, à medida que o tempo passava, o modelo se simplificava. A City do século XIX deixou de ser residencial e se tornou cada vez mais um puro distrito comercial, enquanto o porto se transferia rio abaixo e as classes média e média-baixa se mudavam para subúrbios mais ou menos longínquos, deixando a zona leste como a zona cada vez mais homogênea dos pobres. Os limites norte e oeste de Westminster se tornaram residência das classes média e alta como resultado de um projeto dos proprietários de terrenos e construtores especuladores, pressionando desta forma os bairros de artesãos, trabalhadores e outros inclinados ao radicalismo e ao motim (Chelsea, Notting Hill, Paddington, Marylebone) para uma periferia cada vez mais longe do restante da Londres radical. As favelas entre as duas cidades sobreviveram mais tempo, mas, no início do século XX, também haviam se fragmentado em pequenas partes pela renovação urbana que dera a Londres algumas de suas avenidas mais lúgubres (Shaftesbury Avenue, Rosebery Avenue), assim como algumas de suas mais luxuosas (Kingsway, Aldwych) e uma impressionante acumulação de moradias populares de aspecto semelhante a quartéis, destinadas a aumentar a felicidade do operariado de Drury Lane e Saffron Hill. Covent Garden e Soho (que elegeram comunistas como conselheiros locais em 1945) são, talvez, a última relíquia da antiga turbulência metropolitana no centro da cidade. No final do século XIX, a potencialmente inquieta cidade de Londres já havia sido dividida em segmentos periféricos de dimensões várias (a imensa e amorfa Zona Leste sendo o mais extenso), em redor de uma *City* e uma Zona Oeste não residenciais e um sólido bloco de distritos de classe média que, por sua vez, estava cercado por subúrbios exteriores habitados pela classe média e média-baixa.

Tais modelos de segregação desenvolveram-se na maioria das grandes cidades ocidentais ou naquelas em crescimento do princípio do século XIX, embora as partes de seus centros históricos não transformados em distritos comerciais ou institucionais conservassem às vezes traços de sua antiga estrutura, que ainda podem ser observados nas zonas de bordéis, como em Amsterdam. As novas localizações residenciais da classe operária do século XX e a organização de redes de transportes motorizados desintegraram ainda mais a cidade como centro de insurreição potencial. (A organização ferroviária do século XIX tivera um efeito contrário e criara, frequentemente, bairros socialmente heterogêneos e marginais ao redor dos novos terminais.) A recente tendência de deslocar os principais serviços urbanos, como os mercados centrais, dos centros para as periferias das cidades, sem dúvida, as desintegrará ainda mais.

Estarão assim fadados a desaparecer os motins e as insurreições das cidades? Evidentemente que não, pois há poucos anos pudemos testemunhar uma recrudescência deste fenômeno em algumas das cidades mais modernas, embora também tenha havido um declínio em alguns dos tradicionais centros de tais atividades. As razões são principalmente sociais e políticas, mas vale a pena examinar brevemente as características do urbanismo moderno que o fomentam.

Uma delas é o transporte moderno de massas. O transporte motorizado, por enquanto, tem contribuído sobretudo para a mobilização de um setor social normalmente não agitador, a classe média, através de procedimentos como a manifestação motorizada (os franceses e argelinos ainda se lembram do número maciço de buzinas que a reação fazia soar ao ritmo de *Al-gé-rie Fran-çaise*) ou de outro dispositivo natural de sabotagem e exaltação de ânimo: o congestionamento de trânsito. Os carros têm sido usados pelos ativistas nas agitações dos Estados Unidos, dificultando a ação policial quando em movimento e formando barricadas temporárias quando parados. Além disso, o transporte motorizado distribui as notícias dos motins a outras áreas além da imediatamente afetada, já que tanto os carros particulares quanto os ônibus têm que ter suas rotas extensivamente remanejadas.

O transporte público, e especialmente os metrôs, que estão, uma vez mais, sendo construídos em larga escala em várias cidades grandes, é mais diretamente relevante. Não há melhor meio de transporte para locomover grandes quantidades de possíveis rebeldes de maneira rápida para grandes distâncias do que trens que circulem a intervalos frequentes. Esta é uma razão por que os estudantes de Berlim Ocidental são um núcleo de agitadores bastante efetivo: o metrô liga a Universidade Livre, localizada entre as longínquas vilas e jardins burgueses de Dahlem, ao centro da cidade.

Mais importante do que o transporte são dois outros fatores: o aumento do número de edifícios que vale a pena serem ocupados ou contra os quais vale a pena amotinar-se, e o desenvolvimento, em seus arredores, de aglomerações de agitadores potenciais. Porque se é verdade que as sedes dos governos centrais e municipais estão cada vez mais distantes dos bairros de agitação, e que os ricos ou nobres raramente vivem em palácios nos centros das cidades (os apartamentos são menos vulneráveis e mais anônimos), multiplicaram-se outros tipos de instituições vulneráveis. Há os centros de comunicações (telégrafos, telefone, rádio e televisão). O mais inexperiente dos organizadores de um golpe militar ou de uma insurreição sabe a enorme importância que têm. Existem os gigantescos escritórios dos jornais, felizmente quase sempre concentrados nos centros urbanos mais antigos, que proporcionam admirável material ocasional para erguer barricadas ou para a proteção contra tiroteio, como caminhões de entrega, impressoras e fardos de papel. Estes materiais foram usados para fins de combate de rua há muito tempo, em 1919, em Berlim, mas não muitas vezes desde então. Há, também, como todos sabemos, as universidades. Embora a tendência geral de transferi-las dos centros urbanos tenha diminuído em certo grau seu potencial de agitação, ainda existem suficientes recintos acadêmicos nos centros das grandes cidades para satisfazer os ativistas. Além disso, o crescimento explosivo do ensino de nível superior superlotou a universidade com milhares ou mesmo dezenas de milhares de manifestantes ou combatentes. Há, acima de tudo, os bancos e as grandes multinacionais, símbolo e realidade da estrutura do poder, concentrados, de forma crescente, nas construções maciças de chapas de vidro e concreto, através dos quais o viajante reconhece os centros de uma cidade típica dos fins do século XX.

Teoricamente, estes edifícios deveriam ser, individualmente, objeto de ataque por parte dos agitadores, tanto quanto os edifícios públicos ou parlamentos, posto que a IBM, a Shell ou a General Motors têm, pelo menos, tanta importância quanto a maioria dos governos. Os bancos estão, há muito, cientes de sua vulnerabilidade e em alguns países latinos — a Espanha é um bom exemplo — sua combinação de opulência arquitetônica simbólica e pesada fortificação resulta em algo semelhante às cidadelas cercadas de muralhas, onde a nobreza feudal se defendia nos tempos medievais. Observá-los sob forte guarda policial em épocas de tensão é uma experiência instrutiva, embora, de fato, os únicos campeões da ação direta sistemática atraídos por eles sejam os ladrões não políticos e os "expropriadores" revolucionários. Mas se excetuarmos tais símbolos política e economicamente desprezíveis do modo de vida americano, como os Hotéis Hilton e os objetos ocasionais de hostilidade específica como a Dow Chemicals, as agitações raramente têm visado, de forma direta, qualquer edifício de grandes multinacionais. Nem tampouco são eles muito vulneráveis. Seria necessário muito mais do que algumas janelas quebradas ou mesmo a ocupação de alguns metros quadrados de escritórios para interromper o funcionamento ordenado e contínuo de uma moderna companhia petrolífera.

Por outro lado, o "centro da cidade" como um todo é também vulnerável. A paralisação do trânsito, o fechamento de bancos, a ausência voluntária ou forçada dos funcionários de escritórios, os homens de negócios bloqueados em hotéis com as mesas telefônicas sobrecarregadas ou impossibilitados de chegar a seus destinos — tudo isto pode interferir muito seriamente nas atividades de uma cidade. De fato, quase tudo isto esteve a ponto de acontecer durante as agitações de 1967 em Detroit. E mais: em cidades que crescem de acordo com o modelo norte-americano, não é improvável que tais coisas ocorram mais cedo ou mais tarde. Pois é bem sabido que as áreas centrais das cidades e suas adjacências mais próximas estão sendo ocupadas por negros pobres, enquanto os brancos abastados se mudam para outros bairros. Os guetos rodeiam e cobrem os centros urbanos como mares escuros e turbulentos. É esta concentração dos mais descontentes e turbulentos nos arredores de alguns poucos centros urbanos excepcionalmente vulneráveis que dá aos militantes de uma reduzida minoria a importância política que as rebeliões negras certamente não teriam se os dez ou quinze por cento da população americana constituídos por negros fossem distribuí- dos de forma mais uniforme pelo território daquele vasto e complexo país.

Não obstante, mesmo este ressurgimento das agitações nas cidades ocidentais é comparativamente modesto. Um chefe de polícia inteligente e cínico provavelmente consideraria todos os distúrbios nas cidades ocidentais durante os últimos anos perturbações secundárias, ampliadas pelas vacilações ou incompetência das autoridades e pelos efeitos de uma publicidade excessiva. Com a exceção das agitações do Quartier Latin em maio de 1968, nenhum deles pareceu capaz de abalar os governos ou possuir esta intenção. Quem desejar julgar o que é ou o que pode alcançar uma autêntica insurreição ao velho estilo das massas pobres urbanas ou um levante armado sério, deve ir às cidades do mundo subdesenvolvido: a Nápoles, que se levantou contra os alemães em 1943; à Casbah argelina de 1956 (excelentes filmes foram feitos sobre ambas as insurreições); a Bogotá de 1948; talvez a Caracas e, sem dúvida, a São Domingos de 1965.

A eficácia das recentes agitações nas cidades ocidentais é devida não tanto às ações efetivas dos agitadores como ao seu contexto político. Nos guetos americanos, demonstraram que os negros já não estão dispostos a continuar aceitando passivamente seu destino, e assim aceleraram, seguramente, o desenvolvimento da consciência política negra e o medo branco, mas nunca pareceram uma ameaça séria imediata nem mesmo para a estrutura de poder local. Em Paris, demonstraram a vulnerabilidade de um regime aparentemente firme e monolítico. (A efetiva capacidade de luta dos insurgentes nunca foi posta de fato à prova, embora seu heroísmo não se ponha em dúvida: não mais que duas ou três pessoas foram mortas, e é quase certo que estes casos tenham sido acidentais.) Em qualquer outro lugar as manifestações e agitações estudantis, embora muito eficazes dentro das universidades, têm sido fora delas pouco mais do que um mero problema policial de rotina.

Mas esta circunstância, evidentemente, pode ser verdade com relação a todas as desordens urbanas, razão pela qual o estudo de sua conexão com os tipos diferentes de cidades é um exercício comparativamente sem importância. A cidade de Dublin, ao tempo de Jorge V, não se prestava facilmente a insurreições, e sua população não demonstrou grande pendor para iniciar ou mesmo participar de levantes. O Levante da Páscoa ocorreu ali porque era a capital, onde se supõe sejam tomadas as principais decisões nacionais e, embora tenha fracassado razoavelmente rápido, desempenhou um papel importante na conquista da independência irlandesa, porque a natureza da situação da Irlanda em 1917-21 o permitia. Petrogrado, construída desde o princípio de acordo com uma gigantesca planta geométrica, é particularmente inadequada para barricadas ou combates de rua, mas a Revolução Russa começou e triunfou ali. Ao contrário, a agitação proverbial de Barcelona, cujas partes mais antigas são situadas quase que de forma ideal para os movimentos insurrecionais, só raramente pareceu capaz de produzir revolução. O anarquismo catalão, com todos os seus terroristas, *pistoleros* e seu entusiasmo pela ação direta não foi para as autoridades até 1936 mais do que um problema normal de ordem pública, tão modesto que o historiador fica surpreso ao descobrir o reduzido número de policiais supostamente encarregados de manter a tranquilidade (de forma bastante ineficaz, diga-se de passagem).

As revoluções surgem de situações políticas e não porque algumas cidades estejam estruturalmente adequadas para a insurreição. Contudo, uma desordem de rua ou uma agitação espontânea em uma cidade pode ser a chave de partida que põe em marcha o motor da revolução e é mais fácil que este mecanismo funcione em cidades que estimulem ou facilitem a insurreição. Um amigo meu, que comandou o levante de 1944 contra os alemães no Quartier Latin de Paris, caminhou pela área na manhã seguinte à Noite das Barricadas de 1968, emocionado e impressionado ao ver que os jovens que ainda não haviam nascido em 1944 haviam erguido muitas de suas barricadas nos mesmos lugares de então. Ou, poderia acrescentar o historiador, nos mesmos lugares onde haviam sido erguidas barricadas em 1830, 1848 e 1871. Não é toda cidade que se presta, de forma tão natural, a este tipo de exercício; e nem sempre, consequentemente, cada geração de rebeldes recorda e redescobre os campos de batalha de seus antecessores. Assim, em maio de 1968, a confrontação mais violenta ocorreu nas barricadas da Rue Gay Lussac e atrás da Rue Soufflot. Quase um século antes, na Comuna de 1871, o heroico Raoul Rigault, que comandou as barricadas naquela mesma área, foi capturado e morto ali — no mesmo mês de maio — pelos versalheses. Nem todas as cidades são como Paris. Sua peculiaridade talvez não seja o bastante para revolucionar a França, embora suas tradições e seu ambiente ainda sejam suficientemente fortes para precipitar o que mais se assemelha a uma revolução num país ocidental desenvolvido.

(1968)

24
MAIO DE 1968

DE TODOS OS ACONTECIMENTOS inesperados dos últimos anos da década de 1960, período notavelmente ruim para profetas, o movimento de maio de 1968 na França foi, sem dúvida, o mais surpreendente e, para os intelectuais de esquerda, provavelmente o mais empolgante. Pareceu demonstrar o que praticamente nenhum revolucionário acima de vinte e cinco anos, incluindo Mao-Tse-Tung e Fidel Castro, acreditava, isto é, que era possível fazer uma revolução em um país industrial avançado em condições de paz, prosperidade e aparente estabilidade política. A revolução não triunfou e, como veremos, há muita discussão sobre se teria havido mais do que uma tênue possibilidade de seu êxito. Não obstante, o regime político mais orgulhoso e autoconfiante da Europa chegou à beira do colapso. Houve um dia em que a maioria do Gabinete de De Gaulle, e muito possivelmente o próprio general, consideraram a derrota inevitável. Isto foi alcançado através de um movimento popular de base, sem qualquer ajuda dentro da estrutura de poder. E foram os estudantes que iniciaram e inspiraram esse movimento e em momentos cruciais foram seus porta-vozes.

Provavelmente, jamais houve outro movimento revolucionário com maior percentagem de pessoas que leem e escrevem livros; por conseguinte, não é de surpreender que a indústria editorial francesa tivesse corrido a satisfazer uma demanda aparentemente ilimitada. Ao final de 1968, pelo menos cinquenta e dois livros sobre os acontecimentos de maio haviam surgido e o fluxo continua. Todos são trabalhos apressados, alguns não mais que breves artigos, completados com reimpressões de antigos escritos, entrevistas à imprensa, discursos gravados etc.

Entretanto, não há razão por que reportagens apressadas não devessem ser valiosas se são obra de pessoas inteligentes, e o Quartier Latin de Paris provavelmente as tem mais por metro quadrado do que qualquer outro ponto da terra. De qualquer forma, as revoluções e contrarrevoluções da França têm estimulado, em seu momento, alguns dos trabalhos circunstanciais mais notáveis, principalmente *O Dezoito Brumário de Luís Bonaparte*, de Karl Marx. Além disso, os intelectuais franceses não são apenas numerosos e eloquentes, mas acostumados à escrita rápida e abundante, faculdade desenvolvida durante anos de noites em claro escrevendo artigos e outros trabalhos para editores não muito generosos. Somem-se os livros, revistas e artigos de jornais encabeçados pelos publicados no majestoso e indispensável *Le Monde*, e o típico revolucionário parisiense provavelmente terá reunido o equivalente a vários milhares de páginas a respeito de suas experiências; ou, pelo menos, fala como se assim fora.

O que pode nos ensinar essa vasta literatura? Sem dúvida, a maior parte tenta explicar o movimento, analisar sua natureza e suas possíveis contribuições para a mudança social. Uma proporção razoável tenta adequá-lo a uma ou outra das categorias analíticas de seus simpatizantes — que são a esmagadora maioria dos autores — com uma razoável originalidade e argumentações especiais. Isto é natural. Entretanto, não nos proporciona um outro *Dezoito Brumário* — quer dizer, um estudo da política de maio de 1968. Indubitavelmente, os eventos estão gravados de forma tão vívida nas mentes da maioria dos intelectuais franceses, que pensam saber tudo sobre eles. Não é acidental que o que mais se aproxima de uma narrativa analítica coerente da crise proceda de dois jornalistas ingleses, Seale e McConville. Embora não seja um trabalho excepcional, é competente, favorável ao movimento e inestimável para não franceses, até pelo simples fato de explicar cuidadosamente o que pretendiam todas as desorientadoras siglas dos diversos grupos ideológicos do Quartier Latin.

Todavia, se Maio de 1968 foi uma revolução que só fracassou em derrubar De Gaulle, merece ser analisada a situação que permitiu ao que, algumas semanas antes, era um conjunto de facções universitárias rivais entre si levar a cabo esta tentativa. Assim também devem ser analisadas as razões do fracasso destas facções. Por isso, pode ser útil deixar de lado a natureza e a novidade das forças revolucionárias e tentar esclarecer a questão menos empolgante de seu êxito inicial e de seu relativamente rápido fracasso final.

Houve, isto está claro, dois estágios na mobilização das forças revolucionárias, ambos totalmente inesperados pelo governo, pela oposição oficial e, inclusive, pela não oficial, embora reconhecida, dos importantes intelectuais escritores de esquerda de Paris. (A inteligência consagrada da esquerda não desempenhou papel significativo nos eventos de maio; Jean-Paul Sartre, com grande habilidade e intuição, reconheceu isto colocando-se em segundo plano frente a Daniel Cohn-Bendit, diante de quem atuou simplesmente como um entrevistador.) No primeiro estágio, aproximadamente entre 3 e 11 de maio, se mobilizaram os estudantes. Graças à falta de previsão, complacência e estupidez do governo, um movimento de ativistas de um *campus* de subúrbio foi transformado em um movimento de massas que incluía praticamente todos os estudantes de Paris, desfrutando de amplo apoio da opinião pública — nesse estágio, 61% dos parisienses simpatizavam com os estudantes e somente 16% eram claramente hostis — e daí transformado em uma espécie de insurreição simbólica do Quartier Latin. O governo recuou perante ele e, assim agindo, estendeu o movimento às províncias e especialmente aos operários.

A segunda fase da mobilização, de 14 a 27 de maio, essencialmente consistiu na propagação de uma greve geral espontânea, a maior da história da França e talvez do mundo, e culminou na rejeição por parte dos grevistas do acordo negociado em seu nome pelos líderes sindicais oficiais e o governo. Durante este período, até 29 de maio, o movimento popular manteve a iniciativa: o governo, apanhado desprevenido desde o começo e incapaz de recuperar-se, foi se desmoralizando cada vez mais. O mesmo ocorreu com a opinião conservadora e moderada, que até então se mantivera passiva ou mesmo estática. A situação mudou rapidamente quando De Gaulle, finalmente, tomou a iniciativa em 29 de maio.

O que de início se observa é que somente a segunda fase criou possibilidades revolucionárias (ou, para dizê-lo de outra forma, criou para o governo a necessidade de empreender uma ação contrarrevolucionária). O movimento estudantil, por si só, era um transtorno, mas não um perigo político. As autoridades o subestimaram completamente, e isto se deve em grande parte a que elas estavam preocupadas com outros assuntos, inclusive outros problemas da universidade e discussões burocráticas entre vários departamentos governamentais, os quais lhes pareciam mais importantes. Touraine, o autor do livro mais esclarecedor publicado imediatamente após os eventos de maio, disse corretamente que o que estava errado no sistema francês não era o fato de ser por demais napoleônico, mas sim sua semelhança ao regime de Luís Felipe, cujo governo também *fora apanhado desprevenido* pelas agitações de 1848 que, consequentemente, se transformaram em revolução.

Contudo, paradoxalmente, a própria falta de importância do movimento estudantil o transformou num detonador sumamente efetivo para a mobilização operária. Tendo-o subestimado e negligenciado, o governo tentou dispersá-lo pela força. E quando os estudantes se recusaram a ir para casa, a única alternativa foi atirar ou aceitar uma retirada pública e humilhante. Mas como poderiam ter optado por atirar? O massacre é um dos últimos recursos do governo em sociedades industriais estáveis, já que (a menos que dirigido contra marginais de uma ou outra espécie) destrói a impressão de consenso popular sobre a qual se apoiam. Uma vez que a luva de pelica tenha sido colocada em um punho de ferro, é politicamente muito arriscado tirá-la. Um massacre de estudantes, que são os filhos da respeitável classe média, para não mencionar de ministros, é ainda menos atraente em termos políticos do que matar operários e camponeses. Precisamente por serem os estudantes tão somente um punhado de jovens desarmados que não punham em risco o regime, o governo não teve outra opção senão recuar perantes eles. Mas, assim agindo, criou a própria situação que queria evitar. Pareceu mostrar sua impotência e deu aos estudantes uma vitória barata. O chefe de polícia de Paris, pessoa inteligente, havia dito mais ou menos a seu ministro que convinha evitar um blefe, que virtualmente teria que ser dado. O fato de os estudantes não acreditarem que se tratava de um blefe não muda a realidade da situação.

De modo inverso, a mobilização de operários colocou o regime em uma posição arriscada, razão pela qual De Gaulle finalmente se dispôs a usar o derradeiro recurso, a guerra civil, ao convocar o exército. E não o fez porque alguém tivesse colocado seriamente a insurreição como objetivo, já que nem os estudantes, que podiam tê-la desejado, nem os operários, que com certeza não a desejaram, pensaram ou agiram em termos políticos desta natureza. Fê-lo porque a progressiva deterioração da autoridade governamental deixou um vazio e porque a única alternativa viável de governo era uma frente popular inevitavelmente dominada pelo Partido Comunista. Os estudantes revolucionários podem não ter considerado isto uma mudança política particularmente significativa, mas a maioria dos franceses quase certamente a teria aceitado mais ou menos de boa vontade.

De fato, houve um momento em que até mesmo as duas instituições hobbesianas, a polícia francesa e o exército, há muito acostumados a avaliar o exato momento em que o velho regime deve ser abandonado, e o novo, aceito, deixaram claro que não considerariam um governo de frente popular legalmente constituído uma insurreição a qual se vissem obrigados a combater. Ela, por si só, não teria sido revolucionária — exceto em sua maneira de chegar ao poder — e não teria sido considerada como tal. Por outro lado, é difícil imaginar qualquer outra saída política positiva da crise, inclusive tendo em conta as expectativas dos revolucionários.

Mas a Frente Popular não estava preparada para ocupar o vazio deixado pela desintegração do gaullismo. Os não comunistas da eventual aliança foram propositadamente morosos, já que a crise demonstrou que não representavam ninguém salvo alguns poucos políticos, enquanto o Partido Comunista, através de seu controle sobre a confederação sindical mais poderosa, era, naquele momento, a única força civil de real importância e, portanto, inevitavelmente dominaria o novo governo. A crise eliminou a falsa política de cálculos eleitorais e deixou visível somente a política real dos poderes efetivos. Mas os comunistas, por sua

REVOLUCIONÁRIOS | 305

vez, não tinham meios para precipitar o momento de sua união forçada com os demais grupos da oposição, pois eles mesmos vinham participando no jogo eleitoral. Não haviam mobilizado as massas cuja ação empurrou-os para o vértice do poder nem haviam pensado em utilizar aquele tipo de ação para forçar a ajuda de seus aliados. Ao contrário, se é correto o que disse Phillippe Alexandre, parece que consideraram a greve algo que podia impedi-los de dedicarem-se à tarefa realmente importante de manter seus aliados sob controle.

De Gaulle, político extraordinariamente brilhante, percebeu tanto o momento em que seus opositores perdiam a oportunidade como a sua própria chance de recuperar a iniciativa. Com a aparente iminência de uma Frente Popular liderada pelos comunistas, um regime conservador podia, pelo menos, jogar seu principal trunfo: o medo à revolução. Foi, taticamente falando, uma esplêndida jogada bem calculada. De Gaulle nem sequer teve que abrir fogo. Na verdade, um aspecto que não é o menos curioso de toda a crise de maio é que todo o processo constituiu apenas uma prova de força simbólica, de modo semelhante às manobras dos proverbiais generais chineses de tempos remotos. Ninguém tentou seriamente matar alguém. Ao todo, ao que parece, cinco pessoas foram efetivamente mortas, embora um considerável número tenha sido ferido.

De qualquer forma, gaullistas e revolucionários coincidiram em atacar o Partido Comunista Francês, seja por planejar a revolução, seja por sabotá-la. Nenhum dos argumentos é demasiado significativo, exceto como indicação do papel crucial do PC nos fatos de maio. Foi, claramente, a única organização civil e certamente a única facção da oposição política que conservou sua força e sua calma. Isto não é realmente surpresa para ninguém, a menos que se suponha que os operários eram revolucionários de igual forma que os estudantes ou que estavam tão desiludidos como eles com o Partido Comunista.

Porém, embora os operários fossem bem mais avançados do que seus dirigentes — como, por exemplo, em sua presteza para levantar questões como o controle social na indústria, a respeito do qual a Confederação Geral do Trabalho simplesmente não estava preocupada —, as divergências entre dirigentes e seguidores nos fatos de maio foram mais potenciais do que efetivas. As propostas políticas do PC quase certamente refletiam o que a maioria dos operários desejava e, com absoluta certeza, refletiam o modo de pensar tradicional da esquerda francesa ("defesa da república", "união de toda a esquerda", "governo popular", "abaixo o poder pessoal" etc.). Com respeito à greve geral, os sindicatos a assumiram quase imediatamente. Seus dirigentes negociaram com o governo e os patrões, e até que regressaram com acordos insatisfatórios, não houve razão alguma para esperar qualquer revolta importante contra eles. Em suma, enquanto os estudantes começaram sua rebelião com igual hostilidade a De Gaulle e ao PC (do qual a maior parte de seus dirigentes havia se separado ou sido expulsa), não ocorreu o mesmo com os operários.

O Partido Comunista se encontrava, portanto, em condições de agir. Sua direção se reunia diariamente para avaliar a situação. Acreditava saber o que devia fazer. Mas o que fez? Sem dúvida, não tentou salvar o gaullismo, fosse por razões da política exterior soviética ou qualquer outra. Tão logo a derrota de De Gaulle pareceu possível, isto é, nos três ou quatro dias após a propagação das assembleias espontâneas, formalmente apresentou sua imediata reivindicação para si e para a Frente Popular de subir ao poder. Por outro lado, coerentemente recusou todo possível envolvimento numa convocação de insurreição, com base em que isto favoreceria De Gaulle.

Nisso tinha razão. A crise de maio não era uma situação revolucionária clássica, embora as condições para tal situação pudessem ter se desenvolvido muito rapidamente como consequência de uma ruptura repentina e inesperada em um regime que mostrou ser muito mais frágil do que qualquer um previra. As forças do governo e a ampla base política em que se apoiava não estavam, de modo algum, divididas e desintegradas, mas apenas desorientadas e temporariamente paralisadas. As forças da revolução eram débeis, salvo em tomar a iniciativa. À parte os estudantes, os operários organizados e alguns simpatizantes entre os estratos profissionais de formação universitária, sua base de apoio consistia não tanto em aliados como na disposição de uma grande massa de cidadãos sem afiliação determinada e até mesmo hostis em abandonar toda a esperança no gaullismo e aceitar passivamente a única alternativa viável. À medida que a crise avançava, a opinião pública em Paris tornou-se muito menos favorável ao gaullismo e algo mais favorável à velha esquerda, mas das pesquisas de opinião não surgia uma preponderância nítida por uma ou outra opção. Se a Frente Popular tivesse se concretizado, teria vencido as eleições subsequentes, exatamente como De Gaulle venceu as suas: a vitória é um fator importante para decidir lealdades.

A melhor maneira de derrubar o gaullismo era, pois, deixar que destruísse a si próprio. Em um determinado momento — entre 27 e 29 de maio —, sua credibilidade havia se desintegrado a ponto de mesmo seus funcionários e seguidores poderem tê-lo considerado perdido. A pior política teria sido a de dar ao gaullismo a possibilidade de reagrupar seus partidários, o aparato estatal e a massa indefinida frente a uma minoria claramente definida e militarmente impotente de operários e estudantes. O exército e a polícia, que não desejavam expulsar pela força os operários grevistas das fábricas, mereciam toda confiança ante uma revolta. Assim disseram eles. E, de fato, De Gaulle se recuperou precisamente porque transformou a situação em uma defesa da "ordem" contra "a revolução vermelha". Que o PC não estivesse interessado em "revolução vermelha" é outra história. Sua estratégia geral estava correta para todos, inclusive os revolucionários, que inesperadamente descobriram uma oportunidade de derrubar o regime em uma situação basicamente não revolucionária. Supondo, naturalmente, que desejassem tomar o poder.

Os verdadeiros erros dos comunistas foram outros. A prova de fogo de um movimento revolucionário não é sua disposição para erguer barricadas em qualquer oportunidade, mas sua presteza em reconhecer quando as condições normais da rotina política deixam de funcionar e em adaptar seu comportamento à nova situação. O PC francês falhou nestas duas provas e, em consequência, não só foi incapaz de derrubar o capitalismo (coisa que não queria fazer naquele momento exato), mas também de estabelecer a Frente Popular (coisa que desejava).

Como observou Touraine, de forma sarcástica, seu verdadeiro fracasso não foi como partido revolucionário, mas como partido reformista. Consequentemente, manteve-se por trás das massas, sendo incapaz de reconhecer a seriedade dos movimentos estudantis até que as barricadas foram erguidas, de reconhecer a disposição dos operários para uma greve geral indefinida até que as ocupações espontâneas forçaram a mão de seus líderes sindicais, apanhados de surpresa uma vez mais, quando os operários rejeitaram os termos do acordo para pôr fim à greve.

Ao contrário da esquerda não comunista, ele não foi marginalizado, já que contava com a organização e o apoio das massas. Como essa esquerda, ele continuou a fazer o jogo da política rotineira e do sindicalismo rotineiro. Explorou uma situação que não havia criado, mas não a liderou nem a compreendeu sequer, salvo, talvez, no que representava de ameaça à sua própria posição dentro do movimento operário por parte da ultraesquerda amargamente hostil. Se o PC tivesse reconhecido a existência e o alcance do movimento popular e agido adequadamente, teria ganhado suficiente impulso para forçar seus aliados indecisos da esquerda tradicional a seguir sua linha. Não se pode dizer muito mais do que isto, pois as perspectivas de derrubar o gaullismo, embora reais por alguns dias, nunca significaram mais do que uma possibilidade razoável. Nestas circunstâncias, condenou-se a si mesmo, durante os dias cruciais de 27 e 29 de maio, a esperar e a lançar apelos. Mas em tais ocasiões a espera é fatal. Os que perdem a iniciativa perdem o jogo.

As probabilidades de derrubar o regime diminuíram não só pelo fracasso dos comunistas, mas pelo caráter do movimento de massas. Não tinha por si mesmo objetivos políticos, embora usasse uma fraseologia política. Sem profundos descontentamentos sociais e culturais prontos a emergir ao menor estímulo, não pode haver revolução social importante. Mas sem uma certa concentração sobre objetivos concretos, embora periféricos em relação a seu propósito principal, a força de tais energias revolucionárias se dispersa. Uma determinada crise política ou econômica, uma dada situação, podem proporcionar automaticamente este tipo de inimigos e de objetivos; uma guerra que deva ser terminada, um ocupante estrangeiro que deva ser expulso, uma ruptura na estrutura política impondo opções específicas e limitadas — tais como apoiar ou não o governo espanhol de 1936 contra o levante dos generais. A situação francesa não proporcionava esses objetivos unificadores automáticos.

Ao contrário, a própria profundidade da crítica social contida implicitamente ou formulada pelo movimento popular deixou-o sem objetivos concretos. Seu inimigo era "o sistema". Para citar Touraine: "O inimigo já não é uma pessoa ou uma categoria social, o monarca ou a burguesia. É a totalidade dos modos de ação do poder socioeconômico despersonalizado, 'racionalizado', burocratizado ...". O inimigo, por definição, não tem rosto nem sequer é uma coisa ou uma instituição, mas um programa de relações humanas, um processo de despersonalização, não é a exploração que envolve exploradores, mas a alienação. É significativo que a maioria dos próprios estudantes (diferentemente dos operários, menos revolucionários) não estava preocupada com De Gaulle, exceto na medida em que o objetivo real, a sociedade, estava ofuscada pelo fenômeno puramente político do gaullismo. O movimento popular foi, pois, subpolítico ou antipolítico. A longo prazo, isto não diminui sua importância ou influência histórica. A curto prazo, porém, foi fatal. Como diz Touraine, maio de 1968 é menos importante, mesmo na história das revoluções, do que a Comuna de Paris. Provou não que as revoluções podem triunfar hoje nos países ocidentais, mas apenas que podem irromper.

Vários dos livros a respeito dos eventos de maio podem ser sumariamente descartados. Entretanto, o de Alain Touraine merece uma consideração à parte.[1] O autor é um estudioso de sociologia industrial de procedência marxista, o professor de Daniel Cohn-Bendit em Nanterre, o foco originário da revolta estudantil; esteve profundamente envolvido nela em seus primeiros estágios. Até certo ponto, sua análise reflete tudo isto. Seu valor não reside tanto em sua originalidade — quando se escreveu tanto, a maioria das ideias já foram sugeridas e contestadas em algum lugar — como na lucidez do autor e em seu senso histórico, sua ausência de ilusões, seu conhecimento dos movi-

---

1 Alain Touraine, *Le mouvement de mai ou le communisme utopique*, Paris, 1969.

mentos da classe operária, assim como a contribuição incidental de sua experiência de primeira mão. Por exemplo, ele escreveu a melhor análise da greve geral, fenômeno insuficientemente noticiado e analisado, se comparado à quantidade de literatura sobre o Quartier Latin. (Não sabemos praticamente nada do que aconteceu naquelas fábricas e escritórios, que afinal produziram dez milhões de grevistas, a maioria dos quais sem contato com os estudantes e jornalistas.) Para os leitores estrangeiros, ele tem a vantagem adicional de proporcionar um conhecimento de primeira mão de outras partes do mundo, principalmente Estados Unidos e América Latina, o que ajuda a corrigir o provincianismo congênito francês.

O argumento de Touraine é elaborado e complexo, mas alguns de seus pontos podem ser observados. O que está acontecendo hoje é a "grande mutação" de uma velha sociedade burguesa para uma nova e tecnocrata e isto, como mostra o movimento de maio, cria conflitos e dissidências não só em sua periferia, mas também em seu próprio centro. A linha divisória da "luta de classes" que revela passa pelo centro das "classes médias", entre os "tecnoburocratas" de um lado e os "profissionais" de outro. Estes últimos, embora em nenhum sentido sejam vítimas evidentes da opressão, representam na economia tecnológica moderna algo como a elite dos trabalhadores qualificados de uma economia industrial anterior, e por razões análogas cristalizam a nova fase da consciência de classe:

> O principal protagonista do movimento de maio não foi a classe operária, mas a totalidade dos que podemos chamar profissionais ... e, entre eles, os mais ativos foram os mais independentes das grandes organizações para as quais, direta ou indiretamente, trabalham tal tipo de pessoas: estudantes, gente de rádio e televisão, técnicos de escritórios de planejamento, pesquisadores dos setores público e privado, professores etc.

Foram eles e não as velhas coletividades operárias de mineiros, estivadores, ou ferroviários os que deram à greve geral seu caráter específico.

Seu núcleo, incidentalmente, se situa nas novas indústrias: o complexo automobilístico-eletrônico-químico.

De acordo com Touraine, um novo movimento social adaptado à nova economia está surgindo, mas se trata de um movimento curiosamente contraditório. Em um sentido, é uma rebelião primitiva de pessoas que dependem de experiências mais antigas para enfrentar uma nova situação. Isto pode produzir um renascimento de velhos padrões de militância ou, entre os novos recrutas do movimento social que não tenham tal experiência militante, algo análogo aos movimentos populistas dos países subdesenvolvidos, ou, mais precisamente, ao movimento operário do princípio do século XIX. Este movimento é importante não pela luta que está agora empreendendo segundo as velhas orientações políticas, mas pelo que revela a respeito do futuro: mais por sua visão que pela sua realização necessariamente fraca. Pois a força desta visão de futuro, o "comunismo utópico", que criou em 1968, como o jovem proletariado a criou antes de 1848, depende de sua impotência prática. Por outro lado, este movimento social também inclui ou implica um tipo de reformismo, atualizado, uma força que pode servir para modificar as estruturas rígidas e obsoletas da sociedade: o sistema educacional, as relações industriais, a gerência, as reformas de governo. Os futuros dilemas dos revolucionários residem nisto.

Deixando de lado sua formulação "revolucionária" de uma "contrautopia" de comunismo libertário que se opõe à "Utopia dominante" dos sociólogos e cientistas políticos a acadêmicos, foi "revolucionário" este novo movimento de maio? Na França, argumenta Touraine, o novo movimento produziu uma crise genuinamente revolucionária, embora fosse improvável que chegasse à revolução porque, por razões históricas, se combinaram nela a luta social, a política e uma "revolução cultural" contra todas as formas de manipulação e integração do comportamento individual. Não pode haver movimento social hoje que não combine estes três elementos, devido ao "desaparecimento progressivo do divórcio entre Estado e sociedade civil". Mas, ao mesmo tempo, isto torna extremamente difícil a concentração da luta e o desenvolvimento de instrumentos eficazes para a ação como os partidos do tipo bolchevista. Nos Estados Unidos, por contraste — talvez devido à ausência de centralização estatal ou de uma tradição de revoluções proletárias que sirva de referência — não tem havido tal combinação de forças. Os fenômenos de rebelião cultural, que são mais sintomáticos que operacionais, são os mais visíveis. "Enquanto na França", escreve Touraine, "a luta social estava no centro do movimento e a rebelião cultural era, por assim dizer, o subproduto de uma crise de mudança social, nos Estados Unidos a rebelião cultural se situa no centro". Este é um sintoma de debilidade.

O propósito de Touraine não é tanto fazer juízos ou profecias — e na medida em que o fizer, será criticado —, mas demonstrar que o movimento de maio não foi nem um episódio nem uma simples continuação de movimentos sociais anteriores. Demonstrou que "um novo período da história social" está começando ou já começou, e também que a análise de sua natureza não pode derivar das palavras dos próprios revolucionários de maio. Touraine provavelmente tem razão em ambas as considerações.

(1969)

25

OS INTELECTUAIS E A LUTA DE CLASSES

O REVOLUCIONÁRIO TÍPICO DE HOJE é estudante ou intelectual, geralmente jovem, entendendo-se como tal alguém que ganha ou pretende ganhar a vida numa ocupação que é principalmente exercida por quem possua um diploma de ensino superior ou equivalente. Nos países atrasados ou subdesenvolvidos, pode-se incluir entre eles quem tenha apenas escolaridade secundária ou mesmo, em algumas regiões, primária; nos países desenvolvidos, inclui-se quem tenha educação pós-secundária, mas não necessariamente aqueles que, em qualquer nível, tenham recebido uma educação primordialmente prática, como os contadores, engenheiros, executivos e artistas. Cabe dizer que o intelectual é uma pessoa que desempenha uma função para cuja qualificação não teve que aprender a executar qualquer trabalho específico. Neste sentido, a definição usada aqui coincide com a concepção mais comum do intelectual como alguém que usa seu intelecto; às vezes, ele é definido de uma maneira circular e nem sempre muito clara. Não obstante, é preferível enfatizar o aspecto ocupacional. Não é o fato de pensar, de forma independente ou não, o que dá aos intelectuais certas características políticas, mas a situação social particular na qual desenvolvem sua atividade de pensar.

O fato de os revolucionários serem hoje caracteristicamente intelectuais (o que não significa que os intelectuais se caracterizem por serem revolucionários) pode ser comprovado pelo exame da composição dos grupos ou organizações, geralmente muito pequenos, que hoje proclamam estar comprometidos com a revolução em seu sentido mais literal, isto é, com a insurreição ou com a total rejeição do *status quo*. Talvez isso não seja verdade em relação a países onde esteja em curso uma revolução ou haja situações revolucionárias, insurrecionais ou semi-insurrecionais,

REVOLUCIONÁRIOS | 315

mas é absolutamente certo não apenas em países "ocidentais" desenvolvidos, mas também em países onde a situação das massas operárias é tal que se esperaria serem elas revolucionárias.[1] Mesmo aí, frequentemente percebemos que os intelectuais predominam — como nas guerrilhas peruanas da década de 1960 ou entre os naxalistas da Índia. Por isso, embora a discussão que se segue trate primordialmente de países "desenvolvidos", pode ser em parte relevante para outros países ainda que seja marginalmente.

Dizer que a maioria dos revolucionários hoje é intelectual não equivale a dizer que farão a revolução. Quem fará a revolução, supondo-se que esta ocorra, é uma questão mais complicada, como o é o problema, muito mais superficial, de identificar quem está habilitado a chamar-se revolucionário, além dos partidários da insurreição ou da luta armada imediata que reivindicam o monopólio desta qualificação. Para a finalidade deste ensaio, não é essencial responder a estas questões, já que se referem não tanto ao elemento objetivo como ao subjetivo da prática revolucionária. Aqueles que rejeitam qualquer compromisso com o *status quo*, qualquer atividade não destinada direta e exclusivamente a opor-se frontalmente ao capitalismo, são certamente revolucionários no sentido mais literal do termo e, para os objetivos de minha argumentação, não importa que outros possam também reivindicar sê-lo, talvez, de uma maneira mais legítima. A questão é que a maioria destes revolucionários radicais é intelectual, o que levanta problemas interessantes tanto a respeito dos intelectuais como a respeito de "ser revolucionário".

Naturalmente é possível afirmar que os intelectuais não podem ser revolucionários sem esta consciência subjetiva, enquanto isto é possível em relação a outras camadas sociais. Quando Marx falou dos operários como classe revolucionária, não quis dizer simplesmente que se rebelavam "contra as condições individuais de uma sociedade existente até o momento", mas "contra a própria 'produção da vida' existente até agora e o 'conjunto das atividades' sobre o qual ela está baseada". Ele não

---

1 Estes países não se encontram necessariamente em situações revolucionárias, como as define Lenin ou outros. A Rússia czarista clamou por uma revolução social durante longo tempo, mas só uma vez ou outra atravessou situações revolucionárias.

pressupunha que esta rejeição devia ser explícita, embora imaginasse que, em uma determinada etapa do desenvolvimento histórico, viesse a sê-lo. Para ele, o proletariado era uma classe com tais características devido à natureza de sua existência social e não (exceto em um nível mais baixo da análise das situações históricas concretas) em razão da "consciência de seus fins". O proletariado "não pode abolir suas próprias condições de vida sem abolir *todas* as condições inumanas da vida da sociedade atual, que se condensam em sua situação. Não se trata do que esse ou aquele proletário ou mesmo a totalidade do proletariado *imagina* que seja seu objetivo em um ou outro momento. Trata-se do *que é*, e do que, em conformidade com este, *ser*, ele se verá historicamente obrigado a fazer."[2] Os intelectuais, como estrato social, não têm esta característica. São revolucionários somente na medida em que, individualmente, creem dever sê-lo. Por isso, devemos começar considerando o que leva as pessoas a pensarem desta maneira. Naturalmente, estas reflexões não podem ser confinadas simplesmente ao âmbito dos intelectuais.

Por que homens e mulheres se tornam revolucionários? Em primeiro lugar, sobretudo porque acreditam que o que desejam subjetivamente da vida não pode ser alcançado sem uma mudança fundamental na sociedade. Há, é evidente, aquele substrato permanente de idealismo, ou se preferimos, de utopismo, que forma parte de toda vida humana e pode converter-se, em determinados momentos, em motivação dominante para os indivíduos, como durante a adolescência ou um amor romântico, e para as coletividades nos momentos históricos ocasionais que correspondem a enamorar-se, isto é, os grandes momentos de libertação e revolução. Todo ser humano, por mais pessimista que seja, pode imaginar uma vida pessoal ou uma sociedade que não seja imperfeita. Todos concordam que isto seria maravilhoso. A maioria das pessoas, em um ou outro momento de suas vidas, pensa que uma vida ou uma sociedade deste tipo são *possíveis* e muitas delas pensam que devemos convertê-las em realidade. Durante os momentos decisivos das lutas de libertação e das revoluções, a maioria pensa, brevemente ou só por um

---

2 *A Sagrada Família*, MEGA, 1/3 pp. 206-207.

momento, que a perfeição está sendo alcançada, que a Nova Jerusalém está sendo construída, que o paraíso terrestre está ao alcance da mão. Mas a maioria das pessoas, durante a maior parte de sua vida adulta, e a maioria dos grupos sociais durante a maior parte de sua história, vivem em um nível de expectativa menos exaltada.

É quando as expectativas relativamente modestas do cotidiano parecem irrealizáveis sem revolução, que os indivíduos se tornam revolucionários. A paz é um objetivo modesto e negativo, mas durante a Primeira Grande Guerra foi esta pretensão elementar que transformou objetivamente, e mais tarde subjetivamente, as pessoas comuns em pessoas dedicadas à derrubada imediata da ordem social vigente, já que a paz parecia inatingível sem ela. É possível que esta avaliação da situação esteja equivocada. Por exemplo, pode ser que os operários ingleses, em geral, desfrutem de pleno emprego e de um alto nível de vida durante longo tempo sem antes derrubar o capitalismo, previsão dificilmente verossímil quarenta anos atrás.[3] Mas esta é outra questão. As modestas expectativas da vida cotidiana não são, evidentemente, puramente materiais. Incluem todas as reivindicações que fazemos para nós mesmos ou para as comunidades das quais nos consideramos membros: respeito e autoconsideração, determinados direitos, tratamento justo etc. Todavia, nem sequer estas são reivindicações utópicas para uma vida nova, diferente e perfeita, mas levam em consideração a vida comum que observamos ao nosso redor. As reivindicações que convertem os negros americanos em revolucionários são bastante elementares e a maioria dos brancos pode dar por certo seu cumprimento.

Uma vez mais, o que leva as pessoas a posição revolucionária consciente não é a ambição de seu objetivo, mas o fracasso aparente de todas as formas alternativas para alcançá-lo, o fechamento de todas as portas para elas. Se nos deixarem fora de nossa casa com a porta fechada perceberemos que há normalmente várias maneiras de entrar nela, embora algumas impliquem uma confiante paciência. Somente quando nenhuma

---

3 A função de uma ideologia revolucionária, como o socialismo, nos movimentos de massas consiste em libertar seus membros da dependência de tais flutuações em suas expectativas pessoais.

delas parece realista pensamos em arrombar a porta. Entretanto, vale a pena observar que mesmo assim provavelmente não arrombaremos a porta a menos que tenhamos a sensação de que vai ceder. Tornar-se um revolucionário encerra não só uma dose de desesperança, mas também de alguma esperança. Assim se explica a alternância típica de passividade e ativismo entre algumas classes ou alguns povos notoriamente oprimidos.[4]

O comprometimento com a revolução depende, portanto, de uma mistura de motivações: os desejos de uma melhora na vida cotidiana, atrás dos quais, esperando para emergir, está o sonho de uma vida realmente boa; a sensação de que todas as portas estão se fechando a nós, mas, ao mesmo tempo, a sensação de que é possível arrombá-las; o sentimento de *urgência*, sem o qual os apelos à paciência e a prática reformista não perdem sua força. Tais motivações, mescladas em proporções diversas, podem dar lugar a uma variedade de situações históricas, entre as quais podemos destacar duas. Há o caso relativamente específico de certos grupos particulares no interior de uma sociedade, como os negros nos Estados Unidos, para quem as portas parecem estar fechadas, enquanto para o restante da população estão abertas, ou, pelo menos, passíveis de serem abertas. Há, também, o caso mais geral e significativo de sociedades em crise, que parecem incapazes de satisfazer as exigências, quaisquer que sejam, da maioria de sua população, de forma que — com exceções relativamente pequenas — todos os grupos se sentem desorientados, frustrados e convencidos da necessidade de alguma mudança fundamental, embora não necessariamente da mesma espécie para todos. A Rússia czarista é um exemplo clássico: era uma sociedade em cujo futuro poucos acreditavam. A maioria dos países desenvolvidos do mundo ocidental normalmente pertenceram ao primeiro tipo por mais de um século depois de 1848, mas é possível que desde a década de 1960 vários deles estejam passando para o segundo.

---

4 Isto pode ser ilustrado com a história dos indígenas camponeses da América do Sul nos séculos passados. Inativos enquanto a estrutura de poder lhes parecia firme e estável, eles imediatamente começavam a ocupar as terras comunais que nunca haviam deixado de reivindicar como suas quando aquela estrutura lhes parecia mostrar os mais leves sinais de crise.

Vale a pena repetir que falo sobre o que produz revolucionários e não sobre o que produz revoluções. As revoluções podem produzir-se sem muitos revolucionários no sentido em que emprego a palavra. No início da Revolução Francesa de 1789, provavelmente poucos revolucionários seriam encontrados fora do mundo marginal da *bohême* literária e do meio da intelectualidade ilustrada de classe média (muito mais inativos do que os primeiros). Havia descontentamento, militância, agitação popular, e, no contexto de uma crise econômica e política do regime, tudo isto levou a uma revolução, enquanto em outras condições não teria provocado mais do que desordens públicas de certa envergadura, mas temporárias. Porém, de modo geral, os revolucionários franceses se fizeram durante, pela e na revolução. Inicialmente, eles não a fizeram.

Permitam-me rapidamente considerar outra questão. Contrariamente ao ponto de vista uma vez em moda entre os sociólogos e cientistas políticos americanos, as pessoas não se tornam normalmente revolucionárias porque têm um comportamento individual alienado ou divergente, embora as atividades revolucionárias, sem dúvida, atraiam uma gama de lunáticos e algumas delas — especialmente as menos organizadas e disciplinadas — possam atrair alguns desajustados. A análise de composição dos partidos comunistas e, ainda mais, a de suas bases de sustentação mostra claramente que seus membros não pertencem, regra geral, a este tipo de pessoas, mesmo em partidos muito pequenos. É verdade, evidentemente, que certos tipos de pessoas consideram mais fácil ou mais atraente que outros o fato de unir-se a movimentos revolucionários; por exemplo, os jovens mais do que os velhos ou as pessoas transferidas de seu ambiente de origem, como os emigrantes, ou os membros de alguns grupos socialmente marginais. Entretanto, trata-se de categorias sociais, e não conjuntos de indivíduos mal-ajustados. Os jovens judeus que se tornavam revolucionários marxistas não eram mais alienados ou divergentes do que outros judeus quer fossem de Zamosc, Wilna ou Brooklyn. (A propósito, não está constatado, nem sequer é muito provável, que tiveram maior tendência a se tornar socialistas revolucionários na emigração do que no país de origem.) Simplesmente faziam uma opção entre muitas, todas normais para pessoas que se encontravam em sua situação.

Durante minha vida, já houve dois períodos em que numerosos intelectuais se tornaram revolucionários: os anos entre as duas guerras e os anos a partir do final da década de 1950, sobretudo desde meados dos anos 1960. Gostaria de examinar ambos os períodos e tentar contrastálos e compará-los.

Pode ser que a forma mais simples de enfocar o problema de minha própria geração seja através da introspecção, ou, se se preferir, da autobiografia. Um intelectual de meia-idade, e razoavelmente bem estabelecido, dificilmente pode considerar-se um revolucionário no sentido real da palavra. Porém, alguém que se tenha considerado um comunista durante quarenta anos tem pelo menos muito o que recordar para contribuir à discussão. Pertenço, talvez como um de seus membros sobreviventes mais jovens, a um meio hoje virtualmente extinto, o da classe média judia da Europa central posterior à Primeira Guerra Mundial. Este meio viveu sob o triplo impacto do colapso do mundo burguês em 1914, da Revolução de Outubro e do antissemitismo. Para a maioria de meus parentes austríacos mais velhos, a vida normal terminou com o assassinato em Sarajevo. Quando diziam "em tempo de paz", queriam dizer antes de 1914, quando a vida de "gente como nós" se abria ante eles como um caminho amplo e reto, previsível mesmo em suas imprevisões, comodamente segura e enfadonha, que compreendia desde o nascimento e passava pelas vicissitudes da escola, profissão, noites de ópera, férias de verão e vida em família, até um túmulo no Cemitério Central de Viena. Depois de 1914, tudo foi catástrofe e sobrevivência precária. Sobrevivíamos a nós mesmos e o sabíamos. Fazer planos a longo prazo parecia algo sem sentido para pessoas cujo mundo havia ruído já por duas vezes em dez anos (primeiro com a guerra, mais tarde com a Grande Depressão). Sabíamos da Revolução de Outubro: aqui falo de meus parentes austríacos, embora como cidadão inglês de segunda geração eu me diferenciasse ligeiramente deles. A Revolução de Outubro provou que o capitalismo podia e de fato devia acabar, quer gostássemos ou não. Lembrem-se que este é o estado de espírito do trabalho notável

REVOLUCIONÁRIOS | 321

e tipicamente centro-europeu, *Capitalismo, Socialismo e Democracia*, de Schumpeter. Não podíamos ignorar o antissemitismo como não podem ignorar o racismo nem mesmo os negros mais integrados à classe média.

A primeira conversa política que recordo ocorreu quando eu tinha seis anos, em um hospital dos Alpes, entre duas senhoras judias do tipo maternal. Girava em torno de Trotsky ("Diga o que quiser, ele é um rapaz judeu chamado Bronstein"). O primeiro acontecimento político que, como tal, me causou algum impacto, na idade de dez anos, foram as grandes desordens de 1927, quando os operários de Viena incendiaram o Palácio da Justiça. O segundo acontecimento político de que me recordo, à idade de treze anos, foram as eleições gerais alemãs de 1930, em que os nazistas conquistaram 107 cadeiras. Sabíamos o que isto significava. Pouco depois mudamo-nos para Berlim, onde permaneci até 1933. Aqueles foram os anos da depressão. Marx diz, em algum lugar, que a história se repete, primeiro como tragédia e depois como farsa; mas há um padrão mais sinistro de repetição: primeiro tragédia, depois desespero. Entre 1918 e 1923, a capacidade de resistência no mundo centro-europeu se esgotara. Durante um breve período, em meados da década de 1920, vislumbrou-se algum tipo de esperança que logo se dissipou novamente. Não basta dizer que os que já não tinham nada a perder, os desempregados, as classes médias desorientadas e desmoralizadas estavam desesperadas. Há que acrescentar que estavam dispostas a qualquer coisa. Assim eram os tempos em que despertei para a política.

Que ideologia os jovens intelectuais judeus poderiam abraçar em tais circunstâncias? Não poderia ser a liberal em nenhuma de suas formas, pois fora precisamente o mundo do liberalismo (incluindo a social-democracia) que havia fracassado. Como judeus, estávamos impedidos, por definição, de apoiar os partidos baseados em fidelidade confessional ou em um nacionalismo que excluísse os judeus e, em ambos os casos, fundados no antissemitismo. Tornamo-nos, então, comunistas ou abraçamos alguma forma equivalente do marxismo revolucionário ou, se escolhêssemos nossa própria versão de nacionalismo de solo e de sangue, nos tornamos sionistas. Porém, mesmo os jovens intelectuais sionistas na sua maioria se consideravam uma espécie de nacionalistas revolucionários marxistas. Não havia absolutamente qualquer outra opção. Não nos posicionamos contra a sociedade burguesa e o capitalismo, já que pareciam claramente estar agonizantes. Não fizemos mais do que optar por *um* futuro, ao invés de nos resignarmos a não ter *nenhum* futuro, e isto significava a revolução. Mas significava a revolução em um sentido positivo e não negativo: um mundo novo ao invés de absolutamente nenhum mundo. A grande Revolução de Outubro e a Rússia Soviética nos provavam que um novo mundo era possível e que talvez estivesse já em marcha. "Eu vi o futuro, e funciona", disse Lincoln Steffens. Se deveria ser o futuro, *tinha* que funcionar, de modo que estávamos convencidos de que o era.[5]

Assim, pois, nos tornamos revolucionários não tanto devido aos nossos problemas econômicos, embora alguns de nós fossem pobres e a maioria tivesse pela frente um futuro incerto, mas porque a velha sociedade não parecia viável por muito mais tempo; carecia de perspectivas. Isto também se tornara claro para os intelectuais jovens em países onde a ordem social visivelmente não se encontrava à beira do colapso, como a Inglaterra. Os argumentos da obra de John Strachey, *The Coming Struggle for Power*, produto significativo dos anos de crise e muito influente, também se apoiavam na seguinte alternativa: socialismo ou barbárie. O triunfo de Hitler pareceu confirmá-lo. (Em sentido oposto, a conversão de Strachey à crença de que Keynes indicara ao capitalismo uma alternativa para o colapso, reforçada indubitavelmente pela recuperação econômica de fins da década de 1930, o fez abandonar suas posições revolucionárias e converter-se em um reformista.) Evidentemente, também houve intelectuais que se tornaram revolucionários porque estavam proletarizados, famintos e desesperados, como talvez na Polônia

---

5 "A constatação de que todas as tentativas para restaurar o capitalismo estavam fadadas ao fracasso ante esta contradição insolúvel, de que a luta de classes terminaria com a destruição recíproca das classes em contenda se a reconstrução revolucionária de toda a sociedade não lograsse êxito, levou muitos dos marxistas com conhecimentos de economia a tomarem partido em favor dos bolchevistas; inclusive eu". (Eugen Varga, *Die wirtschafls politischen Probleme der proletarischen Diktatur*, Viena, 1921, p. 19.) Esta passagem autobiográfica do famoso economista comunista ilustra o poder da alternativa naqueles momentos: ou revolução ou ruína.

e, com toda certeza, entre a pequena burguesia revolucionária das cidades bengalesas, mas aqui não me ocupo deles.

Nossas razões, por conseguinte, diferiam em dois aspectos cruciais daquelas dos operários que, com a mesma orientação que nós, também se fizeram revolucionários durante aquele período. Em primeiro lugar, e dado que poucos de nós procediam de um meio onde as crenças marxistas ou outras crenças socialistas tiveram alguma tradição, nossa ruptura era normalmente mais brusca. (Isto talvez não se aplique a países como a França, onde a juventude burguesa sempre teve a seu alcance a possibilidade de abraçar um certo revolucionarismo verbal.) Em segundo lugar, também foi menos decisivo para nós o simples desespero econômico que levou tantos dos trabalhadores desempregados alemães para as fileiras do Partido Comunista em 1930-33. Mas, naturalmente, compartilhávamos com os operários a sensação de que o velho sistema estava sucumbindo e o sentimento de urgência e a convicção de que a Revolução Soviética era a alternativa positiva.

Ninguém que tenha atualmente vinte e poucos anos viveu em toda a sua vida um período em que o velho sistema haja parecido ruir de tal forma. Ao contrário, até época bem recente ele floresceu economicamente como nunca havia ocorrido antes. Já não é o tipo de capitalismo liberal cuja agonia vivêramos integralmente entre as duas guerras, mas infelizmente tampouco é o socialismo, e menos ainda o socialismo soviético. É um sistema que se adaptou à existência de um conjunto de países socialistas mais amplo e poderoso (embora atravessado por crises internas muito maiores do que previamos); à descolonização política mundial; a uma existência permanente com guerras localizadas e sob a amea- ça de uma catástrofe nuclear. Entretanto, até fins da década de 1960, de modo geral, constituiu um êxito notável no aspecto econômico, no tecnológico e também — não nos equivoquemos sobre isto — em prover prosperidade material para as massas (ou uma razoável esperança de consegui-la). Este é o contexto dos revolucionários da década de 1960.

Isto é correto inclusive para os revolucionários em muitos países do Terceiro Mundo. É verdade que os intelectuais revolucionários destes países são como os de minha geração, na medida em que se defrontam com os problemas da pobreza de grandes massas, a opressão e a injustiça que fazem com que qualquer apelo à paciência e ao gradualismo pareça como algo quase obsceno, do mesmo modo que estão convencidos de que o sistema atual não tem solução para os problemas de suas sociedades. Seja como for, o neocapitalismo e o neocolonialismo por enquanto não solucionaram o problema do subdesenvolvimento, mas o tornaram mais agudo. Entretanto, se excetuarmos algumas áreas onde toda a esperança parece estar se esgotando, como Bengala, nem mesmo os países pobres e subdesenvolvidos se encontram hoje, em seu conjunto, estagnados ou em regressão absoluta. Pode não haver qualquer esperança para eles como sociedades, mas há muita esperança para seus membros tomados individualmente, muitos dos quais, como os trabalhadores, pessoas emigradas do campo e inclusive os camponeses, gozam hoje de melhores condições de vida e melhores expectativas de futuro do que há duas décadas. O que leva os homens do Terceiro Mundo a optarem pela revolução ao invés da inatividade ou o reformismo raramente é o colapso iminente ou imediato da economia ou da ordem social. É simplesmente (deixando de lado questões como a opressão estrangeira ou racial) a amplitude do abismo, provavelmente crescente, entre ricos e pobres e entre países desenvolvidos e subdesenvolvidos, combinada com o fracasso patente das alternativas reformistas. A perspectiva de colapso a médio ou longo prazo também influencia. Incidentalmente, o contexto de mudança e expansão afeta pessoalmente a *inteligentsia* local, à medida que suas próprias perspectivas de promoção individual são muito melhores do que as que teve minha geração. O revolucionarismo dos estudantes em muitos países do Terceiro Mundo, como em partes da América Latina, é notavelmente efêmero por esta razão. Dificilmente sobrevive à obtenção do diploma universitário.

No entanto, embora o Terceiro Mundo se assemelhe em alguns aspectos importantes ao mundo no período entre as guerras, tal não acontece com o florescente neocapitalismo do Ocidente. O revolucionarismo da Nova Esquerda ocidental é o produto não de uma crise capitalista em um sentido econômico, mas de seu contrário. Nesta perspectiva, é comparável à rebeldia e ao revolucionarismo dos anos imediatamente anteriores à Primeira Grande Guerra com as quais, conforme há muito venho pensando, tem afinidades surpreendentes. Tais afinidades podem se estender mais do que parece à primeira vista. Isto porque a rebeldia de um mundo ocidental anterior a 1914, aparentemente florescente, logo se tornou o revolucionarismo da crise daquele mundo. Se, como parece provável, tivermos começado, uma vez mais, um período de crise geral do capitalismo, os movimentos de fins da década de 1960 e princípio da década de 1970 podem parecer, retrospectivamente, outro prelúdio, como os de 1907-14.

O que se encontra por trás do reflorescimento do revolucionarismo da década de 1960 é, em primeiro lugar, uma transformação tecnológica e social de uma rapidez e profundidade sem paralelos e, em segundo lugar, a descoberta de que a solução dada pelo capitalismo ao problema de escassez material revela — talvez até crie — novos problemas (ou "contradições", em termos marxistas) básicos para o sistema e, possivelmente, para toda a sociedade industrial. Não é fácil separar os dois aspectos e a maioria dos novos revolucionários não o faz, embora ambos sejam importantes. De um lado, temos vivido numa etapa de expansão econômica, de revolução técnico-científica e de reestruturação da economia sem precedentes tanto em relação à criação de riqueza material como à destruição de uma grande parte da base e do equilíbrio da ordem social. Mas, ainda que nos últimos vinte anos tenha parecido que certas previsões de longo alcance formuladas em meados do século XIX pela primeira vez poderiam, finalmente, se concretizar — que o capitalismo destruiria o campesinato europeu, a religião tradicional e a velha estrutura familiar —,[6] não devemos nos esquecer que as comoções sociais mais moderadas do passado também careciam de precedentes para seus protagonistas. Trata-se de um ajuste à nova situação, e nos últimos vinte anos o notável incremento de riqueza, unido a vários mecanismos de gestão e bem-estar sociais desconhecidos ou não utilizados nos períodos anteriores, teve que facilitar esta adaptação. Este, de qualquer

---

6 A crise do catolicismo romano é, a este respeito, mais significativa do que a do protestantismo.

forma, foi o argumento dos ideólogos americanos da anti-ideologia da década de 1950.

Por outro lado, tornou-se cada vez mais patente que não estamos frente apenas a um problema de adaptação de seres humanos a uma mudança rápida e particularmente intensa no interior da estrutura de um sistema existente — quer dizer, frente a algo semelhante ao problema da imigração em massa para os Estados Unidos entre as décadas de 1890 e 1920 —, mas também frente a dificuldades fundamentais do sistema. Não me refiro aqui ao que pode ser denominado contradições macroeconômicas ou macropolíticas do sistema, que hoje são evidentes — por exemplo, a base precária da economia capitalista internacional ou o abismo crescente entre os mundos "desenvolvido e subdesenvolvido" —, nem mesmo aos perigos cada vez maiores de uma tecnologia sem restrições que está prestes a tornar inabitável nosso planeta ou a precipitar um cataclisma demográfico. A questão a se observar a propósito de "A Sociedade Afluente" ou "O Novo Estado Industrial"* (para usar as expressões do mais eminente de seus críticos de pensamento liberal) é que até fins da década de 1960 o capitalismo funcionou de maneira esplêndida como mecanismo econômico; provavelmente melhor do que qualquer outra alternativa naquele momento. O que parecia "não ir bem", em um sentido profundo mas não facilmente especificável, era a *sociedade* fundada na abundância capitalista, e, sobretudo, em seu baluarte principal, os Estados Unidos. A inquietação, a desorientação, os sinais de desespero se multiplicavam, seguidos e reforçados por ondas onipresentes de violência, de distúrbios e rebeliões, de processos de marginalização de amplos setores sociais, todos sintomas de um estado socialmente patológico, que é o que ocorre à mente de qualquer observador americano quando compara o estado de ânimo de seu país com o da República de Weimar. Consequentemente, também a crítica em voga na sociedade por um momento deixou de ser econômica e tornou-se sociológica: seus termos-chave deixaram de ser pobreza, exploração, ou mesmo crise, e passaram a ser "alienação", "burocratização" etc.

---

* Referências a obras de J. K.. Galbraith. A última foi lançada , sob o mesmo titulo, no Brasil, pela editora Civilização Brasileira, Rio de Janeiro, 1968. [N. T.]

Por conseguinte também, o novo espírito revolucionário nos países ocidentais permaneceu confinado quase totalmente aos intelectuais e outros estratos marginais da classe média (por exemplo, os artistas criadores) ou aos jovens de classe média que tomavam as realizações da sociedade afluente como algo natural e concentravam sua atenção, muito corretamente, em suas deficiências. Deixando de lado as minorias específicas como os negros, cujos motivos de insatisfação eram mais simples, o revolucionário típico era um adolescente da classe média (regra geral, um estudante), que tendia a colocar-se à esquerda do movimento operário, tanto socialista como comunista. Mesmo quando os dois movimentos pareceram se fundir, como na França em maio de 1968, e na Itália durante o "outono quente" de 1969, foram os estudantes os que deram por agonizante o capitalismo, ao passo que os trabalhadores, independentemente de seu grau de militância, ainda permaneceram atuando dentro de seus limites.

Observei que a fase de fins dos anos 1960 pode ser temporária, como os anos anteriores a 1914. No momento, parece que o mundo ocidental não somente iniciou uma nova fase de capitalismo técnico-científico (às vezes denominada, confusamente, de "sociedade pós-industrial"), com uma nova versão das contradições básicas do capitalismo, mas também um outro período prolongado de crise econômica. Os movimentos revolucionários tendem a produzir-se não em um contexto de "milagres econômicos", mas de dificuldades econômicas. É demasiado cedo para avaliar quantitativa e qualitativamente a radicalização política que pode se produzir, embora seja válido lembrar que, durante a fase histórica de características análogas, a extrema-direita beneficiou-se mais do que a extrema-esquerda.[7] Por enquanto, os sintomas mais violentos de agitação revolucionária nos países industriais ainda são aqueles que aconteceram no apogeu do crescimento, isto é, nos anos 1967-69. Se se tivesse que aventurar uma predição, bastaria dizer que a combinação de

---

7 Um amigo, indagado por seus alunos sobre quais haviam sido as consequências políticas da grande depressão de 1929, respondeu: "Primeiro, Hitler subiu ao poder. Depois, perdemos a guerra na Espanha. Finalmente, tivemos a Segunda Guerra Mundial e Hitler dominou a maior parte da Europa."

desintegração *social* e de crise *econômica* provavelmente será mais explosiva do que o ocorrido entre as guerras mundiais nos países industriais, com a possível exceção da Alemanha. Mas, também, que a revolução social ao estilo tradicional não é, de forma alguma, sua única saída nem talvez a mais provável.

Há, contudo, uma diferença notável entre o novo movimento revolucionário e o da minha geração, nos anos entre as guerras. Contávamos, talvez erroneamente, com uma esperança e um modelo concreto de uma sociedade alternativa: o socialismo. Hoje em dia essa fé na grande Revolução de Outubro e na União Soviética desapareceu em grande parte — esta é uma observação de fato, não um juízo — e nada a substituiu. Porque, embora os novos revolucionários busquem possíveis modelos e objetos de lealdade, nenhum dos regimes revolucionários pequenos e localizados — Cuba, Vietnã do Norte, Coreia do Norte ou qualquer outro, mesmo a própria China — representa hoje o que a União Soviética significou em minha época.[8] O que substituiu nosso ideal é uma combinação de utopia e de aversão negativa à sociedade existente. De modo semelhante, aquela forma imensamente poderosa de movimento revolucionário, o partido de massas disciplinado, também perdeu muito de seu apoio entre os novos revolucionários, que atuam em pequenas facções ou em grupos libertários não estruturados, mais próximos da tradição anarquista do que da marxista. Tudo isto talvez seja historicamente inevitável, mas provavelmente também produz, hoje, um hiato muito maior entre a fermentação revolucionária e a ação eficaz do que o existente na minha juventude. Faço estas afirmações sem satisfação e sem intenção de desvalorizar os novos revolucionários. É melhor ter um movimento revolucionário do que não ter nenhum. Este é o único que temos no momento, e devemos aproveitá-lo da melhor forma que pudermos. O que permanece é o fato de que se trata de um movimento com muito a aprender ou a reaprender.

---

8 Vale a pena assinalar que esta é a primeira fase do socialismo revolucionário mundial desde 1848 que não teve como consequência o estabelecimento de uma verdadeira internacional, porque as internacionais das pequenas facções de esquerda são por demais minúsculas para cumprir realmente esta função.

Por fim, quero considerar a questão do papel dos intelectuais nos movimentos revolucionários; em outras palavras, não a razão por que alguns deles como indivíduos se tornaram revolucionários, mas qual orientação política tendem a adotar como membros de um determinado estrato da sociedade e qual o papel que tendem a desempenhar enquanto tais com sua atividade. É desnecessário dizer que as duas espécies de questão são, ou podem ser, totalmente distintas. Marx e Engels eram certamente intelectuais, mas o número e a proporção de intelectuais alemães social-democratas era reduzido, provavelmente insignificante. Minha geração de estudantes comunistas formava uma pequena minoria de, segundo recordo, não mais do que quatrocentos ou no máximo quinhentos dos cinquenta mil estudantes universitários logo antes da guerra; em Oxford e Cambridge, até mesmo os clubes socialistas mais numerosos eram uma minoria, embora nada desprezível. O fato de que nossa insignificante minoria compreendia, às vezes, uma proporção notavelmente elevada dos estudantes mais brilhantes não deixa de ter significação, mas não altera o fato de que a grande maioria dos estudantes da Europa Ocidental antes de 1939 não era de esquerda, e menos ainda revolucionária, ao passo que em países como a Iugoslávia a maioria o era.

Além do mais, mesmo quando podemos dizer que os intelectuais como estrato social são revolucionários (como é o caso frequente e talvez geral dos jovens intelectuais do Terceiro Mundo), não podemos automaticamente assimilar suas atitudes ou seu comportamento político aos de outras forças revolucionárias. Para tomar um exemplo óbvio: os estudantes desempenharam um papel importante nas revoluções de 1848. O que aconteceu a todos esses liberais revolucionários na época de Bismark? Novamente os estudantes (incluindo os secundaristas) se destacaram na Revolução Russa de 1905, mas *não* na de 1917, a julgar pelo que se sabe. Isto não contradiz o fato de que a liderança bolchevista se compunha sobremaneira de intelectuais, assim como ocorria em todos os demais partidos populares de oposição. Vejamos um terceiro exemplo, talvez inteiramente local e transitório. Os estudantes em seu conjunto, na Inglaterra, hoje, provavelmente ocupam posições políticas muito à esquerda daquelas dos operários. Mas neste momento, em que há uma maior militância e predisposição para a ação entre os operários industriais do que em qualquer outro momento desde a Greve Geral, a atividade política de massas dos estudantes está a um nível mais baixo do que provavelmente em qualquer outro momento nos últimos três anos. Os dois grupos, evidentemente, não se movem no mesmo caminho, na mesma direção nem impulsionados pelas mesmas forças e motivos.

O que podemos dizer a respeito dos intelectuais como grupo social nos países industriais de hoje? Em primeiro lugar, que formam efetivamente um grupo social que não pode mais ser simplesmente classificado como uma variante especial das classes médias. São mais numerosos, já que o desenvolvimento da tecnologia científica e a expansão do setor terciário da economia (inclusive a administração e o sistema de comunicações) os exigem em quantidades muito maiores do que no passado. Estão tecnicamente proletarizados, na medida em que a maioria deles já não é de "profissionais liberais" ou empresários privados, mas empregados assalariados, embora isto também possa se aplicar à maioria do restante das classes médias. São reconhecidos por atitudes e demandas de consumo específicas, interesses peculiares para os quais os homens de negócios apelam como tais; por exemplo, a preferência pelo *Guardian* e não pelo *Daily Telegraph,* e a relativa impermeabilidade à atração comercial de símbolos de *status,* frente a critérios individualizados. Politicamente, a maior parte deste estrato social (ou pelo menos certos tipos de ocupação a ele pertencentes) provavelmente se situa hoje na centro-esquerda nos países ocidentais, embora talvez não mais que isto. Na Inglaterra, os que leem o *Guardian-Observer* estão de um lado da contenda política, enquanto as classes médias que leem o *Telegraph* se situam do outro. Na França, durante o movimento de maio de 1968, a frente divisória de luta de classes passava através das classes médias. Durante a greve geral, os técnicos de pesquisa e desenvolvimento, os de laboratórios e de desenho e os que trabalham em comunicações tendiam a se juntar aos operários, frequentemente como militantes, enquanto os administradores, executivos, empregados de departamentos de vendas, etc., se conservavam do lado patronal.

Tem sido afirmado, por todas estas razões, que os intelectuais são hoje parte de uma "nova " classe operária e, de certo modo, o equivalente moderno daquela aristocracia operária de "artesãos inteligentes" qualificados, autoconfiantes e, acima de tudo, tecnicamente indispensáveis, que foram tão importantes na Inglaterra do século XIX. Tem se afirmado, mais, que por serem essencialmente especialistas assalariados, seu destino econômico como indivíduos ou como um estrato não está vinculado a uma economia de iniciativa privada, cujas deficiências, em qualquer caso, estão em boas condições de julgar. De fato, dado que pelo menos são tão inteligentes e tão bem educados como os que tomam as decisões nos negócios, e seu trabalho lhes dá pelo menos uma ampla perspectiva a respeito da política da empresa e da economia, considera-se ser menos provável que limitem suas atividades a questões restritas de salário e condições de trabalho e mais provável, por outro lado, que proponham mudanças na gerência e na política.

Tais argumentos, formulados principalmente por sociólogos franceses como Alain Touraine e Serge Mallet, têm força considerável. Entretanto, não são argumentos para considerar a nova "aristocracia operária" uma força revolucionária, nem mais nem menos que a velha "aristocracia operária". Mas sugerem que se trata de uma força reformista muito efetiva, sendo revolucionária somente na medida em que se contemple uma transformação gradual e pacífica, ainda que fundamental, da sociedade. Mas se tal transformação é possível ou, em caso de sê-lo, se pode ser considerada uma revolução, é naturalmente uma questão crucial. A esta questão, a argumentação da "nova classe operária" sugere, na realidade, uma resposta neofabiana dissimulada em termos marxistas, que não será de forma alguma universalmente aceitável na esquerda. A curto prazo, o melhor é considerá-los reformistas moderados da mesma forma que a aristocracia operária anterior. Seus interesses profissionais podem talvez incliná-los ligeiramente mais para um socialismo democrático do que para o capitalismo, desde que este socialismo não ameace sua posição relativamente confortável e é possível que seu coração esteja frequentemente bem mais para a esquerda do que seus interesses profissionais, pois a maioria deles provavelmente passou pela fase estudantil. Mas sua atitude básica em relação à mudança social consiste, e talvez deva ser forçosamente assim, em que muito mais pode ser feito no interior do sistema vigente do que imaginam os revolucionários. E, na medida em que eles próprios estão envolvidos, isto indubitavelmente é verdade.

À parte certos grupos marginais como os equivalentes, em nível de classe média, dos antigos tecelões de tear manual, cujo ofício se tornou obsoleto em virtude do progresso tecnológico — artistas criadores ao velho estilo, escritores, etc. — o grupo mais numeroso de intelectuais que parece rejeitar indiscriminadamente o *status quo é* o dos jovens. Trata-se daqueles que foram preparados para trabalhos intelectuais, embora de forma alguma esteja clara qual é a relação entre sua rebeldia e o sistema educacional.

Os jovens das camadas médias têm uma experiência bastante limitada da sociedade, embora provavelmente hoje seja bem mais ampla do que a de seus pais. A maior parte dessa experiência — e quanto mais jovens, mais ocorre assim — é mediada pela experiência da família, da escola ou universidade, e dos grupos de companheiros procedentes de um meio semelhante. (O conceito de uma ampla "cultura jovem" englobando toda uma faixa de idade sem levar em conta distinções de classe, é um conceito superficial, comercial, ou ambas as coisas. Vestuário semelhante, estilo de cabelo, formas de entretenimento e costumes sociais não implicam semelhança de comportamento político, como têm frequentemente constatado os militantes estudantis que têm buscado mobilizar os operários jovens. Até que ponto há, de fato, uma *única* forma de "cultura jovem" ao invés de um complexo de tais culturas, ainda permanece uma questão aberta.) Não resulta daí que as críticas dos jovens de classe média simplesmente refletem um "hiato de geração", velho ou novo, uma rebelião contra a geração mais velha ou um descontentamento, justificado ou não, em face das instituições educacionais. Pode ser que reflita, como frequentemente ocorreu no passado, uma crítica genuína da sociedade que deve ser tomada a sério, mesmo que seja incoerentemente formulada.

A forma mais seriamente organizada do revolucionarismo jovem é a dos estudantes (que em alguns países inclui os alunos das escolas secundárias). É pois importante avaliar a natureza e as possibilidades desta tendência revolucionária estudantil. Sua função política é, naturalmente, dúplice. Por um lado, constitui um movimento específico, isto é, formado de pessoas unidas por sua idade e por frequentarem determinadas instituições educacionais e, por outro lado, constitui uma base de recrutamento de ativistas e líderes para o mundo político adulto. A primeira função é atualmente a mais óbvia, mas a segunda tem sido historicamente a mais significativa. A importância política da *École Normale Supérieure* da Rue d'Ulm em Paris de fins do século XIX não reside tanto nas simpatias socialistas e nas atividades pró-Dreyfus de seus estudantes naquela época, mas na carreira subsequente de *alguns* destes, como, por exemplo, Jaurès, Léon Blum e Edouard Herriot.[9]

Vale a pena fazer duas observações gerais a respeito dos movimentos jovens/estudantis. A primeira é a observação trivial, mas ainda assim significativa, de que tais movimentos são, por sua natureza, descontínuos e transitórios. A juventude e a condição de estudante são o prelúdio da idade adulta e da necessidade de ganhar o próprio sustento — não se trata da carreira em si. Ao contrário do celibato, não é nem sequer um programa que possa ser cumprido com esforço pessoal. Pode se prolongar um pouco, embora a moda atual, que considera que, passados os vinte e poucos anos, se inicia a idade madura, tenda a abreviar este intento; mas, mais cedo ou mais tarde, deve acabar. Por conseguinte, os movimentos políticos jovens ou estudantis não são comparáveis aos movimentos cujos membros podem permanecer neles por toda sua vida, como os da classe operária (a maioria dos quais continua sendo operária até se aposentar), de mulheres ou de negros, todos pertencentes à sua respectiva categoria desde o nascimento até a morte. Como sempre há jovens e estudantes, sempre há

---

9 Isto é muito mais evidente em muitos países subdesenvolvidos, onde alguns poucos grupos numericamente pequenos de estudantes de universidades nacionais, ou mesmo estrangeiras, tem fornecido um grande número de líderes políticos – inclusive líderes revolucionários – para o mundo político adulto.

oportunidade para movimentos que se baseiam nas suas condições. Posto que a proporção de uns e outros na população é atualmente elevada, é fácil que sejam, pelo menos potencialmente, movimentos de massas. Mas a rotatividade de seus membros é *necessariamente* de 100% ao fim de alguns anos, e quanto mais exclusivamente tais movimentos se definem por critérios não permanentes, isto é, pelo que os separa dos adultos, tanto mais difícil é para eles manter a continuidade da atividade, da organização e talvez, inclusive, do programa e da ideologia, diferentemente do que ocorre com o estado de ânimo ou com a semelhança dos problemas que cada nova geração enfrenta. No passado, isto raramente foi significativo para a juventude revolucionária, principalmente porque seus movimentos normalmente se consideraram iguais aos dos adultos e, na maioria das vezes, efetivamente recusaram-se a serem classificados como movimentos jovens e sempre almejaram a um *status* de adulto.[10] A moda atual de "culturas jovens" diferenciadas pode ter-lhes conferido potencialmente mais amplitude, mas também tê- los feito mais instáveis.

A segunda observação é o fenômeno histórico específico dos últimos quinze anos aproximadamente, que produziu uma expansão provavelmente sem precedentes no ensino superior de todos os países, com três consequências: tensões mais agudas nas instituições que acolhem os novos calouros e que estão despreparadas para este influxo; multiplicação dos estudantes de primeira geração, isto é, de jovens que adotam um tipo de vida inteiramente novo sem estar preparados para isto por formação ou tradição familiares; e, por último, uma superprodução potencial de intelectuais, para usar o linguajar econômico. Por várias razões, esta expansão virtualmente incontrolada está agora diminuindo, e o padrão de ensino superior está sendo reestruturado de maneira mais ou menos radical, entre outros motivos como consequência da explosão do mal-estar estudantil de fins da década de 1960. Isto tende a provocar também várias formas de inquietação e tensão.

---

10 As seções jovens dos partidos de esquerda, talvez por esta razão, geralmente têm constituído apêndices relativamente reduzidos dos partidos adultos muito mais numerosos.

A existência de inquietação estudantil sob tais circunstâncias nada tem de surpreendente; o fato significativo, pelo menos nos países capitalistas industrializados e em uma parte importante do mundo subdesenvolvido, é que tenha tomado a forma de movimentos sociais revolucionários de esquerda (tipicamente anarquizantes ou marxizantes) ao invés de inclinar-se à extrema-direita, como foi característico da maioria dos estudantes politizados na maior parte da Europa entre as guerras mundiais.[11] O fato de que a forma característica do ativismo estudantil seja uma ou outra forma de ultraesquerdismo é sintomático da crise tanto da sociedade burguesa como de suas alternativas tradicionais, que costumavam atrair os estratos inferiores da classe média (dos quais procedem e aos quais pertencem tantos dos novos estudantes).

Isto, entretanto, não garante que a agitação estudantil continue sendo uma força política revolucionária séria e permanente e, menos ainda, eficaz. Se a maior parte da nova massa estudantil estivesse destinada a ser absorvida por uma economia em expansão e uma sociedade estável, provavelmente não o seria. Para citar um exemplo extremo, a maioria dos sessenta mil estudantes universitários peruanos (antes de 1945 havia somente uns quatro mil) constitui a primeira geração de suas famílias a chegar à universidade; frequentemente pertencem aos estratos inferiores da classe média índia ou mestiça, ou ao campesinato rico de província, cujo ultraesquerdismo típico é, até certo ponto, um meio para assumir uma nova e desorientadora forma de vida. Entretanto, já que a maioria deles é ainda prontamente absorvida em empregos próprios da classe média, seu espírito revolucionário raramente sobrevive à obtenção do título universitário. Como diz a conhecida anedota, "fazem o serviço revolucionário obrigatório" análogo ao serviço militar obrigatório. É demasiado cedo julgar se chegarão a produzir um grupo tão numeroso de líderes políticos adultos como o do APRA e do Partido Comunista

---

11 É verdade que alguns lemas outrora característicos dos movimentos de direita – como os nacionalistas – foram amplamente incorporados pela esquerda revolucionária marxista, mas a hegemonia das ideias da esquerda nos movimentos estudantis dos anos 60 é, no entanto, muito relevante.

surgido do pequeno núcleo de estudantes da década de 1920, mas isto parece improvável.[12]

Por outro lado, uma massa numerosa de estudantes enfrentando desemprego ou empregos menos satisfatórios do que poderiam esperar em função de seu diploma (ou outro certificado) provavelmente tende a formar uma permanente massa insatisfeita, disposta a apoiar movimentos revolucionários (ou de extrema-direita) e a proporcionar-lhes ativistas. O intelectual ou pequeno-burguês rebaixado de classe constitui a base de tais movimentos em vários países e em distintos períodos. Os governos são profundamente conscientes desta possibilidade, especialmente em épocas de dificuldades ou crises econômicas, mas a solução mais óbvia, a redução do número de estudantes, é impraticável, em parte porque a demanda política de expansão do ensino superior é muito poderosa e em parte porque o grande número de estudantes nem sempre poderia ser facilmente absorvido por uma economia estagnada. Nos Estados Unidos, por exemplo, sua redução drástica poderia significar algo assim como a transferência de algumas centenas de milhares, talvez milhões de jovens das universidades e escolas para um mercado de trabalho já sobrecarregado. Até certo ponto, o sistema que mantém a grande parte da juventude durante mais alguns anos de sua vida fora da vida ativa é um equivalente moderno e de classe média do *Old Poor Law* dos princípios do século XIX: um sistema dissimulado de beneficência. Duas soluções parecem recomendar-se para muitos governos: desviar a maioria dos estudantes "excedentes" para as várias instituições educacionais em que eles possam matar o tempo de maneira mais ou menos proveitosa, reservando a tarefa verdadeiramente séria de formar os quadros da economia que hoje requerem qualificações científicas, técnicas, profissionais etc., superiores para determinados estabelecimentos especiais; e isolar os estudantes do restante da população potencialmente dissidente. Nesta última tarefa não encontram a resistência da maioria dos ativistas políticos estudantis.

---

12 Dos oito secretários da federação estudantil (maoista) da universidade de San Marcos, a principal universidade peruana, depois de 1960, cujas trajetórias posteriores puderam ser conhecidas, nem um único deles continuou militando ativamente na esquerda em 1971.

O futuro do movimento estudantil como força revolucionária, por isso, depende em grande parte das perspectivas da economia capitalista. Se retornasse à expansão e prosperidade das décadas de 1950 e 1960 deste século, provavelmente não seria mais do que um fenômeno temporário, ou talvez suas manifestações intermitentes se converteriam mais cedo ou mais tarde em componente admitido do cenário social como outras atividades não políticas de bom humor juvenil — as noites de regatas, a festa de Guy Fawkes, os *rag days*, os *canulars* — etc.* na era da estabilidade burguesa. Se, em troca, começarmos um longo período de dificuldades, poderia continuar a ser, pelo menos ocasionalmente, uma força política explosiva, como mostraram os últimos anos, suscetível de interferir de vez em quando decisivamente, embora de forma momentânea, na política nacional, como em maio de 1968. De qualquer modo, se a proporção da faixa etária que recebe alguma forma de educação superior tende a permanecer muito superior à existente antes da década de 1960, os estudantes como grupo continuarão a ser politicamente mais significativos e (especialmente onde o direito ao sufrágio se estendeu aos maiores de dezoito anos) mais eficazes do que no passado. Não podemos, por conseguinte, dar por certo que intelectuais, jovens ou velhos, serão uma importante força revolucionária nos países desenvolvidos, embora possamos prognosticar que serão uma força política significativa e, muito provavelmente, situada mais ou menos à esquerda. Mas, mesmo se chegassem a ser revolucionários em massa, não poderiam constituir por si mesmos uma força decisiva. Daí podermos concluir este ensaio com um breve exame das relações entre os movimentos de intelectuais e os de operários, camponeses e outros estratos sociais descontentes.

---

* Nesta passagem, a tradução castelhana utilizada no cotejo com a versão original inglesa registra a seguinte nota: "Exemplos vários de festas juvenis e estudantis tradicionais de caráter intranscendente e jocoso. A festa de Guy Fawkes é celebrada na Inglaterra a 5 de novembro, em memória de uma frustrada conspiração católica contra o rei James 1 em 1605. Os rag days são uma festa dos estudantes ingleses celebrada na primavera. Os canulars são brincadeiras e trotes próprios dos estudantes franceses". [*N. T.*]

Na maioria dos países, a ortodoxia de esquerda entende, hoje, que ambos convergem ou até se fundem, formal ou informalmente, em algum tipo de movimento operário socialista. Em muitos casos, isto é prova velmente verdade. Tanto o Partido Trabalhista inglês, quanto o Partido Democrata dos Estados Unidos (que é bem semelhante em sua composição social) e muitos partidos socialistas e comunistas de outros países são, de fato, alianças de trabalhadores e intelectuais, a que se somam os grupos especialmente descontentes, como as minorias nacionais ou de outro tipo, que não desenvolveram seus próprios movimentos separatistas. Isto nem sempre foi assim. Ademais, há hoje sinais de divergência que não deveriam ser subestimados. De um lado, a extrema-esquerda, composta de numerosos intelectuais, sente a tentação de isolar-se dos partidos de massas da classe operária de seus respectivos países, aos quais acusa de serem por demais moderados ou reformistas. Por outro lado, o anti-intelectualismo dos movimentos da classe operária, sempre latente e às vezes manifesto, tende a intensificar-se. Estudos recentes sobre as organizações locais do Partido Trabalhista indicam que, à medida que os diretórios do partido têm, de modo crescente, caído em mãos de dedicados militantes procedentes de estratos profissionais, os simpatizantes e militantes operários de base foram conduzidos à inatividade política. Seja um fenômeno a causa ou a consequência do outro, ambos se reforçam mutuamente. De forma análoga, as relações entre estudantes e operários são pobres na maioria dos países industrializados, e parecem estar se deteriorando.

Por conseguinte, não podemos dar por certo que uma radicalização de operários e estudantes, supondo que ocorresse, produziria como resultado automático um único movimento unitário da esquerda. Poderia dar lugar a movimentos paralelos, pobremente coordenados ou mesmo em total desacordo. Pois a verdade é que a analogia entre os intelectuais e os profissionais de hoje e a "aristocracia operária" do passado é válida somente até certo ponto. Os antigos operários aristocratas eram trabalhadores manuais, enquanto os atuais não o são. A distância entre trabalhadores *blue collar* e *white collar* é grande e provavelmente está crescendo. Os velhos movimentos operários e socialistas dos países desenvolvidos se construíram sobre a base da hegemonia dos trabalhadores manuais. Alguns de seus líderes podiam ser intelectuais e podiam atrair grande número de intelectuais, mas, no conjunto, a base sobre a qual se uniam era a de sua subordinação voluntária aos operários. Esta base era realista, posto que, globalmente, a camada intelectual e profissional não era socialista ou era demasiado reduzida para constituir uma parte decisiva do movimento operário. Hoje é uma camada ampla, economicamente importante, ativa e eficaz. De fato, constitui o setor do movimento sindical de crescimento mais rápido, pelo menos na Inglaterra. E, atualmente, há, no conjunto, mais tensão e, ao mesmo tempo, por parte dos operários, mais ressentimento.

Onde as duas alas do movimento convergem ou se fundem, como na França de 1968 ou talvez na Itália de 1969, seu poder é imenso. Mas não se pode mais tomar por certo que sua confluência será automática, nem que ocorrerá espontaneamente. Sob quais circunstâncias ocorrerá, supondo-se que ocorra? Isto é prognosticável? Pode ser provocado? Estas são questões cruciais, que aqui só podem ser formuladas. O papel que os intelectuais desempenharão na luta de classes depende, em grande medida, das respostas a elas. Mas se tal confluência não ocorrer, o movimento dos intelectuais pode resultar em uma das duas coisas seguintes, ou em ambas: um grupo de pressão reformista poderoso e eficaz dos novos estratos profissionais, dos quais as campanhas ecológicas e de consumidores são bons exemplos, ou um movimento estudantil e jovem, radical e flutuante, oscilando entre mobilizações breves e locais e recaídas na passividade por parte da maioria, enquanto uma pequena minoria de ativistas se entrega a exaltadas gesticulações ultraesquerdistas. Este é o modelo seguido pelos movimentos estudantis desde meados da década de 1960.

Por outro lado, é também improvável que os trabalhadores façam uma revolução vitoriosa sem contar com os intelectuais, e menos ainda contra eles. Podem recair em um movimento estreito e limitado dos que trabalham com suas mãos, militante e poderoso dentro dos limites do "economicismo", mas incapaz de ir muito além dos limites de um ativismo de base. Ou podem alcançar o que parece ser o ponto mais alto dos movimentos proletários "espontâneos": uma espécie de sindicalismo que certamente contempla e busca construir uma nova sociedade, mas é incapaz de alcançar seus objetivos. Não importa muito que a impotência isolada dos operários e de outras massas de trabalhadores pobres seja de um gênero distinto daquela dos intelectuais, já que as massas trabalhadoras por si mesmas são capazes de derrubar uma ordem social, enquanto os intelectuais por si mesmos não o são. Se se trata de edificar uma sociedade humana digna deste nome, ambos são reciprocamente necessários.

(1971)

ÍNDICE REMISSIVO

Abissínia, guerra da 59, 61

África do Sul 278

Albânia 31

Alemanha 19, 39, 43, 59, 61, 63, 86, 90, 100, 166, 213 República de Weimar, 65, 70, 73, 74n, 76, 76n, 78, 233, 239; relações entre o poder civil e os militares na, 179, 180, 181-184; intelectuais no período entre guerras na, 320-323, 329, 330

Alemanha Ocidental (República Federal Alemã) 65, 78, 90, 145, 180, 202, 295

Alemanha Oriental (República Democrática Alemã) 65, 74n, 77, 76n, 117, 154, 180

Alexandre, Philippe 306

Alicata, Mario (comunista italiano) 60

Alienação 173, 186, 189, 207, 281, 301, 327

Alier, J. Martinez 120n

Althusser, Louis 149n, 152-153, 190, 198

América Latina 175, 319n, 325; anarquistas na, 85, 92, 92n, 113; e

movimentos guerrilheiros, 119, 221; militares políticos m, 232, 239; insurreição urbana na, 284

Americana, Revolução 260-262

Anarquismo, anarco-sindicalismo II, 32, 58-60, 70, 160; relações entre bolchevistas e, 91; na Espanha, 84, 92, 96-98, 99-111, 201, 205, 207, 298; ressurgimento atual do interesse pelo, 113-120; contribuição à teoria socialista, 119-123; e a estratégia e tática revolucionárias, 121-123; moralidade sexual e, 280

Angola 220

Anjos do Inferno 273

Aragào (Espanha) 105, 106, 107, 217

Aragon, Louis 47, 48, 49-50

d'Aragona, Ludovico 93

Arendt, Hannah 259-267

Argélia 45, 155, 295; papel do exército na, 242; insurreição em Cabash, 296

Argélia, guerra da 49, 177, 214, 222, 223-224

REVOLUCIONÁRIOS | 343

Argentina 237, 241, 243

"Aristocracia operária" 160, 332

Armas nucleares, guerra 169, 174, 175, 177, 252

Astúrias, greve dos mineiros 115

Atatürk, Kemal 245

Auschwilz, campo de concentração 19

Áustria 35, 76, 88, 192, 286, 321; veja também Viena

"Avanguardia", grupo 91

Bakunin, Mikhail, bakuninistas 69, 83, 84, 104, 107-108, 116, 121, 133

Balibar, Étienne 191n2, 196

Barbato, Nicola 58

Barcelona 102, 103, 115; insurreição urbana e, 284, 286-287, 298-299

Barontine, Ilio 61n

Bastilha, assalto a 287

Batista, Fulgencio 222, 250

Bauer, Otto 174

Bélgica 99, 240

Bell, Daniel 173, 179

Belloc, Hilaire 48

Belmonte de los Caballeros (Espanha) 104

Berlim Ocidental 295

Bernstein, Eduard, revisionismo bernsteiniano 130, 141, 161, 172, 173, 175

Birmânia, guerrilhas na 220, 223, 226

"Birmingham, Alianças de" 162, 166

Bismarck, Otto von 86

Blanqui, Louis-Auguste, blanquismo 33, 37, 118

Bloch, Ernst 173, 179-186

Bloco Nacional (francês) 45

Blum, Léon 38, 334

Boehme, Jacob 184

Bogotá 298

Bolchevistas, bolchevismo 15, 16, 18, 28, 32, 37, 70, 148, 188, 189, 202-203, 205, 209, 330; relações entre anarquistas e, 83-98; veja também Revolução Russa, União Soviética

Boldrini, Arrigo 63n

Bolívia 242

Bolte, Friedrich 133

Bonaparte, Napoleão 231, 232, 234, 250

Bonapartismo 231, 233, 250

Bordiga, Amadeo, bordiguismo 90-91

Borodin, Mikhail 23

Boulanger, crise 235

Brandler, Heinrich (comunista alemão) 74

Brasil 92, 92n, 104, 155, 245, 250

Brecht, Bertolt 46, 197, 204

Brenan, Gerald 115

Brigadas Internacionais (Guerra Civil Espanhola) 55, 56

Bruno, Giordano 182

Bukharin, Nikolay 97,174

Bulgária 31, 174

Bundy, McGeorge 228

Burns, John 139

Burocracia 29, 68, 69, 114, 120,

Cahiers du Bolchevisme 91

Camboja 226

Campbell, J. R. (comunista inglês) 72

Cánovas dei Castillo, Antonio 99

Capital, O (Marx) 127, 129, 131, 139, 189-190, 192, 194, 207

Capitalismo 15, 39, 56, 84, 171; posição subordinada dos movimentos operários do ocidente no seio do, 31-33, 77; na Espanha, 99, 100, 101, 103, 106; estabilidade do, 118, 127; movimento operário inglês e o, 128, 129, 136-142; causa marxista contra o, 146-148; fase imperialista do, 157; transição do feudalismo para o, 156-158; "aristocracia operária" sob o, 159-168; "lei do desenvolvimento desigual" no, 161; visão revisionista do, 172; estrutura do, 187-199; concentração de Korsh sobre os problemas do, 203; crise nos anos entre as guerras do, 324, 325; e a tecnologia ocidental, 325, 328

Capitalismo, Socialismo e Democracia (Schumpeter) 322

Caracas 298

Carlismo 103

"Carnet B" (França) 87-88

Carr, Raymond 100-104, 108

Cartismo 28, 128-129, 134, 140, 142, 289, 292

Castro, Fidel, castristas 191, 222, 247, 301

Catalunha 102, 105-107, 115; veja também Espanha

Caute, David 43-50

Ceilão 16

CGT veja Confederação Geral do trabalho

Chauvinismo social 165

Chiang Kai-Shek 221

China 86

Chomsky, Noam 107

CIA 16, 249

Cidade Universitária (Paris) 44

Cidades veja insurreição urbana

CNT (Confederação Nacional do Trabalho espanhola) 95, 96, 104, 105, 110

Cobban, A. B. 234

Cohn-Bendit, Daniel 303, 310

Colômbia 108, 155

Cominform 53

Comming Struggle for Power, The (Strachey) 323

Comintern (Terceira Internacional Comunista) 11, 16-18, 22, 28, 32, 37, 66, 74n, 75, 153, 162; Partido Comunista Italiano e a, 52, 53, 55-57, 59-60, 61 ; dominação soviética da, 40, 55, 70, 71; "terceiro período" da, 53; Partido Comunista Alemão e a, 68, 71; anarquistas e a, 84, 90, 94-95, 97; política espanhola, 106

Comissão Nacional de Causas e Prevenção da Violência dos Estados Unidos 269

Complexo automotivo-eletrônico--químico 312

Comte, Auguste 104

Comunismo, comunistas 9; subordinação dos partidos estrangeiros à URSS, 15-19; nacionalismo v. internacionalismo, 17-18; na Inglaterra, 18-29, 150; na França, 28-33; e os intelectuais, 43-49; na Itália, 51-64; na Alemanha, 65-77; relações bolchevistas-anarquistas, 83-98; crise depois da morte de Stalin do, 116; marxistas não comunistas, 150-151, 153; revitalização da teoria, 153-154; organização centralizada, 155; veja também partidos comunistas por país

Comunismo e os Intelectuais Franceses, O (Caute) 44-50

Comunismo libertário veja anarquismo

Confederação Geral do Trabalho (CGT francesa) 34, 122, 306

Congresso de Livorno (1921) 52

Congresso de Londres (Segunda Internacional, 1896) 84

Congresso de Tours 34

Congresso para a Liberdade Cultural 135

Congressos Mundiais Comunistas 22, 23, 90n

Contabilidade nacional, técnica marxista da 149

Cook, A. J. 26

Cooper, Thomas 129

Coreia, guerra da 228

Coreia do Norte 329

Corrente marxista centro-europeia 188, 191, 202, 203 , 204, 208

Coser, Prof. 177

Costa Rica 239

Coup d'État (Luttwack) 251, 252, 253, 254, 255

Crisis of Britain (Dutt) 154n5

Cuba 15, 250, 279, 329; anarquistas em, 92n, 93-94, ; papel do Partido Comunista em, 156; crise dos mísseis, 226-227; independência, 102

"Cultura jovem", conceito de 333

Curiel, Eugênio 61

d'Aragona, Ludovico 93

Darwin, Charles, darwinismo 184, 189

Davitt, Michael 219

De Gaulle, General Charles, gaulismo 233, 234, 235; insurreição de maio de 1968 e, 301-308 passim

Debates Ingleses sobre uma Política Operária Liberal (Lenin) 160

Deborin, A M. 173

Debray, Régis 118

Deploráveis Resultados do Oportunismo na Inglaterra. Os (Lenin) 160

Descartes, René 184

Detroit, distúrbios de 1967 em 197

Dezoito Brumário de Luis Bonaparte, O (Marx) 302

Dienbienphu, batalha de 215, 222

Diferenças no Movimento Operário Europeu (Lenin) 160

Dimitrov, George 53

Djilas, Milovan 174

Dreyfus 49, 235, 334

Dublin, Levante da Páscoa 398

Duclos, Jacques 89

Durruti, Buenaventura 105

Dutt, R. Palme 153n, 154n

Duvignaud, J. 176-177

École Normale Supérieure (França) 44, 190, 334

Economia política 192, 207

Edinburgo 287

Egito 153, 223, 245, 246

Eichmann, Adolf 274

Einstein, Albert 148

Eisenhower, General Dwight 233

Eisler, Gerhart 74n

End of Ideology (Bell) 179

Engels, Friedrich 68, 129, 130, 132, 133, 134-135, 142, 148-149, 184, 189, 204, 279, 290, 330; atitude em relação ao anarquismo, 83-85; conceito de "aristocracia operária", 159, 160

Esboço Inicial das Teses sobre a Questão Agrária (Lenin) 162, 168

Espanha 45, 61; anarquismo na, 85, 93, 95-97, 99, 111, 113, 104, 116, 120n, 201, 204, 208; ações guerrilheiras na, 215, 216, 226; papel desempenhado pelo exército, 232, 234-237

"Espontaneidade", revolucionarismo espontâneo 84, 86, 90, 107, 108, 119, 121-123, 161, 168, 303

Establet, Roger 191n2, veja também Espanha.

Estados Ibéricos 232, 239

Estados Islâmicos 239

Estados Unidos 145, 241, 318, 327; anarquistas no, 90-91; e estudantes revolucionários, 123, 336; superioridade de seu poderio industrial, 213; guerra do Vietnã, 213-215, 218, 222, 223, 224, 226; e ameaça de guerra nuclear, 224-229; crise das bases cubanas de mísseis, 225-228; relações civis-militares nos, 233; política no Terceiro Mundo dos, 244-247; Revolução nos, 260-263; violência nos, 269, 274; e o problema dos negros, 222, 287, 295-298, 318, 320; insurreições urbanas, 286, 297; revolução cultural, 312

Estruturalismo 194, 196

Estudantes, membros dos partidos comunistas 44; atração do anarquismo, 115, 116, 119, 120, 122, 123; Maio 1968, 119, 122, 123, 280, 298, 299, 301-312, 327; insurreição urbana e os, 284, 295; revolucionarismo dos, 332-340; veja também intelectuais

Evergreen Review 277

Exército veja Forças Armadas

Exército Vermelho 76

Fabianos, socialismo fabiano 38, 130, 137, 141, 160, 162, 172, 174, 203

Fanon, Frantz 275

Fascismo 39, 52, 53-55, 61-63, 115, 117, 118, 146, 204, 254

Federação de Mineiros do Sul de Gales 28, 29

Federação Radical Metropolitana 291, 292

Fenianos 133

Fenomenologistas 189

Ferrer, Francisco 107

Filipinas 223, 271

Fischer, Ruth 71, 74

FLN (Frente de Libertação Nacional Argelina) 49, 223-225

Forças Armadas, exército (os militares), na Espanha 102, 103, 232, 233-236; guerras de guerrilha e, 213-229; relações entre o poder civil e, 231-247; golpes de estado, 249-255; França 305

Fourier, Charles 121

França 176, 190, 220, 243, 323; intelectuais e estudantes na, 43-50, 189, 332-335; guerra da Argélia, 49, 176, 213, 221, 223-225, 239; anarquistas na, 86, 87, 90, 92, 94-95, 108, 113; e a guerra civil espanhola, 100-101; diálogo sobre o marxismo na, 146, 151-153, 154; nova abordagem do marxismo por Althusser, 190-199; guerra da Indochina, 213, 215, 220-222;

relações entre o poder civil e os militares na, 231, 233, 235-237, 239; veja também Revolução Francesa; Paris

Franco, Francisco 63, 103, 104, 251

Frankfurt, grupo de 173

Frederico Guilherme I da Prússia 219

Frentes Populares 40, 47, 93; fracasso da insurreição de maio de 1968, 304-311

Freud, Sigmund 138, 183, 184, 195

Friedman, Prof. Milton 120

Fruehschriften (Landshut e Mayer) 189

Galbraith, John Kenneth 141

Gallacher, William 29

Galli, Giorgio 176

Gana 155

Garaudy, Roger 48, 154, 191, 192, 197

Garibaldi, Brigada 54, 55

Geist der Utupie (Bloch) 180

Gerlach, Erich 202, 208

Geschichle und Klassenbewusslsein (Lukács) 201

Giap, Vo Nguyen 215-216

Giuliano (bandido siciliano) 58

Giustizia e Libertà 54, 55, 55n, 58, 60, 61

Godelier, Maurice 196

Goethe, Johann Wollfgang von 184

Goldmann, Lucien 177

Goldwater, Barry 121, 219

Golpes de estado 11, 231-247, 249-255

Gomulka, Wladislaw 48, 176

Governo civil, os militares vs. 231-247

Gradualismo veja revisionismo

Grã-Bretanha veja Inglaterra; Londres

Gramsci, Antonio 16, 17, 57, 188, 189, 192, 197

Grande Depressão, crises (1929-1933) 31, 92, 98, 171, 321, 323, 327-330

Grande Enciclopédia Soviética 45

Grécia 31, 244

Greve Geral (Inglaterra, 1926) 29, 140, 231-232

Greves 32, 34, 36, 62, 115, 119, 140, 333; veja também Maio de 1968

Griffith, W. 172

Grundisse (Marx) 198

Guatemala 245

Guerra Civil Espanhola 51, 54, 60, 93, 96, 98, 100-102, 105-107, 110, 113-116, 133, 236, 251, 298, 310, 328n

Guerra convencional 213, 225; veja também guerra de guerrilhas; guerra nuclear.

Guerra Mundial, Primeira 33-35, 141, 162, 317, 319-322

REVOLUCIONÁRIOS | 349

Guerra Mundial, Segunda 18, 22, 62, 328n

Guerras napoleônicas 215

Guerrilha, guerras de guerrilhas 58, 109, 119, 316; dinâmica da, 213-229; veja também insurreição urbana

Guerrilhas curdas 201

Guesdismo 34

Guevara, "Che" 118, 119, 216, 217, 277

Harry Quelch (Lenin) 163

Hegel, Friedrich, marxistas hegelianos 173, 182, 184, 188, 190, 192, 195, 196, 202, 203-205

Henderson, Arthur 35

Herder, Johann 184

Herriot, Edouard 334

High Tide of Political Messianism (Talmon) 179

Hill, Cristopher 150

Himmler, Heinrich 274

História du Anarquismo na Rússia (Yaroslavsky) 95, 96

History of the Communist Party of Great Britain (Klugmann) 22n

Hitler, Adolf 53, 75-77, 115, 149, 156, 179, 234, 324, 328n

Ho-Chi-Minh 247

Holanda 85

Hooch, Pieter de 182

Hungria 22, 153, 172

Husserl, Edmund 192

Igreja Católica Romana 44, 45, 48, 326

ILP veja Partido Trabalhista Independente Inglês

Imaz, José Luis 241n

Imperialismo 17, 18, 146; aristocracia operária e o, 162-169; veja também neocolonialismo

Imperialismo (Lenin) 159, 163, 164

Imperialismo e a Divisão, O (Lenin) 163-169

Império Otomano 231

Índia 146, 176, 223; Bengala, 323-325

Indochina 45, 214, 222, 223; veja também Vietnã

Industrial Democracy (Webb) 160-162

Inglaterra 35, 50, 155, 218, 242, 317; estudantes e intelectuais na, 149, 322-324, 330, 332; e anarquistas, 85-87; Guerra Civil Espanhola e, 100; atitude e influência de Marx sobre o movimento operário na, 127-143; diálogo sobre o marxismo na, 146, 149, 153, 156-158; aristocracia operária na, 159, 168, 169; derrota das guerrilhas na Malásia pela, 216, 218; agitação revolucionária irlandesa contra, 219, 222, 235; retirada de

Israel pela, 222; papel do exército na, 233, 235, 240; veja também Londres

Ingrao, Pietro (comunista italiano) 59

Imprecorr 22

Insurreição 11, 110; cidades e, 220-223, 283-299; organizações de intelectuais partidários da, 315-317; veja também Maio de 1968

Intelectuais e artistas 44, 61, 108, 150; franceses, 43-50, 189, 301-304; anarquistas, 85, 113-115, 119; como depositários da revolução, 315-322; entre as guerras, 321-324, 329, 330; Terceiro Mundo, 323-327; nova esquerda do Ocidente, 326-331; papel como grupo nos movimentos revolucionários, 328-335; e os estudantes, 334-340; relações com operários e camponeses, 339-341

Internacionais Comunistas veja Comintern (Terceira); Primeira Internacional; Segunda Internacional

Internacional, Primeira 84, 133-135

Internacional, Segunda (1889-1914) 15, 32, 84, 89, 162-165, 188, 202; Congresso de Stuttgart, 167

Internacional Sindical Vermelha 92

Internacionalismo veja Comintern

Introdução à Crítica da Economia Política (Marx) 195

Irlanda, opinião de Marx sobre, 133-135; agitação revolucionária na, 219, 235; Levante da Páscoa em Dublin, 233

Israel 213, 222; veja também judeus

Itália, anarquistas na, 87-88, 90, 93, 94, 107, 108, 113, 120-121; e a Guerra Civil Espanhola, 100, localismo na, 104; e a atuação guerrilheira, 215, 220-221; papel dos militares, 236; "outono quente" de 1969 na, 328, 339; veja também fascismo

Iugoslávia 31, 99, 104, 174, 175, 213, 218, 330

Jacobinos 33, 101, 102

Japão 85, 154, 176, 213, 231, 236, 239, 274

Jaurès, Jean, jauresismo 91-92, 334-335

Jogisches, Leo 66

Johnson, Lyndon B. 223-224

Joyce, James 153

Judeus 321-324

Jung, Carl Gustav 183

Kafka, Franz 153

Kanapa, Jean (comunista francês) 46

Kant, Immanuel 173

Karl Marx (Korsch) 202, 207
Kautsky, Karl, kautskismo 118-119, 150, 188, 189, 190, 202-205
Kendall, Walter 26-29
Kepler, Johannes 184
Kerenski,A. F. 93
Keynes, J. M. 138, 171, 323
Kruschev, Nikita 15, 48, 226
Kiernan, V. G. 103
Kinsey 185
Klugmann, James 21-23
Kolakowski, L. 173
Korsh, Karl 201-209
KPD veja Partido Comunista Alemão
Krause, Karl 104
Kriegel, Annie 32-41 *passim,* 87
Kronstadt, levante de 94
Kropotkin, P. A. 114, 121
Kuusinen, Otto, *Fundamentais of Marxism-Leninism* 154n
Ky, Presidente (Vietnã do Sul) 247

Labedz, Leopold 172n, 176
Labriola, Antoine 192
Landshut, R. e Mayer, J. P. 189
Lange, Oscar 153
Langkau, Goetz 202
Lawrence, D. H. 182
Lefèbvre, Henri 173, 188, 190
Lenin, V. I. 11, 16, 17, 20, 37, 39, 43, 66, 68, 71, 74, 94, 118, 140, 149, 150, 152, 156, 188, 192; atitude frente ao anarquismo, 83-85; conceito de "aristocracia operária", 159-169; juízo crítico de Korsh sobre, 203-205; sua fórmula para o desenvolvimento russo, 264; e atitude frente à violência, 275, 276n
Leninismo 33, 34, 83, 84, 92, 172, 176, 188, 189, 203-205
Levi, Paul (comunista alemão)74
Lévi-Strauss, Claude 196
Lewin, Kurt 206
Liberdade, conceito de Hannah Arendt 261-263
Lichtheim, George 188
Lidice, destruição nazista de 224
Liebknecht, Karl 66, 74
Liga de Spartacus 67, 72-74
Lima, Turcios 245n
Lire le Capital (Althusser et al.) 190, 191, 193, 196, 197, 198
Lloyd George, David, " Lloyü georgismo" 166-167, 260
Locke, John 184
Londres, insurreição urbana 285, 287-294
"Longa Marcha" de (de Mao) 218, 220
Longo, Luigi 54-55, 56, 73
Lozovski, A. 96-97
Luís Felipe, Rei 303
Lukács, George 173, 176, 188, 201, 202

Lumumba, Patrice 246
Lussu, E. 55n
Luttwack, Edward 249-255
Luxemburgo, Rosa, luxemburguismo 66, 67, 74, 90, 95, 173, 176, 188, 189, 203
Lysenko, T. D. 149

MacArthur, General Douglas 235
Macherey, Pierre 191n
MacMahon, Marechal 233
Madrid 106, 108
Maio de 1968, insurreição de (Paris)119, 122, 123, 280, 297, 298, 301-313, 331, 338, 339
Makhnovshchina (ucraniana) 114
Malásia, derrota da guerra de guerrilhas 217, 218, 219
Malatesta, Errico 93
Malefakis, Edwards 107, 110
Mallet, Serge 177, 331, 332
Malvy, L. J. (Ministro do Interior da França) 87
Manifesto Comunista 192
Mann, Tom 139, 141
Manuscritos de 1844 (Marx) 194, 197
Mao Tsé-tung 215, 218, 250, 301
Maoismo, maoistas 58, 119, 123, 190, 280, 337n1
Marcha sobre Roma (de Mussolini) 53
Marrocos 45

Marx, Karl 11, 43, 68, 104, 146, 148, 149, 151, 152, 154, 156, 158, 166-169, 173, 182, 185, 188, 189, 202, 203, 205, 254, 264, 302, 330; sua posição frente ao anarquismo, 83-85; aniversário da morte de, 127-129; o movimento operário inglês e, 127-143; a "aristocracia operária" e, 159, 160, 161; visão stalinista de, 191, 192; e a análise de Althusser, 190-199; a economia política como espinha dorsal de sua teoria, 207; sua definição do proletariado revolucionário, 316-318
Marx et Engels contre l'anarchisme 95
Marxismo e Revisionismo (Lenin) 160
Marxismus und Philosophie (Korsch) 202, 207
Marxistas, marxismo 11, 16, 32, 33, 37, 122; intelectuais, 43, 145, 150; anarquistas vs. , 83-98, 114; e o movimento operário inglês, 128-143; diálogo sobre, 145-158; Lenin e a "aristocracia operária", 159-169; o revisionismo, 171-177; o princípio da esperança, 179-186; pensamento pós-stalinista renovado, 187-189; esquerda centroeuropeia, 188-190, 202, 203, 207-209 ; abordagem de Althusser, 190-199; e Karl Korsch,

201-209; moralidade sexual e, 279

"Marxistas legais" 135, 136

Marxistas-sindicalistas veja grupo "A vanguardia"

Masaryk, T. G. 174-175

Maslow, A. (comunista alemão) 71, 74

Maspéro, François 191

Materislismo e Empirocriticismo (Lenin) 203

Mau-Mau (Quênia) 223

Maximalistas (Itália) 59, 105

Mayer, J. P. 189

Mazzini, Giuseppe 58

McConville (jornalista inglês) 302

Mehring, Franz (comunista alemão) 188

Menchevistas 85, 93, 147

México 92n12, 104, 109, 239n2, 241, 224n2

Meyer, Ernst (comunista alemão) 74

Mikoyan, Anastas 48

Miséria da Filosofia, A (Marx) 192

Mobutu, Joseph 246

Modo de produção asiático, de Marx 153-156, 194-197

Mommsen, Theodor 259

Monatte, Pierre 91

Monde, Le 197, 302

Monmousseau, Gaston (comunista francês) 87-90

Monopólios, capitalismo monopolista, teoria de Lenin sobre 160, 164, 166-167

Moor, assassinato dos 274

Mouvement de Mai ou le Communisme Utopique, Le (Touraine) 310n

Movimento Operário Inglês em 1912, O (Lenin) 160

Movimentos comunistas, história dos 15-23, 152-154; abordagem de Hannah Arendt aos, 262-267

Musolino (bandido calabrês) 270

Mussolini, Benit 53, 55, 62, 63

Nacionalismo 17-19, 33, 35, 39, 61, 156, 215, 217

Nacional-socialismo veja nazismo

Nanterre, Universidade de (Paris) 285, 310

Napoleão III 233

Nápoles, insurreição em 289, 297

Nasser, General Gamai Abdel, nasserismo 241, 244, 245

Naxalistas (Índia) 316

Nazismo 19, 31, 57, 58, 63, 75, 76, 77n2, 224, 233, 235, 272, 274, 321;

Neocapitalismo 325; veja também capitalismo

Neocolonialismo (neo-imperialismo) 146, 147, 325; veja também imperialismo

Nettl, J. P. 189

Newton, Isaac 184
Newton, Kenneth 26
Nietzsche, Friedrich 118, 194
Nova Déli 288
"Nova esquerda" 123, 180, 279, 280 325;
Nova York, insurreição urbana em 287

O'Brien, Bronterre, o'brienismo 133, 138
Oportunismo 68, 160, 164, 165, 191
Oradour, destruição nazista de 224-225
Ordem pública, insurreição urbana com 288-291
Organização social, tolerância sexual e 277-281
Origens do Comunismo Francês (Kriegel) 32
OTAN 215
Owenismo 137

Pacifismo 35, 86
Palermo 284
Paracelsus 184
Paraguai 92n
Paris, comuna de 106, 109, 264, 290, 310; insurreição de maio de 1968, 119, 121, 123, 280, 297, 298, 301-313, 331, 339; insurreição urbana, 221, 284, 285, 288, 291, 293-295,

297, 299; veja também França, Partido Comunista Francês, Revolução Francesa
Parnell, Charles Stewart 219
Partido Comunista Alemão (KPD) 20, 22, 35, 51, 63, 65-79, 323; fundação e composição do primitivo, 66-68; bolchevização do, 67-71; dirigentes, 72-76; inabilidade para o desenvolvimento de alternativas políticas, 75, 77; sufocado pelos nazistas, 75-77, 78; e sua incapacidade de recuperação depois de 1945, 75-77 ; criação da Alemanha Oriental e o, 76; Korsch expulso do, 204
Partido Comunista Austríaco 39, 76
Partido Comunista Brasileiro 92, 92n
Partido Comunista Chinês 109, 155
Partido Comunista Espanhol 51
Partido Comunista dos Estados Unidos 73, 176
Partido Comunista Finlanaês 51, 76
Partido Comunista Francês (PCF), comunistas 22, 31, 50, 51, 153, 192, 197; o Comitern apoiado pelo, 17-19; como partido de massa dos trabalhadores, 32-34, 77; evolução do movimento operário, 33-36; bolchevização do, 36-38, 75, 86; e o problema de

contextos não revolucionários, 37-39 os intelectuais e o, 43-50; quadros dirigentes, 72, 74n; ação política não revolucionária, 75; tendências ideológicas dentro do, 91; falta de ação na insurreição de maio de 1968, 304-309

Partido Comunista Holandês 89

Partido Comunista Inglês 38, 53, 71, 138; lealdade à União Soviética do, 17-20, 71-73; problemas de abordagem para o historiador do, 18-23; composição social do, 26; e elemento revolucionário no, 27-29; Juventude Comunista, líderes, 72-74; depois de 1956 abondono de intelectuais marxistas do, 150

Partido Comunista Italiano (PCI) 16, 22, 33, 44, 48, 49, 51-64, 71, 77, 93, 254; "promoção" do, 51-54; política do Comintern para o, 53, 55-60; atividades antifascistas, 53-59; e a guerra civil espanhola, 54, 59, 61; apoiado pela juventude, 58-60, 72-74; e a Segunda Guerra Mundial, 62; diálogo marxista no, 152, 155

Partido Comunista Iugoslavo 49, 109

Partido Comunista Soviético (PCUS) 15, 16, 38n, 40, 69-71, 147, 152, 155; XX Congresso, 146

Partido Comunista Vietnamita 109

Partido Democrata dos Estados Unidos 338

Partido Operário Social-Democrata Russo 148

Partido Trabalhista Independente Inglês (ILP) 89, 138

Partido Trabalhista Inglês 20, 21, 26, 28, 29, 137; esquerda parlamentar, 139; falta de atividade do, 254; relações entre intelectuais e operários no, 338-340

Partido Trabalhista Socialista Inglês (SLP) 139, 140

Partido Radical Francês 37

Partido Social-Democrata Alemão (SPD) 72, 75, 76, 76n2, 77, 172, 202

Partido Socialista Inglês 27

Partido Socialista Italiano 54, 58-60, 62

Partido Socialista Francês 34, 37

Pavlov, Ivan 148

PCF veja Partido Comunista Francês

PCI veja Partido Comunista Italiano

PCUS veja Partido Comunista Soviético

Pentágono 215

Pequena História do PCUS (Stalin)95, 148, 173, 187

Peru 108, 146, 214, 245, 246, 316, 335-337, 337n

Pestaña, Ángel 94

Pétain, Marechal Marshall 234

Petrovsky-Bennet, D. 22

Piana degli Albanesi 58

Pigliaru, A. 271n

Planejamento urbano, insurreição urbana e 286, 289-295

Plekhanov, G. V. 150, 177, 192

Po Prostu, poloneses do círculo 176

Pollitt, Harry 72

Polônia 174, 176, 220-222, 244, 324

Pour Marx (Althusser) 149n3, 190, 197,

Praga 327

Primo de Rivera, General 102

Prinzip Hoffnung, Das (Bloch) 180-186

Profissionais, seu papel nos movimentos revolucionários e operários 311, 330, 338-340

"Pronunciamento" 101-103; veja também golpes de estado

Protestantismo não conformista 137

Proudhon, P. J. , proudhonistas, 33, 37, 83, 95n

Prússia 232, 240

Psicanálise, psicologia 182, 189, 193, 206

Psicologia de Massa do Fascismo (Reich) 279

Que fazer? (Lenin) 161, 168

Quênia, derrota da guerra de guerrilhas 216, 223

Radek, Karl 68

Radicais (na Inglaterra) 25-29, 289, 291

Rancière, Jacques 191n

RDA veja Alemanha Oriental

Real Força Aérea Inglesa 273n

"Realismo socialista" H7, 153

Reforma Agrária e Revolução Camponesa na Espanha do Século XX (Malefakis) 107n

Reformismo 16, 37, 83-86 , 87, 110, 111, 128, 142, 168, 331-334 veja também revisionismo, social-democracia

Reich, Wilhelm 279

Remmele, Hermann (comunista alemão) 74 n

República Democrática Alemã veja Alemanha Oriental

República Federal Alemã veja Alemanha Ocidental

República Popular Chinesa 176, 329; revolução, 32n; marxismo na, 153, 155, 174, 188; efetivo humano da, 213; guerra do Vietnã e a, 214, 225-228; e a guerra de guerrilhas, 218, 220, 222; ameaça dos Estados Unidos de guerra nuclear contra, 227; papel subordinado do exército, 232

Revisionismo 131, 141, 160-162, 171-177, 188, 189, 207, 208;

Revisionismo (Congresso pela Liberdade Cultural, coletânea) 172, 176

Revolução Cultural, na China 232; na França e Estados Unidos, 312

Revolução Francesa (1789) 109, 132, 231, 233, 259-261 263, 286, 289, 320

Revolução Francesa (1848) 109, 290, 303, 330

Revolução de Outubro veja Revolução Russa

Revolução Russa (1905) 330-331

Revolução Russa (outubro de 1917) 15-16, 32, 33, 35, 37, 67, 83, 92-95,96, 109, 115, 127, 134, 141, 155, 156, 188, 202, 259, 261, 280, 281, 298, 321, 322, 329, 330

Revolution of 1854 in Spanhish History (Kiernan) 103n

Revolulionary Movement in Britain, 1900-1921, The (Kendall) 27n

Rigault, Raoul 299

Robespierre, Maximilien de 37

Rochet, Waldeck 190

Rosacruzismo 185

Rosmer, A. 92, 95n4

Rostovzeff, M. 259

Rostow, W. W. 112

Rússia 231, 316n, 320

Rust, Williain (comunista inglês) 72

Salários, Preços e Lucros (Marx) 138

São Domingos 297

São Petersburgo (Petrogrado) 288, 298

Sardenha 271

Sartre, Jean-Paul 45, 189, 191, 197, 302

Schelling, Friedrich 180, 184

Schönberg, Arnold 183

Schulze-Gaevernitz, G. v. 159

Schumpeter, Josef 321

SDF veja social-democratas ingleses

Seale (jornalista inglês) 302

Secchia, P. (comunisla italiano) 72

SED (Sozialistische Einheibpartei Deutschlands alemão) 65

Semaine Sainte, La (Aragon) 49

Semard, Pierre (comunista francês) 74n

Sessão do Bureau da Internacional Socialista. A (Lenin) 162

Sevilha 285

Sexo, revolução e 277-281

Shaw, George Bernard, "Impossibilidades do Anarquismo" 120

Shelley, Percy Bysshe 113

Sindicalismo 16, 32, 35 , 36, 37 , 74, 83- 87, 141, 188, 202, 208, ; veja também anarquismo, sindicatos

Sindicatos 266; na Inglaterra, 28, 128, 135, 139, 143, 159-169; alemães, 72; anarquistas nos, 89, 92;

na Espanha, 104, 106; veja também sindicalismo

Sionistas 322

Síria 45, 46

Sismondi, Jean Charles Sismonde de 166, 167

Sistema de conselhos (soviéticos) 263-267

SLP veja Partido Trabalhista Socialista Inglês

Smith, Adam 192

Snowden, Philip 138-139

Sobre a Revolução (Arendt) 259-267

Social-democracia, social-democratas 16-18, 32, 33, 39, 43, 53, 66, 67, 84, 86-87, 91, 93, 95, 96, 118, 140, 141, 147, 157, 161, 174, 189,

Social-democratas ingleses 138-142

Socialistas independentes alemães 66-68, 74

Sociology of British Communism, The (Newton) 26

Sorel, Georges 118

Sources Françaises du Socialisme Scientifique (Garaudy) 192

Soviete Geral do Novo Exército Modelo 265

Sovietes veja sistema de conselhos

Spain 1808-1939 (Carr) 100n

SPD veja partido Social-Democrata Alemão

Spinoza, Baruch 184

Spriano, Paolo 22, 23, 53, 54, 56, 60, 61n, 73n

Stalin, Josef 15, 16, 17, 53n3, 71, 96, 107n, 115, 148, 151, 152, 157, 196

Stalinismo, stalinização 38n, 40, 45, 48, 70, 116, 147, 152, 173, 176, 187, 189, 191, 201, 280, 281

Steffens, Lincoln 322

Stil, André 47

Stirner, Max 118

Storia del Partito Communista Italiano (Spriano) 22 n2, 53, 54-56, 73n

Strachey, John 154n5, 252

Suíça 155

Talmon, Prof. Jacob 179

Tchecoslováquia 116, 154

Teoria Geral (Keynes) 171

Teoria marxista do desenvolvimento histórico, determinismo 195-198, 203, 208

Terceiro Mundo 285; política militar no, 238-247; revolucionários intelectuais no, 323-326, 330

Thaelmann, Ernst (comunista alemão) 74, 73n4, 74n1, 75

Thalheimer, August (comunista alemão) 74

Théorie (ed. Althusser) 190

Thieu (presidente do Vietnã do Sul) 246-247

Thomas Münzer als Theologe der Revolulion (Bloch) 180

Thorez, Maurice 75

Three Internationals (Dutt) 153n

Tito, Jòsip Broz 18, 48, 173, 218

Togliatti, Palmiro 16, 48, 53-55, 71, 72, 156;

Touraine, Alain 303, 308, 309-313, 331

Transporte público, insurreição urbana e 284, 294, 296

Treint, Albert (comunista francês) 90

Trilisser-Moskvin, M. A. 55

Trotskismo 16, 90, 91, 95, 95n10, 119, 123, 171, 176, 189, 280, 281

Trotsky, Leon 57, 68, 71, 148, 302, 321

Truman, Harry S. 254

TUC (Inglaterra) 19, 254

Tunísia 173

Turquia 245, 246; veja também Império Otomano

UGT (*Union General dei Trabajadores da Espanha*) 104, 105

União Nacional dos Estudantes (Inglaterra) 254

União Soviética 27, 31, 38, 55, 76, 152, 187, 189, 213, 214, 322; relações com a China, 15, 154; lealdade de revolucionários de outros países à, 15-21; expurgos, 45, 55, 76n; KPD alemão e, 67-74; anarquistas na, 85, 94, ; Guerra Civil espanhola, 100; crise do movimento comunista depois da morte de Stalin, 115-117; diálogo sobre o marxismo na, 147, 148, 149, 153, 156; teoria econômica soviética, 153; descomprometimento de Korsch frente à, 203, 204; guerra do Vietnã e a, 214; e a crise dos mísseis em Cuba, 226; papel do exército na, 232; conselhos operários, 263-267; lealdade dos revolucionários do período entre as guerras à, 328; veja também Revolução Russa

Unitários (Itália) 59

Universidade Livre (Berlim Ocidental) 295

Universidades veja estudantes

Uruguai 242n

USPD (Alemanha) 72

Utopismo, comunismo utópico 121, 180, 186, 189, 191, 266, 311, 317, 328

Varga, Eugen 251n

Varsóvia, Pacto de 213

Venezuela 245

Vidali, Vittorio 54

Viena 284, 286n4, 287, 290, 321; veja também Áustria

Vietcong 225, 227

Vietnã, guerra de guerrilhas no 213-228

Vietnã do Norte 15, 101, 215, 224, 225-228;

Vietnã do Sul 214, 218, 222, 223, 226, 227

Vilar, Pierre 101

Violência, regras da 269-276

Vogue 277

Volpe, Galvano della 191

Voluntarismo 94, 95, 189, 202

Wandlung cies Deulschen Konimunismus, Die (Weber) 65n, 65-67

Washington 287

Webb, Sidney e Beatrice 160-162, 165

Weber, Hermann 65-68, 70, 72, 79, 197

Webster, Sir C. e Frankland, N. 22-24

Wellington, Duque de 233

Wesley, John 109

Why you should be a Socialist (Strachey) 154n

Wurmser, André 46

Yaroslavski, E. 96

Yezhov, N. 55

Zhukov, Marechal 233

"Zimmerwald", corrente de (1915-1917) 35

Zinoviev, G. Y. 22, 68, 71, 93, 95

DIAGRAMAÇÃO
TRIO STUDIO

Este livro foi composto na tipologia
Dante MT Std, em corpo 12/15,
e impresso em papel off- white no
Sistema Cameron da Divisão Gráfica da
Distribuidora Record.